제3기 인생혁명

60세 이후의 **성장**과 **자유**

제3기 인생혁명

초판 1쇄 발행 2020년 3월 16일
초판 2쇄 발행 2020년 8월 10일

지은이 최재식 **펴낸곳** 크레파스북 **펴낸이** 장미옥

기획 · 정리 박수민 **디자인** 디자인크레파스

출판등록 2017년 8월 23일 제2017-000292호
주소 서울시 마포구 성지길 25-11 오구빌딩 3층
전화 02-701-0633 **팩스** 02-717-2285 **이메일** crepas_book@naver.com
인스타그램 www.instagram.com/crepas_book
페이스북 www.facebook.com/crepasbook
네이버포스트 post.naver.com/crepas_book

ISBN 979-11-89586-10-2 (03320) 정가 16,000원

이 도서의 국립중앙도서관 출판예정도서목록(CIP)은 서지정보유통지원시스템 홈페이지(http://seoji.nl.go.kr)와
국가자료종합목록 구축시스템(http://kolis-net.nl.go.kr)에서 이용하실 수 있습니다. (CIP제어번호 : CIP2020009257)

최재식 지음

크레파스북

변화관리전문가와 함께하는
노년의 삶과 노년의 행복

PROLOGUE

마루터기에 올라서니 지나온 날들이 새삼스레 되돌아 보인다.

'나는 지금 내 인생의 어디에 있는가? 주어진 여러 해 여러 날이 지났는데, 그래 나는 내 인생의 어디쯤에 와 있는가?'

우둘투둘한 인생의 질곡을 넘어 가을바람이 불어온다. 벼 이삭이 여물고 과일에 단맛이 든다. 내 인생도 정점을 지나 삶의 의미가 새롭게 다가온다. 시곗바늘에 조종당하는 현직의 바쁜 삶도 끝났다. 이제 시간을 알리는 시계 소리가 잦아들고, 비로소 시간 밖에서 살 수 있게 되었다. 배가 고파야 끼니를 챙기고 눈꺼풀이 무겁게 내려온 후에야 잠자리에 든다. 사는 즐거움이 여기에 있는가? 마음이 넉넉하고 평온해졌다. 이제 곱게 늙어가기만 하면 되는 걸까?

하지만 왠지 불안하다. 삶의 가치와 무게를 어디에 두어야 할지 혼란스럽다. 옛말에 '들녘에 풍년 들면 산중에 흉년 든다'고 했다. 마음이 태평이면 걱정이 찾아드는 것일까? 이렇게 생각 없이 살다보면 인생이 허망해질 것 같다. 이 시점에서 다시 한 번 생각해본다.

'나는 내 인생의 어디쯤에 와 있는가?'

이제 겨우 3분의 2 지점이다. 내 인생의 괘종시계가 65차례 울렸고, 나는 아직 20~30번의 종소리를 더 들을 수 있다. 살아온 날도 많았지만 살아갈 날도 아직 많이 남았다. 가만히 늙어가다 죽기에는 너무도 긴 시간이 아닌가. 마음속 깊은 곳에서 울려오는 진정한 소리에 귀 기울여본다. 삶과 사랑 그리고 열정에 대하여. 내가 할 수 있는 일이 무엇인지, 내가 살아야 할 삶이 무엇인지를.

해가 바뀌면 젊은 사람에게는 한 해가 보태지지만 나이 든 내게는 한 해가 줄어든다. 어찌 세월을 헛되게 보낼 수 있겠는가. 죽는 순간까지 삶에 긴장감을 놓지 말아야 한다. 다시 한 번 자신 있게 살아보자. 가장 훌륭한 업적은 아직 이루어지지 않았고, 최고의 날들은 아직 살지 않은 날들이다. 노년의 어귀에서 이전과는 또 다른 삶의 목적을 찾아야 한다. 이대로 흘러가다가는 흔적도 없이 사라져버릴지도 모른다. 존재의 변신이 필요하다. 이슬람 신비주의 수피즘의 우화에 이런 이야기가 있다.

강물이 있었다. 강물은 깊은 산 속에서 처음 생겨서 험준한 산 골짜기를 지나고 산자락을 돌아서 들녘으로 나왔다. 세상의 여기저기를 기웃거리면서 흘러 다니다가 어느 날 사막을 만났다. 사막으로 들어가기만 하면 자신의 존재가 흔적도 없이 사라져버린다는 것을 강물은 안다. 사막 너머에는 강물의 종착지인 바다가 있지만 어떻게 해야 그 바다에 이르게 될지 몰라 당황한다. 이때 사막 한가운데에서 목소리가 들려온다.

"네 자신을 증발시켜 바람에 몸을 맡겨라. 바람은 사막 저편에서 너를 비로 뿌려줄 것이다. 그러면 너는 다시 강물이 되어 바다에 들어갈 수 있다."

나 자신을 증발시키는 비약을 거치지 않으면 장애물에 걸려 바다에 도달할 수 없다. 인생은 변화의 과정 속에 있다. 변함이 없다면 곧 죽음이다. 지금까지의 삶을 넘어 이제 진정으로 하고 싶은 일을 하면서 살아야 한다.

젊었을 때는 직업인으로서 일했다. 그 일이 좋아서라기보다는 나와 내 가족의 생계를 위해 열심히 경쟁하면서 살았다. 성공하기 전까지는 결코 웃지 않겠다고 독을 품고 살아왔다. 얼굴에는 늘 긴장감이 서렸고 냉기가 가득했다. 그러다 어느덧 희끗해진 머리카락과 처진 피부를 보며 얼마나 모질게 살아왔는지 깨달았다. 먹고 사는 것과 감투놀음으로 젊은 시절을 보내면서 그게 성취인 줄 알았는데, 이제와 생각해보니 아닌 모양이다. 두 차례의 은퇴와 함께 현직의 성취를 다 내려놓았다. 이제 어떻게 살 것인가?

두 번째 은퇴를 앞둔 시기에 나는 제주에 있었다. 매일 아침 산에 올라 편백나무 숲속을 뛰어다녔다. 몸에 땀이 흠뻑 젖도록 뛰었다. 그러다 문득 바다에서 솟아오르는 해를 보면서 나는 누구이고, 내 소명은 무엇인가를 생각했다. 내 인생의 마지막 3분의 1이 헛되지 않으려면 무엇을 하며 어떻게 살아야 할지 진지하게 생각했다. 그런데 왜 사는지, 어떻게 살아야 할지 알 수 없었다. 솔직히 아직도 잘 모르겠다. 무의미하게 우주의 이슬로 흔적 없이 사라져버리면 허무할 것 같다는 것 말고는 말이다.

터키의 시인 나짐 히크메트는 〈진정한 여행〉이라는 시에서 "무엇을 해야 할지 더 이상 알 수 없을 때 그때 비로소 진정한 무엇인가를 할 수 있다. 어느 길로 가야 할지 더 이상 알 수 없을 때 그때가 비로소 진정한 여행의 시작이다"라고 했다. 용기를 갖고 멋진 일들이 일어날 것이라고 믿으면서 살아가려 한다. 세월은 가는 것이 아니라 오는 것이다.

초보 노년으로서 내가 고민하고 있는 노년의 삶, 그리고 내가 경험했던 은퇴 준비와 평생의 업으로 삼아온 연금에 대한 이야기를 이 책에 담았다. 여러분이 고민하는 것들과 크게 다르지 않다고 생각한다. 그렇기 때문에 '당신도 그런 생각을 하고 있었구나'라고 공감해주신다면 더 바랄 것이 없겠다.

2020년 3월

최 재 식

CONTENTS

3장

이처럼 가치 있는 삶이라면

4장

새로운 길에서 마주할 때

5장

꿈꾸고 가꿔야 할 날들

6장

꿈을 가꾸는 동안 늘 청춘이다

7장

노년의 자립경제, 연금

제3기 인생혁명

1

활기찬 장수사회를 위하여

수명은 크게 늘어났지만 노인 기준연령은 65세로 굳어 있다.
변화하는 시대에 맞는 새로운 시각이 절실하다.

생각하고 느끼는 만큼 나이 든다

노인 같지만 노인 아닌 신중년

베이비부머의 막형격인 나는 60대 중반이다. 현직을 은퇴해서 풀타임 직업은 없고 바쁜 일도 없지만 근력은 여전하고 마음도 청춘이다. 청바지 입은 꼰대라고 놀려대더라도 그런 옷차림이 어색하지 않다. 고궁과 지하철도 노인복지법의 경로우대에 따라 공짜로 다니고 탈 수 있다. 노인이고 싶지 않지만 공짜는 싫지 않다. 그냥 노인이라고 인정할까?

"무엇 때문에 사람들은 노인이 되길 원하는가?"

고대 로마의 시인 유브날이 의문을 던졌다. 이스라엘 전 수상 골다 메이어는 이렇게 말했다.

"70세가 되는 것은 죄가 아니지만, 그렇다고 가볍게 볼 일도 아니다."

나이 들어 늙으면 신체적으로나 정신적으로 힘들어지기 때문이리라.

역사적으로 노인을 천덕꾸러기로 취급한 나라도 있었지만 존중하고 긍휼히 여기는 나라가 많았다. 특히 복지국가를 표방하는 현대사회는 노인복지가 정책의 우선순위에 있다. 그런데 과연 몇 세부터 보살핌의 대상이 되는 노인일까? 이는 매우 민감한 주제다. 연령 기준이 적정하게 정해지지 않으면 복지 사각지대가 발생하거나 과잉복지가 생기기 때문이다.

《100년을 살아보니》를 쓴 김형석 교수는 "사람은 성장하는 동안은 늙지 않는다"면서, 성장이 끝나는 시기를 노년의 시작이라고 했다. 그러면서 "노력하는 사람들은 75세까지는 성장이 가능하고 그 이후 늙기 시작해 80세가 되면 노년기에 접어든다"고 했다. 그의 말씀대로라면 60대 중반은 아직 노년이 아니다.

오랫동안 굳어 있는 노인 나이

근래에 65세 이상 고령인구가 700만 명을 넘어섰다는 보도가 있었다. 노인 인구 700만 시대에 이른 것이다. 2020년은 우리나라 베이비부머의 맏형인 1955년생이 65세가 되어 고령인구에 편입된다. 향후 20년간 연 70~80만 명이 고령자로 편입될 예정이다. 그럴수록 더 노인 연령 기준이 올바른지 궁금해진다.

정부가 인구조사나 주민등록 통계상으로 고령인구를 발표할 때의 노인 기준은 65세 이상이다. 그러나 몇 세 이상이 노인이라는 일반적인 법 규정은 없고, 개별 법마다 정책 대상 연령이 정해져 있을 뿐이다.

노인복지법은 지하철이나 고궁 능의 시설을 무료로 이용할 수 있는 경로우대 대상을 65세 이상으로 정하고 있다. 기초연금법과 노인장기요양보험법도 적용 대상 연령이 65세 이상이다. 국민연금법과 공무원연금법 등의 연금 개시 연령은 60세에서 65세로 상향조정되고 있다. 고용상 연령차별 금지 및 고령자 고용촉진에 관한 법률은 인구와 취업자의 구성 등을 고려해 55세 이상을 고령자로 규정하고 있다.

현재 우리 사회에서 노인 연령 기준에 관한 합의는 대체로 65세다. 1981년 노인복지법이 제정된 이후 오랫동안 그대로 굳어졌다. 그런데 우리나라는 인구 고령화 속도가 세계에서 가장 빨라 이미 고령사회로 접어들었고, 이에 따라 고령인구가 빠르게 늘어나면서 덩달아 사회적 비용 역시 크게 늘어나고 있다.

대부분의 전문가들은 이제 노인연령 조정은 불가피하다고 주장한다. 노년 부양비가 급증하고 건강수명도 늘어났기 때문이다. 심지어 노인 단체도 지금의 65세는 너무 낮다고 말한다. 이와 달리 정치권이나 정부는 표와 국민감정을 의식해 섣불리 나서지 않는다. 한편으로는 은퇴와 함께 사회적 역할을 상실한 사람들이 많다. 이들은 일자리도 없고 연금도 제대로 받지 못한다. 그래서 아직은 노인 기준연령 조정이 시기상조라는 사람들도 많다.

이제는 새로운 합의를 해야 할 때

나이는 숫자에만 머물지 않는다. '느끼는 만큼 나이 든다'는 격언이 있듯이 나이를 대하는 태도에는 그 사람의 마음가짐과 인격이 담겨 있다. 그러다 보니 몇 세부터 노인으로 인정할지 합의를 모으기가 쉽지 않다.

1956년 국제연합(UN)은 65세 이상 인구가 7% 이상인 국가를 고령국가로 지정하면서 65세를 기준으로 삼았다. 그러나 이는 세계적으로 고령화가 별로 나타나지 않은 때에 나왔다. 그 후 UN은 2015년 전 세계 인류의 체질과 평균수명을 측정해서 80세 이상이 노인이라는 새로운 연령 기준을 제시했다. 이는 우리나라도 예외가 아니다. 한편 최근 우리나라의 여러 사회조사에서는 노인 연령 기준을 70세 정도로 답변하는 경우가 많다.

이런저런 사정을 살펴보면 75세 정도가 노인 기준으로 적절하지 않을까. 논거를 제시할 만큼 객관적인 의견이 아니라 내 생각과 주장일 뿐이다. 이 역시 쏟아져 나오는 베이비부머들을 위한 일자리가 받쳐주어야만 설득력이 있다. 정부에서 50⁺세대나 60⁺세대에 맞는 새로운 일자리를 지원한다고 하지만 마땅한 것이 별로 없다. 그래서 원래의 직장에서 하던 일과 임금을 같이 줄이면서 점진적으로 은퇴하는 제도가 확산되었으면 하는 마음이다.

활기 넘치는 나이에 "나도 이제 지하철을 공짜로 타게 됐어"라고 스스럼없이 자랑한다면 헛되게 늙는 것이다. 65세에 지하철 경로우대를 자랑하기는 계면쩍다. 경로우대 연령을 더 높이면 그때는 몸이 불편해 지하철을 이용하지 못할 거라고 비난하겠지만 말이다.

노인을 결정하는 것은 나이 듦의 세월일까? 아니면 늙었다는 생각일까?

60 노인은 옛말이고, 100세 시대에는 중년에 불과하다.
수명이 늘어난다고 사회가 고령화되는 것은 아니다.

고령화라는 착각에 빠지지 마라

50세까지 운이 잘 풀릴 겁니다

"인생 운이 아주 좋아서 50세까지 잘됩니다. 곧 취업해서 지위가 올라가고 재산도 불어날 겁니다."

성명풀이 전문가의 예언이었다. 돌파구를 찾지 못해 애쓰던 스무 살 때 이 말은 큰 위안이 되었다. 그 후 50세까지 살고 보니 내 인생은 예언대로 성공이었다. 그런데 덜컥 겁이 났다. 50세까지 잘된다 했지만 그 이후는 말해주지 않았으니. 걱정하던 내게 아내가 답을 주었다.

"그때까지 잘살았으면 그 뒤도 잘 살겠지 뭘 걱정해."

그 말을 듣고 나자 안심되었고, 60대 중반인 지금까지 성공적인 삶을 이어오고 있다.

'그는 왜 50세까지라고 했을까?' 궁금했는데 최근에 와서야 풀렸다. 그랬다. 내가 스무 살 즈음인 1970년대 중반 우리나라의 평균수명은 60세 남짓으로, 50세 즈음 현역생활이 끝날 것으로 보았고, 그래서 50세까지 잘되리라 보았다. 그런데 나이를 먹어가는 동안 평균수명이 20년이나 늘어 80세를 넘겼다. 수명이 이렇게 늘어날 줄은 그도 내다보지 못했으리라. 나 역시 스무 살 무렵에는 50세 넘게까지 일할 줄은 몰랐다.

그 말은 맞았지만, 이제는 틀리다

20세기에 들어서면서 의학의 발전, 위생과 영양의 개선 등으로 인간의 수명이 크게 늘어나고 있다. 우리나라의 평균수명도 1960년 52세, 1970년 61세, 2018년 82세다. 갈수록 장수하는 세상이 되다 보니 이제 100세 인생이 멀지 않다. 그러다 보니 이제는 노인들이 넘쳐나는 세상, 고령사회가 되어간다며 걱정이다. 장수를 축복하기보다 고령화의 위기를 앞세우는 등 세상은 고령자들을 어떻게 구할지에 집중하고 있다.

하지만 사회가 고령화되고 있는 것이 아니다. 고령화사회에서 고령사회로, 이어 초고령사회로 옮겨 가고 있다는 주장은 잘못이라고 생각한다. 수명이 늘어난다고 고령화되는 것은 아니기 때문이다. 고령은 숫자로 나타나는 절대적인 나이가 아닌 상대적인 개념이다. 나이 50인 사람이 60평생 시대에는 고령자이지만 100세 인생 시대에는 중년에 불과하다. 노인이라는 의미는 말 그대로 늙어야 노인으로, 나이 들었지만 아직 늙지 않았다면 노인이 아니다. 수명이 늘어나면서 건강수명도 늘어난다. 건강하므로 오래 사는 것 아닌가. 따라서 노인이 되는 나이도 수명이 연장되는 것과 함께 늦춰야 한다.

'0.8 곱하기 인생나이'라는 말이 있다. 지금 은퇴세대들은 자기 나이에 0.8을 곱하면 그들의 부모 세대에서 생각하는 나이가 된다. 신체의 건강상태 등을 비교하면 그렇다. 그러면 지금 일반적인 은퇴연령인 60세는 부모 세대를 기준으로 48세 정도에 불과하다. 우리 부모 세대는 40, 50대에 은퇴를 모르고 일했다. 그런데 지금 우리 세대는 그 나이에 정년퇴직과 마주해야 한다. 왜 한창 일할 나이에 은퇴하거나 은퇴자로 내몰려야 할까?

환갑은 이제 노인 취급도 안 해준다

예전에 비해 오래 살았다고 노인이 되는 것은 아니다. 이것은 분명히 착각이다. 우리가 본 부모 세대를 기준으로 우리 나이를 인식하고 있어서 60세 정도 되면 이제 늙었다는 착각에 빠져 있다. 사회적으로도 60평생 시대에 설계된 사회 시스템을 100세 시대의 것으로 바꾸지 못한 채 60세는 노인이라는 인식을 그대로 유지해오고 있고, 그러다 보니 여전히 60세 정도가 정년이다. 빠르게 달려가는 장수혁명을 사회가 따라가지 못하고 있다.

장수사회가 되면서 보호 대상인 노인이 많이 늘어나기보다는 옛날보다 나이가 많은 사람이 늘어나고 있다. 나이가 많다고 옛날 기준으로 보호 대상으로 생각해서는 안 되고, 건강한 장년이 노인 취급을 받아서도 안 된다. 고령자들을 어떻게 구할지 이야기하기보다 고령자가 이 세상을 어떻게 구할지를 이야기해야 하는 세상이 되었다. 이는 나이 많은 사람들이 사회에 기여할 기회를 만들어야 한다는 전제가 깔려 있다.

왜 풀어야 할 문제를 앞에 두고 엉뚱한 곳에서 답을 찾고 있는지 모르겠다. 장수 문제를 '일'로 풀 생각은 하지 않고 '연금'으로만 풀려고 할까? 은퇴시키고 연금을 주는 것은 답이 아니다. 60평생 시대의 시스템은 100세 인생 시대에는 맞지 않는다. 한창 성장해야 할 시기에 쇠퇴기로 내몰려서는 안 된다. 고령화에 대한 생각이 바뀌어야 하고, 건강한 장년이 일할 수 있는 사회가 되어야 한다. 진정한 고령자 복지사회는 '충분히 연금을 주는 사회'가 아니라 '일할 수 있게 하는 사회'다.

'환갑이니까 이제 나도 노인'은 바보 같은 생각이다. 중국 전한의 동방삭은 18만 살을 살아 삼천갑자(三千甲子)를 보냈다고 한다. 60살 시절의 동방삭이 노인이 아니듯이 환갑노인은 이제 옛말이다.

인종차별보다 심한 것이 노인차별이다.
고령자라고 모두 약하거나 외롭지 않으며, 쓸모없지도 않다.

이제는 사라져야 할
연령차별

늙는 것도 서러운데 노인 취급

환자가 의사에게 물었다.

"선생님, 제 오른발이 왜 이렇게 저릴까요?" 의사가 말했다. "그건 다 연세 때문입니다." 환자가 다시 물었다. "그런데 왼발은 같이 늙었으면서 왜 저리지 않을까요?"

늙는 것도 서러운데 의사 말이 더 아프다. 나이 들면 다 그렇다거나 그 나이에는 원래 아프다는 말은 노인에 대한 선입관이자 편견이다.

힘겹게 버스에 오를 때 "집에나 있지 노인네가 뭐 하러 다니느냐"는 핀잔을 듣는다. 택시라도 타려면 더듬거린다고 지나쳐 버린다. 젊은이들이 커피숍에서 커피 한잔 마시며 노트북 꺼내 들고 작업하면 멋있고, 노인이 커피를 시켜 놓고 책 보면 공원에나 가서 보시라고 눈을 흘긴다. "어르신은 그 일을 하기에는 너무 늙었어요. 일할 사람 쌔고 쌨는데"라며 거절당한다. 취업하지 못하는 것보다 마음이 더 쓰리다. 우리 사회에서 없어져야 할 노인 차별의 사례가 아닐까.

일반적으로 노인은 무식하고, 고지식하고, 불친절하고, 이기적이고, 비생산적이고, 의존적이고, 보수적이고, 슬프다고 생각한다. 세상에는 지혜롭고, 융통성 있고, 친절하고, 관용적이고, 생산적이고, 독립적이고, 진보적이고, 행복한 노인도 많은데 말이다. 잘못된 선입관이자 편견이 분명하다.

사실 나이 먹는 것은 쇠퇴만 가져오지 않는다. 나이 들면 노숙해지고 현명해지기도 한다. 노화는 쇠퇴와 발달을 동시에 가져오는 변화다. 고령자라고 모두 약하고 외롭지도 않을뿐더러 쓸모없지도 않다.

우리는 나이 든 사람에 대한 부정적인 선입관이나 편견이 심한 사회에 살고 있다. 에이지즘(Ageism)이라는 용어가 있다. 이는 1969년 미국 국립노화연구소 초대 소장이었던 버틀러에 의해 처음 소개된 말로 '연령주의'라고도 하지만, 노인에 대한 '연령차별주의'로 이해할 수 있다.

이제는 버려야 할 '꼰대 6하원칙'

고령자에 대한 차별이나 편견은 없어져야 할 사회문제로, 사회구성원들 모두가 고쳐야 한다. 물론 고령자들 스스로 원인을 제공하는 경우도 많다. 생텍쥐페리의 우화소설 〈어린 왕자〉는 동화라기보다 어른들에게 많은 교훈을 주는 이야기다.

어린 왕자는 모든 일이 자기 손에 달린 듯 뽐내기와 명령하기를 좋아하는 임금님이 사는 별, 모든 사람들이 자기를 숭배하는 줄로 알고 잘난 체하는 허풍선이가 사는 별, 부끄러움을 잊으려고 술을 마시는 주정뱅이가 사는 별, 세상의 별을 혼자 다 가지려고 쉬지 않고 별을 세는 장사꾼이 사는 별, 의미 없는 명령이지만 충실하게 잘 따르는 가로등지기가 사는 별, 가보지도 않고 그냥 듣고 기록만 하는 지리학자가 사는 별을 차례로 돌아보고, 일곱 번째로 지구를 찾아온다. 그런데 지구별에는 20억 명이나 되는 이런 이상한 어른들이 살고 있었다.

맑은 어린아이의 눈으로 본 많은 어른들의 모습은 이런 부정적인 것들이다. 이 때문에 고령자에 대한 나쁜 선입관이나 편견이 생겨났을지도 모른다. 어린 왕자가 본 지구별 어른들처럼 좋지 않은 인상이나 행동을 하지 말아야 한다. 젊은 세대들에게 노인에 대한 선입관이나 편견을 무조건 버리라고 할 것만은 아니다. 요즘 흔히 말하는 내가 누군지 알아(Who), 네가 뭘 안다고(What), 어딜 감히(Where), 내가 왕년에(When), 어떻게 나한테(How), 내가 그걸 왜(Why)라는 '꼰대의 6하원칙'도 버려야 한다.

나이를 핑계로 자신을 버리지 말자

〈꽃보다 할배〉라는 텔레비전 프로그램은 모든 세대의 공감을 얻었다. 자신을 거침없이 드러내며 여행을 즐기는 노년은 멋있지 않은가. 〈내 나이가 어때서〉라는 노래가 나왔을 때 많은 노년들이 '맞다 맞아, 네 말이 맞다'라고 하지 않았던가.

늙음은 낡음이 아니다. 나이가 들면 다른 가능성을 모색하거나 보람 있는 활동을 추구하면서 더 풍요롭고 충만한 삶을 일궈야 한다. 나이 들면 은퇴하기보다 인생에 대한 새로운 이야기를 만드는 것이 중요하다. 나이가 아닌 총체적인 성장에 주목할 필요가 있다. 인생의 쇠퇴기라 받아들이지 말고, 인생의 새로운 발견을 찾자. 그러면 노년에 대한 편견과 차별도 줄어들 테니.

'이제 웬만큼 살았으니 덤덤하게 침식당하자', '저무는 인생에 소리치고 저항하지 말자', '성차별이나 인종차별이 있듯이 노인에 대한 차별도 있을 수 있지', '늙고 힘 떨어지면 누구에게든 신세를 져야 하고 폐를 끼치는 일도 잦아지겠지. 그러니까 숙명으로 여기고 받아들이자'……. 이렇게 생각하면 안 된다.

온화하고 편안한 어른의 모습으로 젊은 세대와 공감하고 서로 돕고 사는 세상을 만들어야 하지 않을까. 모든 연령대는 평등하다.

오래 사는 것에 따른 부정적인 요소도 배제할 수 없다.
하지만 장수시대에는 위험보다 기회가 더 많지 않은가.

장수는 위험이 아니라 새로운 기회

내 나이를 훔쳐갔으면 좋겠다

많은 소를 키우고 있는 노인에게 모두 몇 마리나 되는지 물었다. "수컷 9마리, 암컷 199마리, 송아지 19마리로 모두 227마리"라고 대답했다. 정확함에 감탄하며 연세를 물었는데, "내 나이는 세어보지 않아서 모르겠소"라고 했다. 소 숫자는 암수와 새끼들까지 훤히 꿰고 있으면서 어떻게 제 나이를 모르냐고 물으니 노인의 대답이 걸작이다.

"소야 남들이 훔쳐갈까 봐 매일 세어보지만, 내 나이야 누가 제발 훔쳐갔으면 좋겠는데 뭐 하러 세고 있겠어."

이처럼 도둑이나 맞았으면 하는 것이 나이다.

오래 사는 것은 인류가 늘 간절히 바라던 것으로, 근래 들어 그 소원이 많이 이루어졌다. 불과 1세기 만에 인류의 수명이 거의 2배로 늘어났다. 바야흐로 100세시대가 열렸다. 그런데 오히려 장수사회와 고령화를 비관적으로 보는 목소리가 훨씬 큰 것은 무슨 까닭일까?

베르나르 베르베르가 쓴 단편소설 〈황혼의 반란〉은 고령사회의 위기를 다루고 있다.

초고령사회가 된 프랑스에서 노인 배척운동이 일어난다. 학자들은 TV에 나와 사회보장 적자는 노인들 때문이라고 외친다. 대통령은 신년담화에서 "노인들을 불사의 로봇으로 만들 수는 없다"고 선언한다. 곧바로 노인들에 대한 약값과 치료비 지급이 제한된다. 노인들을 붙잡아 가두고 독극물 주사를 놓아 죽인다. 그러자 노인들이 들고일어나 생존을 위한 게릴라 투쟁을 시작한다. 체포된 주인공 프레드는 죽기 전에 자신에게 주사를 놓는 자의 눈을 차갑게 쏘아보면서 이렇게 말한다.

"너도 언젠가는 늙은이가 될 게다."

고령화로 사회적 비용도 늘어나지만

우리 사회의 모든 부정적인 요소가 노인들 탓인가? 이 시대의 노년층은 고통 받으며 오래 살고 있나? 그렇지 않다. 이미 고령사회를 경험하고 있는 나라들에서도 이런 극단적인 일은 벌어지지 않고 있다. 소설은 어디까지나 소설일 뿐이다. 그런데 왜 이런 소설 내용이 관심을 끌까? 오래 사는 것과 더불어 생기는 부정적인 요소를 배제할 수 없기 때문이리라.

60대 중반인 나는 가끔 신체적인 불편과 고통, 기억력 저하를 경험한다. 외로움과 우울증도 남의 일 같지 않다. 치매를 겪거나 돈 문제로 곤란해지는 주위 사람들을 쉽게 볼 수 있다. 노인복지, 연금과 건강보험 등 사회보장비용이 크게 늘어나는 등

이미 고령화로 인한 사회적 비용 증가는 무시할 수 있는 수준이 아니다.

그렇지만 삶이 곧 촛불 같았던 시대보다 장수시대에는 기회가 더 많지 않을까. 생각하기 나름이지만, 장수는 위험보다 기회다. 더 오래 살면서 더 많이 즐기고 배우고 일하고 봉사하며, 좋아하는 사람과 교류할 수 있다. 장수는 우리가 꿈꾸던 의미 있는 일을 성취할 기회를 더 많이 안겨준다.

위험을 감수하면서도 의미 있는 삶으로 나서는 것이 인간이지 않은가. 오래 살게 됨으로써 위험은 그만큼 늘어났지만 좋은 삶을 살 기회가 많아진 것은 분명 좋은 일이다. 이에 발맞춰 고령사회의 잠재력을 실현하기 위한 위험 극복 노력이 진행 중이다. 당뇨병, 심혈관계 질환, 암, 치매성 질환에 맞서기 위한 노력이 큰 진전을 보이고 있다. 연금, 건강보험 등 사회적 비용의 증가를 해결하면서 지속 가능한 복지사회를 만들기 위한 정책도 성과를 보이고 있다.

장수는 위험이 아니라 새로운 기회

우리가 잘못 알고 있는 것들도 있다. 나이가 들면 모든 기억력이 감퇴하는 것은 아니다. 나이가 들수록 뇌의 작업기억은 약해진다. 작업기억이란 어떤 작업을 수행하기 위해 실시간으로 정보를 저장하고 처리하는 뇌의 역량을 말한다. 정확한 단어나 이름이 떠오르지 않아 곤란한 경험이 점차 늘어나는 현상이 작업기억의 감퇴를 말해준다. 하지만 몸에 배어 의식적으로 노력하지 않아도 수행 가능한 일을 하는 절차기억은 그대로 유지된다.

우리는 뛰어난 지도자가 누구냐는 질문을 받았을 때 말년까지 활발하게 활동한 이들을 떠올린다. 젊은 사람은 나이든 사람보다 빨리 배우지만 지식의 양은 나이 든 사람이 더 많다. 신기하게도 인지능력이 쇠퇴하더라도 논리적인 기능은 떨어지지 않는다. 또 나이가 들수록 정서적인 안정을 찾는다. 감정 통제에 더 능숙하고 감정의 극단을 오가는 일도 줄어든다. 나이 든다는 것은 지혜로워지는 의미다. 나이 들면 인생을 사색하면서 즐거움과 평화를 추구한다.

이제 우리는 장수라는 기적 덕분에 믿기 어려운 기회를 얻었다. 우리 사회는 나이 든 노동인력과 봉사인력을 최대한 활용하기 위한 방법을 찾아야 한다. 노년층이 체득한 실용적인 지식을 제대로, 그리고 잘 활용할 수 있는 사회적인 수요를 찾아내야 한다. 아울러 노년층의 장점을 이용할 새로운 방안도 고민해야 한다.

물은 물길이 트는 대로 흐른다. 고령사회가 어디로 흐를지는 우리 자신에게 달려 있다. 제대로 길을 찾는다면 세상은 노년층 덕분에 더 좋아질 것이며, 그때 고령사회는 잿빛이 아니라 금빛 미래다.

노인들은 오랫동안 살아온 곳에서 여생을 보내고 싶어 한다.
그래서 노인 복지마을이 아니라 고령친화도시가 답이다.

고령친화적인 도시 만들기

나이 들수록 고향을 생각하는 사람들

어디서 어떻게 살 것인가? 이것은 노년을 준비할 때 가장 큰 고민거리다. 과연 노년층은 어디서 무엇을 하며 살아야 행복할까? '하루는 저녁이, 1년은 겨울이, 일생은 노년이 여유로워야 한다'는 말이 있듯이 여유 있는 노년이 좋다. 우리는 노년의 여유로운 삶으로 전원생활을 떠올린다. 그러나 노년의 일상을 전원에서 보내는 것은 여러모로 불편하고, 역할 없이 보내는 긴 자유시간 역시 문제다.

내 친구들 중 산업화 과정에서 도시로 몰려들었던 이들은 은퇴하면서 시골로 돌아가는 꿈을 꾸었다. 그러나 정작 실행에 옮기는 경우는 거의 없었다. 오랫동안 살던 곳에서 여생을 보내기를 희망한 채 도시에서 살고 있다. 잠깐의 전원생활을 경험한 이들도 다시 도시의 자식들 곁으로 돌아오고 있다. 나 역시 고향에 대한 그리움과 부모 형제가 같이 살았던 시절의 풍경이 그리워

고향에 조그만 집을 짓고 사는 은퇴생활을 꿈꾸기도 했다. 하지만 이것저것 살펴보니 그곳은 예전의 고향이 아니었다. 그래서 고향은 멀리 떨어져 추억하는 곳으로 남겨 두었다.

그렇다면 도시는 노년층이 살 만한 곳인가? 여생을 편안하게 지낼 수 있는 환경인가? 좀 더 노년층이 살기 좋은 고령친화도시로 탈바꿈했으면 좋겠다.

노년을 품는 도시, 도시를 품는 노년

세계보건기구(WHO)는 노인들이 존중받으며 활기차게 생활할 수 있는 지역 기반과 서비스를 갖춘 도시를 고령친화도시라고 칭했다. 늙어가는 과정에서 삶의 질을 높일 수 있는 건강, 참여, 안전 영역에서 최대한의 기회가 제공되는 도시가 고령친화도시다. WHO가 제시하는 고령친화도시의 구성 요소는 다음과 같은 8대 영역으로 되어 있다.

- 노인의 독립적인 생활유지를 위한 지역사회 지원과 보건
- 노인의 활동성에 영향을 미치는 교통
- 노인의 안녕과 안전에 영향을 미치는 주택
- 활기찬 노년을 보내기 위한 핵심 개념인 사회참여
- 노인의 이동성, 독립성 및 삶의 질과 밀접하게 관련 있는 외부 공간과 건물
- 노인에 대한 다른 연령대들의 존중과 사회적 통합
- 은퇴 후에도 지속적으로 사회에 공헌하기 위한 시민참여와 고용
- 사회적 통합을 위한 소통과 지속적 정보 제공

WHO는 이른바 액티브 에이징(Active-aging)이라는 활기찬 노년으로 노화를 지연시킬 수 있는 전략을 정책 의제로 제시했고, 이를 고령친화도시 네트워크 구축이라는 프로젝트로 확산해 나가고 있다.

우리 주위의 도시 환경도 고령화와 함께 많이 바뀌고 있다. 노년층은 일하고 쇼핑하고 즐기고 배우는 등 여러 가지 일상생활을 하면서 끊임없이 지역사회를 넘나든다. 고령자가 안전하게 걸을 수 있도록 안전한 보도가 설치되어 있고, 횡단보도를 건널 때 신호시간이 충분하고, 휠체어 등의 이동이 편리하도록 배려해야 한다. 노인들이 생활하면서 불편하지 않으려면 지역에 고령자를 위한 공동주택을 제공하거나 거주 주택의 실내 이동 안전성을 확보해야 한다. 근린지역 안에 휴식 장소, 여가 공간, 대중적 모임장소, 의료기관, 생활편의시설, 문화 및 복지 시설, 공원 및 산책로가 잘 갖춰져야 한다. 가사 및 간병 도움을 받기 위한 정보 제공, 질병예방 교육 및 정신건강 상담, 노인학대 상담 서비스와 노인돌봄 서비스 체계 역시 잘 갖춰야 한다. 노인 일자리 정보 제공, 재취업 교육 및 훈련정보 제공, 사회복지관 및 노인대학 등 평생교육 프로그램 제공, 지역 내 문화행사 참여 지원 등도 필요하다.

모두가 함께 해야 할 고령친화도시

그런데 이러한 고령친화도시는 여러 세대가 공존할 수 있는 도시일까, 아니면 젊은이들에게는 불편한 도시일까? 단정할 수는 없지만 고령친화도시의 건설을 반대하는 이들도 있다. 그들은 이렇게 생각한다. 고령자 유토피아가 건설된다면 젊은이들은 배척당한다. 도시는 노인들로 가득차고 젊은이들은 노인들을 수발들기에 바쁘다. 도시는 점차 빛을 잃어가고 침침한 그늘에서 아이들을 키울 수 없다. 그러므로 노인들을 도시에서 몰아내고, 공기 좋고 물 좋은 곳에 노인 복지마을을 만들어 그곳에서 여생을 보내게 하자.

하지만 그곳은 노인 복지마을이 아니다. 노인들을 어떻게 도시 밖으로 몰아낸단 말인가. 노년층이 고령친화도시에서 산다면 우리의 삶은 더욱 인간적이 될 수 있다. 직장생활로 바쁜 자녀의 일을 거들어줄 수 있고, 손자 손녀의 양육에도 큰 도움을 줄 수 있다. 고령친화도시는 노인들만을 위한 도시가 아니라 세대가 공존하는 이상적인 도시로, 모든 연령을 위한 도시가 고령친화도시의 핵심이다. 이것이 좋은 도시의 척도다.

등굣길에 몸이 불편한 고령자 집을 방문해 쓰레기를 수거하는 초등학생들이 있고, 할머니 고객의 안전을 위해 에스컬레이터 속도를 늦춰주는 백화점이 있다. 일본의 사례다. 모든 버스는 저상버스이고, 보도의 턱 높이와 버스의 실내바닥 높이가 같아서 버스 문이 열리고 리프트가 펼쳐지면 휠체어를 탄 노인이 혼자서 타고 내릴 수 있다. 이는 스페인 바르셀로나시의 사례다. 노인을 배려하고 생각하는 도시는 은빛 도시가 아니고 일곱 빛깔 무지개 색이다.

고령화로 본 시장경제는 위기일까? 아니면 기회일까?
고령사회는 기존 시장을 키우고 새로운 시장을 만든다.

갈수록 커지고 주목받는 실버시장

세상을 바꾸는 6070세대

고령사회가 성큼 눈앞에 다가왔다. 생산인력은 줄어들고 궁핍한 노년들은 소비를 줄인다. 정부의 사회보장비 지출은 증가한다. 경제는 장기 저성장의 늪에 빠진다. 사회는 김빠진 맥주처럼 활력을 잃는다. 만약 고령사회가 이런 대재앙을 몰고 온다면 큰일이다.

고령화의 렌즈로 본 시장경제는 위기일까? 아니면 기회일까? 사실 고령화는 위기일 수도 있고 기회일 수도 있다. 고령화라는 경로가 단순히 늙어가는 사회가 된다면 위기가 두드러지게 나타날 수밖에 없다. 하지만 건강하게 더 오래 사는 사회가 된다면 분명히 기회다.

우리가 마주한 고령사회는 늙어가는 사회일까? 아니면 건강하고 활기차게 더 오래 사는 사회일까?

요즘 문화가 젊은 세대들 위주이다 보니 노년층의 영향력은 주목하지 않고 있다. 그러나 건강하고 부유한 6070세대들의 잠재력은 세상을 바꿀 기세다. 베이비부머의 대량퇴직과 함께 쏟아져 나오는 신중년세대들은 그냥 나이 들지 않고 노년기의 의미를 새롭게 바꾸고 있다.

신중년세대인 나와 내 친구들은 대부분 노인 취급받는 것을 싫어하고, 노화를 늦추는 방법을 찾고 있다. 과거의 '선형적 인생'을 '순환적 인생'으로 바꾸려고 노력하고 있다. 우리 부모 세대는 어렸을 때 배우고 성년이 되어 열심히 일한 후 나이 들어 죽는 것으로 끝내는 선형적 인생을 살았다. 하지만 지금 우리 세대는 열정적으로 일하고 난 뒤 다시 새로운 것을 배우고, 지금까지 해오던 일을 그만두고 다른 일을 시작하는 순환적 인생을 원한다.

계속해서 자극받는 삶, 의미 있고 목적이 있는 삶, 깨달음이 있고 사회에 도움 되는 삶을 원하는 고령층이 늘어나고 있다. 더 건강하고 더 열정적인 노년층들이 노년기의 의미를 바꾸고 있다.

이들은 소비시장을 흔들어 놓기에 충분하다. 먹고 입는 것에 그치지 않고 관련 산업을 바꾼다. 건강과 여가 문화도 바꾼다. 어떤 제품을 구매하는 것보다 어떤 상황을 경험하는 것에 더 관심이 있다. 과거의 노년층과 달리 무엇보다 새로운 제품과 새로운 시도를 즐긴다. 정작 경제적인 능력이 있는 사람도 젊은이들보다 그들의 부모 세대인 고령층이다. 스스로 중산층이라고 생각하는 내 경우도 출가한 아들딸 부부보다 경제적으로 여유가 있고 소비생활도 더 적극적이다. 나를 비롯한 대부분의 신중년세대들은 자식들로부터 부양받는 것을 원하지 않고, 오히려 그들이 필요할 때 경제적으로 도움을 주고 있다.

고령화는 새로운 시장을 만든다

요즘 노년층들은 젊었을 때와 다름없거나 오히려 더 나은 생활을 원한다. 배우고 즐기고 웃으며 살아가는 것에는 나이가 따로 없다. 그래서 고령화는 몇 가지 측면에서 기존 시장을 활성화시키거나 새로운 시장을 만든다.

경제적으로 여유가 있고 건강한 고령층은 재미와 여행, 행복과 건강이 합쳐진 웰니스(Wellness)를 추구한다. 재미는 젊은이들만의 전유물이 아니다. 노년층이 손주들 못지않게 게임과 오락을 즐긴다. 노년층은 일도 재미로 하는 경향이 많다. 여행은 노년의 삶을 윤택하게 한다. 그리고 자기계발과 자기관리뿐만 아니라 나이와 상관없이 최고의 기량을 발휘하고 싶은 욕구는 웰니스 시장을 성장시키고 있다.

요즘 노인층은 나이 들어도 지속적으로 이웃과 교류하면서 자신이 살던 곳에서 여생을 마칠 수 있기를 바란다. 자녀들에게 의탁하기를 싫어하고, 그럴 형편도 되지 않는다. 그래서 노인 친화적 주택의 건설과 개조 그리고 노년층을 위한 사회기반 시설 확보와 대중교통 체계 정비 등 노년층의 독립적인 삶을 지원하는 시장의 활성화가 기대된다.

노년층을 지원하는 시장도 커질 것이다. 이른바 실버시장이라고 부르는 영양 및 건강관리, 돌봄서비스 시장이 확대될 것이다. 스마트기술을 활용해서 건강과 웰빙을 감시하고 관리하는 것과 원격 의료서비스도 새롭게 발전할 수 있다. 순환적인 인생 설계를 지원하기 위한 제3기 인생대학과 같은 새로운 교육시장도 늘어날 것이다.

고령사회에서 노년의 시간과 돈 그리고 열정을 투자하는 자원봉사 등 사회공헌 시장은 어떤가? 일하지 않는 것보다 의미 있는 일을 하는 것이 좋다는 이들이 많아지고 있다. 노년층은 국가와 사회를 위해 기꺼이 자신이 기여하기를 바란다. 인간의 행복은 개체적인 것이 아니라 공동체 속에서 존재한다. 그래서 비영리단체와 활동가 커뮤니티는 엄청난 성장 가능성을 보일 것이다.

이러한 주장에 고령화의 음지는 보지 않고 양지만 보고 있다고 비판하는 이들도 있다. 하지만 이제 우리는 고령화가 무엇을 뜻하는지 되새기고 고령사회의 기회를 깨달아야 한다. 고령화는 기존의 시장을 활성화시키고 새로운 시장을 만든다. 고령화가 몰고 오는 문제들을 해결하면서 새로운 시장의 성장에 주목하자.

청년실업이 심각하다 보니 고령자를 탓하는 이들이 있다.
하지만 고령인력은 그들의 취업을 가로막는 '회색천장'이 아니다.

고령인력은 회색천장이 아니다

노인들 때문에 청년취업이 힘들다?

"우리는 단군 이래 가장 많이 공부했고, 외국어도 능통하고, 첨단 전자기기도 잘 다루는 똑똑한 세대야. 우리 부모 세대는 이 중에서 단 하나만 잘해도, 아니 비슷하게만 해도 쉽게 평생직장을 얻을 수 있었어. 그런데 왜 우리는 놀고 있는 거야? 도대체 우리가 뭘 잘못한 거지?"

"맞는 말이야. 젊은이들 잘못은 아닌 것 같아. 나이 먹은 우리들이 빨리 은퇴해서 자리를 내주면 좋으련만 우리도 사정이 어려운 건 마찬가지야. 위에서 눌리고 밑에서 치받기면서 직장생활을 간신히 견뎌왔는데 나이 들었다고 눈총 받고 있으니… 자식도 출가시켜야 하고 노후도 대비하려면 아직 멀었는데."

세상 형편이 이렇다. 청년실업이 심각하다 보니 고령자를 탓하는 사람들이 많다. 늘어나는 고령인력 때문에 젊은이들의 앞날에 희망이 없다고 야단이다. 고령자들도 일자리를 구하기 어렵기는 마찬가지인데 말이다. 그런데 정말 고령인력은 젊은이들의 취업을 가로막는 '회색천장'일까?

사회가 고령화되면 고령층의 숫자가 늘어난다. 이런 상황에서 기업들이 정년을 연장하면 그만큼 젊은이들의 취업이 어려워져 청년 일자리가 줄어드는 것은 맞다. 하지만 이것은 단순논리다. 흑과 백 사이에는 수많은 회색이 있다. 노년층의 증가가 청년층 일자리 감소의 원인 중 하나이지만, 노년층 증가만큼 청년 일자리가 반드시 줄어드는 것은 아니다. 즉 고령층이 잿빛 새벽을 몰고 오는 검은 먹구름이라는 일부의 주장은 과장되었다. 몇 가지 이유를 들어보자.

정말 고령인력은 회색천장일까

우선 젊은이와 고령층의 취업시장은 상당히 다르다. 연령별 분업체계가 잘 정비된다면 서로의 고용에 영향을 덜 줄 수 있다. 예를 들어 젊은 층은 가치창출 중심의 활동을 하고 노년층은 가치이전 활동을 주로 한다면 말이다. 젊은이들은 제조업, 지식산업 및 연구개발과 제품혁신 부문에 취업하고 고령층은 역량과 경험, 노하우의 사회적 활용 부문에 취업할 수 있다.

또한 일자리 파이가 고정된 경우 어느 한쪽을 늘리면 다른 한쪽이 줄어들지만, 고령자 고용은 일자리 파이를 키울 수 있다. 노년층이 일하면 소비도 늘어난다. 그러면 경제가 성장하고 더 많은 일자리가 생긴다. 이미 오래 전에 일자리를 빼앗는다며 여성의 경제활동에 반대했던 남성들의 주장은 경제의 파이가 쪼개질 것이라는 전제에서 나왔다. 하지만 여성들은 그 파이를 더 크게 만들어 모두에게 더 많은 몫이 돌아가게 했다. 이 말에 선뜻 동의하기 어렵더라도 적어도 여성 근로자의 증가로 남성 근로자의 고용이 감소했다는 증거는 찾기 힘들다.

게다가 고령층의 경제활동은 연금제도에서 부양률을 낮추기 때문에 젊은이들의 보험료 부담을 줄여주는 점도 있다. 결국 고령자 고용은 제로섬 게임이 아니라 고령자와 젊은이 모두에게 이익이 된다.

고령자 고용은 모두에게 이익이다

어쨌든 구직시장은 전쟁터가 된 지 오래다. 이 현실에 젊은이들의 잘못은 없으며, 그렇다고 고령자 탓도 아니다. 젊은이와 고령자, 어느 누구의 탓도 아니다. 경제가 성장하지 않고 국가가 일자리를 많이 만들지 못한 것이 잘못이라면 잘못이다. 그러므로 일자리 문제로 고령층과 젊은이, 어느 한쪽의 희생을 강요할 수 없다. 같이 해결해야 할 문제다.

젊은이와 고령층의 고용이 모두 절실한 시대다. 저출산 영향으로 젊은 근로자가 현저히 줄어들기 전까지는 어느 것 하나 뒤로 재껴둘 수 없다. 그렇다면 함께 일하면서 서로의 권리를 보장받는 고용생태를 만드는 것이 중요하다. 모든 종의 권리보장을 위한 생명주의가 생태문명을 복원하듯이 모든 세대가 상생하는 고용생태를 만들어야 한다. 이를 위해서는 기득권층이라 할 수 있는 중령층 및 고령층이 양보해야 할 것이 있다.

연공서열적 조직문화를 폐기하고 직무와 역량, 성과 중심으로 패러다임을 전환해야 한다. 경제개발 시기에 정착된 연공서열적 조직문화는 젊은이들의 성장을 가로막는 장애 요인이다. 나이와 경력이 벼슬이 되어서는 안 된다. 직무와 역량 중심으로 조직문화가 바뀌어야 세대 상생이 가능하다.

연공 중심의 임금체계는 기업이 고령자를 기피하는 요인이 된다. 오래 근무했다는 이유만으로 임금이 올라가는 체계는 비합리적이다. 성과 중심의 체계로 전환해야 한다. 또한 직무 부담을 줄이면서 임금도 줄이는 임금피크제 같은 것도 확산해나가야 한다. 이로 인한 기업의 인건비 절감분은 젊은이의 고용을 가능하게 한다.

고용의 유연화도 긍정적으로 생각해야 한다. 기업이 어려울 때 인력 구조조정이 어렵다면 어떤 기업도 정년 연장에 찬성하지 않을 것이다. 결국 기업들은 정년 연장이나 정규직 신규채용을 기피하고, 대신 비정규직을 채용하거나 하청업체에 일을 맡길 것이다. 이것이 우리가 바라는 고용생태는 아니지 않은가.

더불어 살아가는 세상이다. 청년층 취업이 어려운 것을 늘어난 고령층 탓으로 돌려서는 안 된다. 고령층도 기득권이 아니므로 내려놓아야 한다. 일하는 것도 줄이고 봉급도 조금 줄이고, 그것을 젊은이들과 나눠 가져야 한다. 조금만 더 갖추면 행복할 것이라는 조건부 행복은 바보 같은 생각이다.

연령에 의한 고용차별 문제는 더 이상 간과할 수 없다.
나이에 관계없이 모두에게 일할 자유를 부여할 때다.

정년연령, 이대로 둘 것인가

누가 정년을 숫자로 말하는가

어느덧 정년이다. 예고된 일이지만 시원함보다 섭섭한 마음을 지울 수 없다. 왜 그럴까? 자발적이 아니라 강제로 퇴직해야 되기 때문이다. 스포츠처럼 체력이 중요한 것도 아닌데 왜 이래야만 할까? 지식과 경륜이 중요한 분야에서는 오히려 고령인력이 일을 더 잘할 수 있는데 말이다. 만약 생산성이 떨어지면 봉급을 적게 주면 되지 아예 일을 하지 못하게 막는 것은 이치에 맞지 않다.

이런 '턱도 없는' 제도가 왜 생겨났는지 살펴보자.

산업혁명 이후 노동자라는 사회 구성원이 생겨났다. 기술 발달과 자본 투입으로 작업환경이 단순화되었고 이에 따라 숙련도가 크게 중요하지 않다. 그런데도 임금체계는 연공 중심이다. 이런 환경에서 고용주가 인건비를 줄이기 위한 방법으로 시도된 것이 정년퇴직이라고 한다.

여기에 기름을 부은 것이 연령차별주의다. 미국의 저명한 내과의사 윌리엄 오슬러 박사는 1905년 존스홉킨스대학교에서 "40세 이상의 사람들은 사회의 진보를 이루는 데 무익한 존재이며, 특히 60세가 넘은 사람은 완전히 무용지물이고 융통성이 없는 정신자세 때문에 오히려 사회에 부담이 된다"고 말했다.

결국 정년퇴직이란 고용주의 인건비 절감과 노인에 대한 사회적인 차별이 만들어낸 결과물로 보인다. 그 후 연금제도가 생겨나면서 일과 은퇴에 대한 생각이 새롭게 정립되었다. 일정연령까지 일한 후 노동시장을 떠나 연금으로 생활하는 것이 사회적으로 자리 잡으면서 정년퇴직이 법적으로 제도화되었다.

선진국은 정년연령을 없애는 추세

미국은 1967년 '연령에 의한 고용차별금지법'이 제정된 이후 몇 차례의 개정을 거쳐 연령을 이유로 해고하는 정년제도가 폐지되었다. 영국도 정년제를 유지해오다 2011년 폐지했다. 이제 서구에서는 강제퇴직 연령으로서의 정년이라는 관행은 그다지 찾아볼 수 없다. 퇴직연령은 보통 퇴직연금 규정의 일부다. 통상적으로 65세 내지 70세 정도가 되면 노령연금을 받을 수 있는데, 이 연령을 퇴직연령으로 본다. 즉 이 연령은 봉급과 연금 중 하나를 선택할 수 있는 연령에 불과하다. 이는 강제퇴직 연령이 아니다. 독일, 프랑스, 일본 등의 국가에서는 여전히 정년제도가 유지되고 있으며, 고령화에 따라 정년연령을 상향조정하고 있다.

우리나라의 정년제도는 교육공무원법에서 1953년 처음 채택되었고, 1962년 군인사법에 도입된 후 국가공무원법에는 1963년에 도입되었다. 특수직종을 제외한 대부분의 일반직 공무원 정년은 60세다. 민간 기업도 단체협약 등으로 정년을 규정해왔으며, '고용상 연령차별 금지 및 고령자 고용촉진에 관한 법률'에 따라 2017년부터는 전체 사업장에 60세 정년제도가 의무화되었다. 연령을 이유로 강제로 퇴직시키는 정년제도가 전 세계적으로 폐지 수순을 밟아가고 있는 상황에 우리나라는 여전히 존속하고 있는 것도 사실이다.

이쯤에서 턱도 없는 정년제도라고 표현한 것은 지나쳤다고 한 발 물러서야겠다. 나름대로 정년제도가 갖고 있는 유용성이 있기 때문이다. 일반적으로 이야기하는 정년제도의 유용성은 두 가지다. 첫째는 조직의 노령화를 방지하고 신진대사를 이룸으로써 조직의 능률과 활력을 제고한다. 둘째는 정년연령에 이르기까지 근무를 보장함으로써 안심하고 직무에 전념할 수 있도록 하는 것이다.

일할 수 있다면 일할 수 있게 해야

조직의 능률과 활력 제고를 생각해보자. 대체로 젊은이는 활력이 있고 나이 든 사람은 부족하더라도 분명히 개인차가 있다. 그래서 획일적으로 기준 연령을 정하는 것은 무리다. 무엇보다 나이를 이유로 일할 자유를 박탈하는 것은 분명히 연령차별이다.

그러면 일정연령까지 근무를 보장한다는 명분은 어떤가? 예를 들어 우리나라의 민간 기업에서 사실상 45세가 정년이라는

'사오정'과 56세까지 근무하면 도둑이라는 '오륙도'라는 말이 있듯이, 50세 전후에 조기은퇴를 강요당하는 현실을 감안한다면 일정 연령까지 근무를 보장하는 정년 규정은 매우 의미가 있다.

기업이 중령 및 고령 인력의 조기은퇴를 강요하는 것은 연공서열 중심의 조직문화와 임금체계 때문이다. 나이 들어가면 무조건 승진시켜야 하고 봉급을 올려야 하는 부담을 견딜 수 없다. 노동 유연성이 매우 낮은 것도 하나의 이유다. 만약 연공이 아니라 직무 중심으로 조직문화가 바뀌고 직무역량이 떨어지는 근로자를 해고할 권리가 있다면 굳이 연령정년을 둘 필요가 없다.

장수혁명과 함께 건강수명도 점점 늘어나고 있다. 70대 중반까지는 대체로 건강하고, 80세가 넘어서도 활동적인 생활이 가능한 사람들이 많다. 이제 인위적인 연령정년 따위는 없애고 모두에게 일할 자유를 부여하는 것이 옳지 않을까. 그것이 가능한 기업문화와 임금체계를 만들어가는 것이 고령사회의 답이다. 일할 의사가 있는 노년층은 일하게 해야 한다. 일하는 기간이 연장된다면 늘어나는 연금재정 부담도 해결된다. 노년층이 세상의 미래에 기여할 기회를 박탈하지 말자.

중년과 노년 사이의 새로운 생애단계인 신중년세대는
일로부터의 자유가 아닌 일할 자유를 목표로 삼아야 한다.

결코 간과할 수 없는 신중년세대

신중년세대들이 몰려오고 있다

신중년세대는 고령사회로 접어들면서 새롭게 부각되는 중년과 노년 사이의 새로운 생애단계다. 이들은 액티브 시니어 세대, YO(Young Old) 세대라고도 지칭하며, 기존의 실버세대와 구분한다.

일반적으로 생애의 주된 일자리에서 물러났지만 몸은 건강한 5060세대를 지칭한다. 50줄에 퇴직하는 경우가 많아 50^{+}세대라고도 하지만, 일반적인 정년인 60세를 기준으로 본다면 비교적 건강을 유지하며 지적, 사회적 활동이 가능한 60~75세 사이의 나이가 신중년이 아닌가 싶다.

심리학자 스텐리 홀은 노년기를 선행하는 이 시기를 '인디언 서머(Indian Summer)'라고 칭하면서, 경험으로 얻은 깨달음과 깨우침대로 살아가는 행동력을 겸비한 시기라고 했다. 비록 늦가을이지만 인디언들이 신의 선물로 감사하게 여기는, 사냥하기 좋은 따뜻한 날씨처럼 인생에서도 늦은 시기에 새로운 상승국면을 맞는 기간이다.

인구학자이자 역사학자인 피터 래슬릿은 이 새로운 생애단계를 '서드 에이지(Third Age)'라고 부르면서, 높은 생산성과 꾸준한 학습이 가능한 시기이자 미래 세대에 특별한 책임감을 느끼는 시기라고 했다.

그들이 해야 할 중요한 일이 있다

하나의 생애단계를 만들고 생애지도를 다시 그리는 것은 결코 쉬운 일이 아니다. 우리는 중년과 노년 사이의 신중년을 새롭게 인식해야 한다. 이 기간을 중년의 연속이라든가 노년기로만 생각해서는 안 된다. 신중년이라는 새로운 단어와 이미지로 이 단계에 대한 온전한 위상을 부여해야 한다.

중장년의 노하우를 사회에 환원할 수 있도록 지원하는 비영리단체 앙코르 닷 오르그의 설립자이자 최고경영자인 마크 프리드먼은 1차 현역 은퇴 후 두 번째 경력을 '앙코르 커리어(Encore Career)'라고 이름 붙였다. 앙코르 커리어는 지속적인 수입원, 개인적인 의미 추구, 사회적 영향력이라는 삼박자를 갖춘 후반기의 일자리를 뜻한다. 그는 열정을 발산하고, 목적을 실현하며, 수입도 얻을 수 있는 인생 2막이 미국 사회에서 새로운 생애단계로 열광적인 반응을 보이고 있다고 했다. 그래서 그는 공통적으로 '더 오래 일하자'가 아니라 '해야 할 더 중요한 일이 있다'는 것을 강조한다.

이것은 발상의 전환이다. 이렇게 생각의 틀이 바뀌면 노년층은 부담스러운 존재가 아닌 매우 특별한 자산이 될 것이다. 신중년세대여, 이제 '일로부터의 자유'가 아닌 '일할 자유'를 목표로 삼아야 한다. 먹고 살기 위한 일로부터 자유로울 수 있다고 일에서 손을 떼면 안 된다. 인생은 빵 없이 살 수 없지만 빵만으로 살 수도 없다. 만약에 빵만으로 살기를 원한다면 인생 후반을 바보처럼 사는 거다. 자신의 마음을 채우고 세상에 보탬이 되는 삶을 살자.

신중년세대의 능력을 적극 활용해야

베이비부머의 대량퇴직과 함께 신중년이 몰려오고 있다. 우리나라의 베이비부머는 동란 후 1955년부터 산아제한 정책이 시작되기 전까지 9년 동안 태어난 이들로, 전체 인구의 14.6%에 해당하는 713만 명 정도다. 이들의 대량퇴직은 1955년생이 55세가 된 2010년부터 발생되기 시작했다. 벌써 10년 가까이 지나 신중년세대의 주류를 형성해가고 있다.

베이비부머들은 이전 세대에 비해 교육 수준이 높고, 고도성장의 주역으로서 경력이 풍부하고, 사회생활의 자부심도 높은 편이다. 논밭이 아파트로 바뀌던 시절 부동산 투자를 해서 재산도 제법 모았고, 대부분 은퇴 후에 연금도 받는다. 건강하고 일할 의욕도 있고, 인터넷과 모바일 기기 사용도 가능하다.

그런데 사회는 이들을 세상의 관심 밖으로 내쫓고 있다. 나이로는 노인이 아니지만 사회적 역할 상실이라는 관점에서 하는 수 없이 노인 행세를 한다. 만약 이들에게 세상을 바꿀 임무를 부여한다면, 또 새롭게 도전할 기회를 준다면 미래는 어떻게 달라질까? 신중년세대는 훌륭한 자원이다. 그들의 직업경력과 전문성을 적극 활용하자.

국가와 사회는 신중년층의 열정을 지원할 방법을 찾아야 하며, 국가의 정책적인 프로그램 개발도 중요하다. 다행히 최근 들어 신중년 일자리 확충 방안이 정부 정책으로 추진되고 있다. 주로 일자리 재정지원 확대, 직업 특화훈련 강화, 민간 일자리 지원 등 세 가지 방향으로 추진되고 있다.

이에 힘입어 신중년들이 재취업, 창업, 귀농, 사회공헌 등 새로운 직종에 도전하고 있다. 하지만 아직 큰 성과를 기대하기는 어렵다. 사회적인 시선 역시 청년취업도 아닌 신중년취업에는 별로 우호적이지 않다.

물고기의 아이큐는 10 미만이고 사람은 100 이상이다. 물고기를 놓친 어부의 아이큐는 얼마일까? 아이큐의 문제가 아니라 살려고 하는 상대를 이기기는 어렵다. 이는 절박성의 문제가 아닐까. 신중년세대를 구하는 일은 절박하다. 국가와 사회는 쏟아져 나오는 베이비부머 은퇴자들의 삶을 구원해야 한다.

제3기 인생혁명

2

새로운 인생 혁명이 온다

무의미한 삶을 오래 사는 것만큼 허무한 인생은 없다.
무작정 바쁘게 살지 말고, 사는 이유를 알고 살아야 한다.

왜 사는지 깨우치며 살아야 할 때

바쁘다고 제대로 사는 것은 아니다

나이 들면서 점점 잃어가는 것이 돈과 건강이다. 장수사회가 되면서 돈과 나의 게임에서 돈보다 내 생명이 이길 확률이 높아지고 있다. 나이 들어 돈이 없는 노년무전(老年無錢)은 인생을 힘들고 슬프게 한다. 그러므로 돈 관리를 잘해야 된다. 장수시대에는 건강을 잃고 오래 살 확률도 높아지고 있다. 아픈 노년은 인간으로서의 존엄마저 빼앗아 간다. 이처럼 돈과 건강이 대표적인 장수위험이라는 사실에 반론을 펼 사람은 없다.

그런데 장수위험 중에서 한 가지 놓치기 쉬운 것이 '삶의 의미'다. 사는 이유를 갖고 사는 것과 왜 사는지 생각 없이 사는 것과의 차이는 크다. 무의미한 삶을 오래 사는 것만큼 허무한 인생은 없다.

사람은 생애주기별로 청년은 청년 역할, 장년은 장년 역할, 노년은 노년 역할이 있어야 한다. 그러나 노년기에는 새로운 역할은 잘 나타나지 않는 반면 기존 역할들은 점차 사라지는 경험을 한다. 노년기에 쉽게 나타날 수 있는 변화가 '역할상실'이다. 역할을 상실하면 자연히 삶의 의미를 잃는다. 사는 이유를 되찾으려면 상실된 역할을 대체하는 새로운 역할을 찾는 것이 중요하다.

얼마 전에 현직에 있을 때 함께 직장생활을 했던 이들과 가벼운 산행을 했다.

"선배는 산에 자주 와요?"

"응, 매일. 하루도 안 빠져. 건강도 챙기고, 딱히 이것 말고는 할 일이 없어. 이게 제일 좋아."

"혹시 요즘 하는 일이라도 있어요?"

이 말에 다른 친구가 거든다.

"나 바빠. 심심할 시간 없어. 아침에 일어나 텔레비전 종편 보면 오전이 후다닥 지나가. 재미있는 얘기 많아. 오후에는 친구 만나 당구 치고 바둑 두고, 저녁에는 막걸리 한잔하고. 가끔은 오늘처럼 산에도 가고."

돈과 건강보다 삶의 의미를 챙겨야

사실 퇴직한 지 그다지 오래되지 않은 은퇴자들의 일상을 살펴보면 이렇게 바쁜 사람과 아주 바쁜 사람 두 부류다. 직장에서 퇴직한 후에는 늘 하던 버릇이 있어서 가만히 있지 못한다. 가만히 있으면 나태한 것으로 생각된다. 그래서 바쁘게 움직인다. 그런데 분주함에도 갈래가 있다. 뭘 해야 할지 모른 채 별 생각 없이 이것저것 손대는 분주함과 진짜 할 일이 많아 바쁜 분주함이 있다. 역할 없는 바쁨은 시간을 허비하는 것이나 다름없다.

이렇게 목적 없고 의미 없이 분주하게 움직이다가 더 나이 들고 힘이 빠지면 일상은 그냥 무료하게 늙어가는 것으로 수렴될 것이다. 늙으면 만사가 귀찮게 느껴진다. 현재의 상태에 그대로 머물려는 현상유지 편향이 강해진다. 늙으면 새로운 것을 받아들이는 것이 성가시다. 그래서 디폴트 편향, 즉 기본선택이 편하다. 정해진 대로 가려고 한다. 귀찮다는 이유만으로 별 생각 없이 선택 가입과 선택 탈퇴를 모두 거부한다. 이러한 노년의 '귀차니즘'은 치매에 걸릴 확률을 높일지도 모른다.

눌리고 치받기는 현역생활을 견디면서 간신히 버텨온 인생 아닌가. 이제 노년은 진정으로 자신을 위하고 세상을 위해 의미 있게 살아야 할 것 아닌가. 죽을 때가 되었을 때 내가 왜 살았는지 모른다면 인생이 허무하다. 평생을 그렇게 살아왔다면 무난하게 잘살았다고 자위할 수 있을까? 아마 우물쭈물하다가 인생을 그냥 흘려보냈다고 자책하지 않을까 싶다.

내 인생에 무슨 의미가 있었는지, 아무것도 생각나지 않아서는 곤란하다. 그런데 생각 없이 낭비하고 나서야 뒤늦게 깨닫는 것이 인간이다. 후회를 막을 방법은 지금이라도 자신의 남은 시간을 분명하게 아는 것이다. '남자는 죽을 때까지 철들지 않는다'는 말도 있지만 여자라고 다르겠는가. 죽을 때가 되어 철들어봐야 후회만 있을 뿐이다.

누군가 "왜 사냐면 웃지요"라고 했다. 이외로 '그냥 산다'는 이들이 많다. 풀이 자랄 때 이유가 있어서 자라는 것이 아니듯 태어났으니 그냥 산다는 것이다. 그럴 듯하다. 그런데 그냥 살지 말고 이유를 만들어 살면 어떨까. 이유를 만들어 살아갈 수 있는 것은 인간만이 할 수 있는 일이다. 좋은 것을 본 경험, 행복했던 순간의 기억, 힘겨움을 이겨내고 성취했던 뿌듯한 감정. 이런 것은 죽을 때도 기분 좋게 가져갈 수 있지 않을까.

삶의 의미를 분명히 하고 인생 후반을 살아가자. '내가 쓸모 있는 일을 했어. 그때 내가 한 일은 옳은 일이었어'라고 회상할 수 있어야 행복한 삶 아니겠는가. 과로사가 희망사항인 것처럼 무작정 바쁘게 살지 말고, 사는 이유를 갖고 살자. 그래도 '나는 노는 게 좋다. 일하는 것보다 그냥 노는 게 더 좋아'라면 어쩔 수 없다. 인생은 각자의 선택이니까.

최고의 날은 아직 살지 않은 날들이다.
인생 후반의 경력 전환으로 인생을 재구성할 때다.

남다르게 가꿔야 할 후반기 인생

"얼마나 살 거라고 그걸 걱정해"

인생 60은 옛말이고 인생 60부터란다. 그런데 어찌하랴. 50대에 접어들면서 무대 바깥으로 밀려나는 꿈을 자주 꾼다. 썰물에 왔다가 밀물에 밀려나는 인생이니 어찌 거역할 수 있겠는가. 그래서 일을 접고 쉬는 생각도 해보지만 그냥 지내기에는 여생이 너무 길게 느껴진다. 정원을 거닐거나 등산, 낚시를 하면서 지내는 삶이 어떤 의미가 있을지 고민한다. 그런 생활을 할 만한 경제적인 준비가 충분한지도 의문이다.

"인생 뭐 있어, 그냥 살면 되지"라고 큰소리칠 수도 있다. "얼마나 살 거라고 그런 걱정하느냐"고 할 수도 있다. 하지만 현직에서 60세까지 버틴다고 해도 남은 생이 대략 30년은 된다. 100세를 넘기면 여생이 40년이다. 현역활동을 한 기간만큼 은퇴 후의 기간이 있다.

이제 어떻게 하겠는가? 젊었을 때 얼마나 많은 준비를 했는가? 대학 다니고, 취직시험 치르고, 인생 계획을 세워서 치밀하게 시작했다. 계획과 준비 없이 현역활동을 한 사람은 없다. 만약 그랬다면 청장년 시절을 힘들게 보냈을 것이다. 은퇴 후의 기간도 현역 활동을 한 만큼 길다. 그러므로 인생을 재구성해야 한다. 그래야 남은 인생을 행복하고 목적이 있는 삶을 살 수 있다.

은퇴 후의 삶은 현역 때만큼 길다

인간은 놀라운 존재다. 어린 시절이 지루하다고 서둘러 어른 되고 싶어 하다가 어른이 되고서는 다시 어린 시절로 되돌아가기를 갈망한다. 마찬가지로 젊은 시절에 힘들어 일을 그만해야겠다고 넋두리하다가 나이 들어 할 일이 없어지면 다시 일이 그리워진다. 나이 들면 여가가 무진장 주어지지만 편하지 않다. 오히려 원하지 않는 여가가 충만한 것 때문에 고통 받는다.

수십 년 동안 쌓아온 연륜과 경력은 자산이다. 인생 후반의 경력 전환으로 인생을 재구성하자. 그런데 60세도 되기 전에 스스로 은퇴를 결심하고 들어앉는 이들이 의외로 많다. 정년이 오기만을 기다렸다는 듯 일에서 손을 떼고 놀고 쉬면서 그것을 행복이라 여긴다. 그럴 수도 있다. 하지만 60세는 아직 인생의 정점에 도달한 것이 아니며, 노력한다면 계속 성장할 수 있다. 가장 의미 있는 일은 아직 해보지 않았고, 최고의 날은 아직 살지 않은 날들이다.

나이가 들었다고 해서 모든 게 끝나지 않는다. 물결처럼 굽이쳐 흐르는 연속일 뿐이다. 청년기, 장년기, 노년기 등으로 인생주기를 구분하기도 하지만, 서로 명확하게 구분되는 별개의 단계가 아니라 실타래처럼 이어지는 연속된 과정이다.

"항상 청년일 거라 생각했는데 시간은 아무도 비켜가지 않는 모양입니다. 잠깐 꿈꾸다 깬 듯한데 벌써 인생 2막을 향해 경력을 전환해야 할 때가 되었군요. 스카치테이프도 붙였다 떼면 자국이 남는데, 오랫동안 붙어 있던 이 직장을 떠나고 어떤 금단증상을 겪을지 걱정되고 기대도 됩니다. 그래도 한 번 해봤으니 이번에는 조금 더 잘할 수 있겠죠. 어리석은 사람은 인연을 만나도 몰라보고, 보통사람은 인연인 줄 알면서도 놓치고, 현명한 사람은 옷깃만 스쳐도 인연을 살려낸다지요. 저는 오늘 퇴직이 아닌 졸업을 하고자 합니다. 그래서 인연의 끈을 이어가겠습니다. 대나무의 마디처럼 인생의 한 마디를 매듭짓고, 매듭지은 그 자리에서 새로 시작하겠습니다. 이제 일로부터 해방이 아니라 일할 자유를 찾아 떠납니다."

얼마 전, 두 번째 현역생활에서 은퇴하면서 내가 한 퇴임사의 요지다.

날마다 기대되는 후반기를 만들 때

일이란 무엇일까? 흔히 일이란 돈을 벌기 위한 노동이라고 생각한다. 노년에도 생계를 위해 계속해서 일하는 사람이 많은 것도 사실이다. 연금이 충분하지 않아 젊을 때만큼은 아니더라도 적절한 소득활동을 해야 살아갈 수 있다. 하지만 돈이 목적이 아닌 취미나 마음을 채우는 활동을 하는 것도 일이다. 세상에 가치를 더하는 것이나 공공의 선을 위해 노력하는 것 역시 일이라고 할 수 있다. 노년에는 소득을 위한 일도 좋지만 그보다는 삶에 활력을 주는 가치 있는 일이 더 좋을 수 있다.

일 없는 노년은 정체감의 위기와 우울증을 불러온다. 무의미한 삶보다 다양성과 변화를 추구하면서 무엇인가 세상에 가치를 보태는 일하는 삶이 더 행복하지 않겠는가. 장수는 선물이지 무거운 짐이 아니다. 장수 보너스(Bonus)를 장수 오너스(Onus)로 만들지 말자.

"이제 곧 죽을 인생, 아무것도 하지 않겠다"라는 말은 초연한 자세가 아니다. 어차피 또 배가 고파질 텐데 밥을 먹어 뭐하겠느냐는 말과 다를 것이 무엇인가. 지루한 인생이 아닌 기대되는 인생이 되도록 경력을 전환하자. 행복하게 나이들 수 있게 인생을 재구성할 때다.

제3기 인생은 새로운 정점을 향해 갈 수 있는 시기다.
게임 오버하기에는 인생이 너무 아깝지 않는가.

현명한 사람에게 노년은 황금기다

제3기 인생을 제대로 살고 있는가

"어리석은 자에게 노년은 겨울이지만 현명한 자에게 노년은 황금기다."

유대인의 정신적 지주 역할을 해온 책 《탈무드》에 나오는 말이다. 길어진 인생 후반기, 어떻게 사는 것이 잘 사는 삶일까? 고령사회에서 더욱 중요한 의미를 갖는 것이 '제3기 인생'이다.

인간의 삶에는 약간의 분절을 이루면서 기간별로 일정한 특성을 나타내는 시기가 있다. 이것을 인생주기 또는 생애주기라고 한다. 인생주기를 성장기인 제1기, 생산 활동기인 제2기, 은퇴 후 노년기인 제3기로 구분한다면, 고령사회에서 중요한 의미를 갖는 것은 제3기 인생이다. 이 시기를 어떻게 살 것인가는 개인적으로도 중요하지만 국가와 사회적으로도 매우 중요하다.

어떻게 하면 제3기 인생을 건강하고 품위 있게 살 수 있을까? 빈둥거리면서 아무 생각 없이 지내는 디폴트 상태는 건강한 삶이 아니다. 목적 없는 삶은 인생을 해친다. 공허함과 무력감, 혼란에서 벗어나 다시 한 번 인생의 절정기를 맞이해야 한다. 현역에서 물러나 한가하게 지낸다는 은퇴에 대한 고정관념을 버리고, 개인적인 성장과 사회적인 기여라는 새로운 이미지를 부여해야 한다.

아무도 관심두지 않는 삶이고 싶은가

인간의 수명이 짧았던 예전의 인생주기와 그 시절 노년기의 삶을 살펴보자. 《탈무드》의 〈인생의 일곱 계절〉에는 이런 글이 실려 있다.

- 1살은 왕 ······· 모든 사람들이 왕을 모시듯이 받들어주기도 하고 비위를 맞춰준다.
- 2살은 돼지 ······ 진흙탕 속을 마구 뛰어다닌다.
- 10살은 어린 양 ··· 웃고 떠들어대며 뛰어다닌다.
- 18살은 말 ······ 덩치가 커져 힘을 뽐내고 싶어 한다.
- 결혼하면 당나귀 ··· 가정이라는 무거운 짐을 지고 끙끙거리며 걸어가야 한다.
- 중년은 개 ······· 가족을 부양하기 위해 구걸한다.
- 노년은 원숭이 ···· 어린아이로 되돌아가지만 아무도 관심을 두지 않는다.

'15세에 학문에 뜻을 두었고, 30세에 모든 기초를 세웠고, 40세에 사물의 이치에 의문 나는 점이 없었고, 50세에 천명을 알았고, 60세에 남의 말을 순순히 받아들였고, 70세에는 뜻대로 행해도 도에 어긋나지 않았다'

2,500여 년 전에 태어나 73세까지 장수한 공자가 말한 자신의 인생주기다.

정신분석학자이자 심리학자인 에릭 에릭슨은 1950년에 발표한 《유년기와 사회》에서 여덟 단계의 인생주기를 제시했다. 그는 65세 이상을 노년기라 했고, 나중에 80세 이상의 초고령기를 추가했다. 그가 주장하는 노년기의 인생 과제는 자아통합과 노년 초월이다. 자아통합은 바라던 대로 인생을 의미 있게 살았다고 생각하고 다가올 죽음을 인정하는 노년 전반기 과제이고, 노년 초월은 물질적이고 현세적인 것에 얽매이기보다는 영적이고 정신적인 면에 관심을 쏟는 노년 후반기 과제다.

이와 같이 전통적인 인생주기의 노년은 곱게 늙어가다가 초연하게 죽는 것이 꿈이다. 그러나 고령사회의 새로운 인생주기는 노년기의 적극적인 삶이 과제다. 길어진 인생 후반기의 삶에서 새로운 인생을 발견하려고 한다.

1989년, 영국의 사회철학자 피터 라스렛은 그의 저서 《신선한 인생지도》에서 인생주기를 네 단계로 나누었다. 제1기는 출생에서 교육이 끝나는 시기, 제2기는 경제적으로 독립하여 결혼하고 가정과 직장에 의무를 다하는 시기, 제3기는 퇴직 후 건강하게 지내는 시기, 제4기는 신체와 정신이 쇠약해져 독립적으로 생활하기 어려운 시기다. 그가 강조한 인생 단계는 제3기다. 이 시기의 발달 과업은 자신의 적성에 맞고 자기가 원하는 활동을 하면서 만족을 느끼는 '자기성취'라고 했다.

새로운 정점을 향해 다시 성장하자

미국의 사회심리학자 윌리엄 새들러는 그의 책《제3기 인생 : 40 이후의 성장과 쇄신을 위한 6원칙》에서 제3기 인생을 40대 이후 30년 이상으로 정의하고 있다. 그는 제3기 인생 과업을 '제2의 성장'으로 보고 있다. 제2의 성장을 이룰 수 있는 여섯 가지 원칙은 습관적 생활 재검토와 생활변화의 위험 감수, 현실적이며 낙관적인 태도 계발, 긍정적인 제3기 인생의 정체성 확립, 일에 대한 재정의와 일과 여가의 조화, 개인적인 자유와 친밀감의 조화, 자기와 타인에 대한 배려의 생활태도 조성이다.

이 원칙들을 발전시켜나간다면 40대 이후의 인생은 쇠퇴(Decline), 질병(Disease), 의존(Dependency), 우울(Depression), 노망(Decrepitude)의 5D인생이 아니라 갱신(Renewal), 갱생(Rebirth), 쇄신(Regeneration), 원기회복(Revitalization), 회춘(Rejuvenation)의 5R인생을 펼쳐나갈 수 있다고 그는 말한다.

만만하지 않은 제3기 인생이다. 하지만 우리가 원한다면 인생의 새로운 정점을 향해 날아갈 수 있다. 생애의 주된 일자리에서 은퇴한 나 역시 새로운 제3기 인생을 살고 있다. 가끔은 '이제 어디로 가지?'라는 생각이 들지만 나름대로 준비했던 것이 있어서 방향타를 놓지 않았다. 이대로 게임 오버 시켜버리기에는 인생이 너무 아깝지 않는가.

인생의 절정기를 맞은 그들이 은퇴로 내몰리고 있다.
그들에게 필요한 것은 경제적인 일자리와 자신만의 삶이다.

초보 노년들이 챙겨야 할 것들

냉전에서 피로사회까지 달려온 세대

냉전과 독재, 고속압축 성장시대에 유신교육을 받으며 콩나물시루 학교에 다녔다. 앳된 여차장이 배치기로 밀어 넣는 초만원버스를 탔다. 교련과 입시지옥에 시달렸고, 데모와 민주화운동의 한복판에 있었다. 그들은 이 나라를 선진국 문턱까지 이끌어온 주역들이자 지금은 50⁺세대가 되었다. 그런 그들이 지금 은퇴로 내몰리고 있다. 진인사(盡人事)했으니 대천명(待天命)해야 하나.

아니다. 100세 인생 시대 아닌가. 하늘의 운명을 기다릴 나이는 80~90세는 되어야 한다. 신체적으로는 젊음 반 늙음 반이지만, 일에 관한 한 절정기를 맞은 그들이다. 인생을 가장 치열하게 살아야 하는 시기다. 아직 연금 받을 나이도 멀었고 자식 뒷바라지도 남았다. 그래서 경제적인 일을 더 해야 한다. 게다가 자기 자신을 위한 삶도 챙기면서 살아야 한다. 경쟁사회, 과로사회, 피로사회를 살면서 자신을 돌보지 못했기 때문이다.

그들의 첫 번째 인생 과제는 생계를 위한 새로운 일을 찾는 것이다. 바야흐로 100세 인생 시대에 접어들고 있다. 늙음의 기준 연령도 훨씬 더 높아졌다. 아직 뒷방 늙은이가 되기에는 몸도 마음도 팔팔하다. 의학의 발달로 쉽게 죽을 수도 없다. 인류가 일찍이 경험해보지 못한 새로운 세상을 살아가야 한다. 그래서 인생 2모작, 3모작을 자주 언급한다.

그러면 무슨 일을 어떻게 더 해야 할까?

초보 노년이 된 그들이 챙겨야 할 것

그들의 숙련된 노하우와 경험을 펼칠 수 있는 일들은 없을까? 아쉽게도 국가와 사회가 이들을 위해 마련해주는 일자리는 별로 없다. 겨우 단순노무직 몇 자리를 준비해놓고 일자리 지원 사업이라고 한다. 젊고 늙음의 생물학적 연령 기준은 변했는데 사회적인 여건은 마련되지 않았다. 정년제도로 60세까지 보장된다고 하지만 기업 생존 차원의 고용유연화에 밀려 빛이 바래고 있다.

이런 때일수록 스스로가 일을 찾아 나서야 한다.

직업(職業)의 시대에서 업직(業職)의 시대로 변하고 있다. 어떤 직책과 자리에 따른 일을 하는 것이 아니라 스스로 일과 전문성을 갖추는 업(業)이 먼저다. 과거에는 한 가지 직업을 가진 사람이 다른 일을 하는 것이 어려웠다. 하지만 이제는 직장이라는 공간 없이도 한 사람이 여러 가지 직업을 가질 수 있다. 그런 세상이 이미 빠르게 오고 있다. 신세타령만 해서는 안 된다. 부지런히 배우고 익히고 다듬어 자신만의 전문 업(業)을 찾아내야 한다. 또 다른 인생과제는 자신만의 삶을 찾는 것이다. 이것은 새 일을 구하는 것보다 더 중요하다. 그들은 대부분 앞만 보고 열심히 달려왔다. 학업과 취직, 가족을 돌보는 데에 모든 청춘을 쏟아 부었다. 틈틈이 취미와 여가를 즐겼다고는 하지만 온전히 자신만을 위한 시간은 별로 없었다. 정말 좋아하는 것, 하고 싶은 일이 무엇인지조차 모르는 경우가 적지 않다.

이제 그것을 찾아내고 실천해야 한다. 더 나이 들면 모든 것이 쉽지 않다. 운동도, 여행도, 예술도, 심지어 독서도 그렇다.

하고 싶은 일을 찾아야 할 시간

호스피스 간호사 출신의 호주 여성 브로니 웨어가 쓴 《죽을 때 가장 후회하는 다섯 가지(The Top Five Regrets of the Dying)》라는 책이 국내에 《내가 원하는 삶을 살았더라면》으로 소개되어 화제가 된 적이 있었다. 이 책은 호스피스 병동에서 죽음을 목전에 둔 노인들이 공통적으로 하는 말들을 다섯 가지로 요약했다.

- 내가 살고 싶은 삶을 사는 대신 내 주위 사람들이 원하는 삶을 살았다.
- 그렇게까지 열심히 일할 필요가 없었다.
  대신 가족과 시간을 더 많이 보냈어야 했다.
- 내 감정을 주위에 솔직하게 표현하며 살지 못했다.
  순간순간의 감정을 누르며 살았다.
- 친구들과 연락하며 살았어야 했다.
- 행복은 결국 내 선택이었다. 겁이 나서 변화를 선택하지 못했고,
  튀면 안 된다는 생각에 남들과 똑같은 일상을 반복했다.

작가는 여기에 한마디를 덧붙였다.

“돈을 더 벌었어야 했는데, 궁궐 같은 집에서 한번 살아봤더라면, 고급 차 한 번 못 타봤네, 애들을 더 엄하게 키웠어야 했어” 라고 한 사람은 단 한 명도 없었다.

이 책을 보면 자신의 삶을 어떻게 살아야 할지에 대한 얼개가 그려진다. 물론 각자의 삶이 다르기 때문에 정답은 없다. 분명한 것은 아무도 '나'에게 신경 쓰는 사람이 없다는 사실을 알아야 한다. 어쩔 수 없는 사회관계망 속에서 서로 이리저리 복잡하게 얽혀 있기는 하지만, '나'라는 사람은 '나'일 뿐이다. 남을 신경 쓰지 말고 자기가 진정으로 하고 싶고 좋아하는 일을 찾아야 한다.

사람들은 무분별하게 남을 따라가려는 습성을 가지고 있다. 대중교육과 대중문화의 발전이 그런 성향을 부추긴다. 그러나 남과 하나가 되려는 경향은 자신의 경쟁력을 떨어뜨릴 뿐만 아니라 자신만의 삶을 찾는 데에도 도움이 되지 않는다. 지금은 'Unique 1', 즉 '남다른 나', '남들과 차별화되는 나'의 시대다.

삶의 의미를 느낄 일 중에 공부만 한 것이 있을까.
더구나 그것이 성장과 성찰을 위한 공부라면.

배움의 열정에는 나이가 없다

대학생보다 더 대학생 같은 노년

"할아버지, 할머니라고요? 그렇게 부르지 마세요. 보석 오팔(Opal)에 버금가는 활기찬 노년 오팔(OPAL, Old People with Active Live)이에요. 집에서 할 일 없이 보내는 노인이 아니랍니다. 평생학습으로 자기계발을 게을리 하지 않아요."

2000년대 이후 전국적으로 노인종합복지관이 설립되면서 노인들의 학습 열풍이 대단하다. 대학생처럼 자신의 기호에 맞는 과목을 선택하고, 정해진 시간표에 따라 바쁘게 생활하는 모습은 노년기의 새로운 라이프스타일이 되었다. 공공도서관이 책도 읽고 문화생활도 하고 친구도 만나는 공간으로 탈바꿈하고 있다. 대학에도 인생 이모작을 꿈꾸는 노년들의 모습이 제법 보인다.

삶의 의미를 느끼고 행복을 누릴 수 있는 일 중에 공부만한 것이 있을까. 미처 생각하지 못했던 것을 깨우치는 즐거움은 대단하다. 공감 가는 글을 읽었을 때는 '당신도 그런 생각하고 있었구나' 하고 가슴 뭉클한 위로가 된다.

평생의 공부거리를 찾으면 여생이 달라진다고 했다. 초기 노년층으로 분류되는 나도 요즘 공부거리를 찾았다. 연금, 은퇴, 고령화 등이 나의 공부 주제다. 책을 읽고 글을 쓰고 기회가 되면 강의도 한다. 이것이 본업이나 된 것처럼 열심이다. 젊었을 때 그렇게도 싫었던 공부가 새롭게 벗이 되니 신기하다. 시간이 무료하지 않는 것은 물론 지적인 호기심도 살아난다. 나이 들어 배우자 인생 2막이 넉넉해지는 기분이다. 젊은 시절에는 진학, 취업과 사회적인 성취를 위해 이성과 감정을 소모시키는 공부를 했지만, 이제는 인생을 채우는 공부만으로 충분하다.

경쟁 공부에서 나를 위한 공부로

사람들은 보통 처음 경력을 쌓은 분야에 머물고 싶어 한다. 하지만 정년이 있고, 설령 그것이 없는 경우에도 인생환승이 필요한 경우가 생긴다. 더구나 준비 없이 그대로 지내다가 환승역에 다다르면 낭패를 보기 십상이다.

우리 주위에는 직장에서 퇴직 후 여가활동이나 취미생활로 소일하는 이들이 많다. 이런 생활이 나쁜 것은 아니지만, 그렇게 시간을 흘려보내기에는 여생이 너무나 아깝다. 인생에 경력 전환 시점이 오면 미리 준비해서 새로운 분야에서 다시 시작하는 것이 좋다. 그래서 앙코르 커리어, 노년기 인생 재구성을 위한 학습이 필요하다. 스스로 관심 분야의 정보를 모으고 준비하는 것도 중요하며, 이때 관련 교육프로그램의 도움을 받는 것이 효과적이다.

고령사회로 접어들었다고 야단들이지만 경력전환을 돕는 교육프로그램은 턱없이 부족하다. 이것은 정부와 공공기관 그리고 대학이 관심을 가져야 할 부분이다. 인생 2막의 새로운 패러다임을 형성하는 데에 도움을 줄 수 있는 교육과정이 많이 개설되어야 한다. 새로운 분야의 직업훈련이나 자격 검증을 위해 대학의 문을 두드리는 중년층에게는 온라인 교육을 제공하는 것이 좋다. 현직 생활을 하면서 짬을 내어 노년을 준비해야 하므로 면대면 교육 장소까지 가는 일이 쉽지 않기 때문이다. 주중의 온라인 교육과 주말을 이용한 오프라인 교육이 혼재된 방식도 좋다.

새롭게 생겨난 지적 호기심

이러한 인생환승 교육도 필요하지만, 노년기의 내적 성장과 자기성찰을 위한 공부는 더 의미가 있다. 노년기에 접어들었다고 무언가를 추구하지 않는다면 인생을 포기한 것이나 다름없다. 배움을 중심으로 한 요즘 노년층의 생활양식은 기존의 고정관념적인 삶과 대조를 이룬다. 화투나 당구로 소일하던 이들이 컴퓨터에 열중한다. 영어, 일어, 중국어 등 어학 과정과 미술, 서예, 무용, 악기, 요가 등을 비롯해 다양한 프로그램이 인기다. 청년문화에 비해 노년문화가 더 다양해졌다.

경제적으로 안정된 노년층은 지적 욕구 충족에 관심이 많다. 새롭게 생겨난 지적 호기심에서, 혹은 과거에 예술이나 언어, 역사 공부 등을 제대로 하지 못한 것에 대한 아쉬움 때문에 공부하려는 노년층이 많다. 인생에서 이미 성공적인 경력을 쌓은 이들은 다른 목적을 추구하기 위해 대학에서 공부하려고 한다. 그래서 고령사회를 위한 새로운 교육 분야, 새로운 학생이 생겨날 가능성이 크다. 대학은 장년층과 노년층을 받아들일 방법을 찾아야 한다.

저출산, 고령화로 학령인구는 줄어들고 고령인구는 늘어날 전망이다. 통계청 장래인구 추계에 따르면 18세부터 21세의 대학 학령인구는 2018년 256만 3천 명에서 2028년 182만 8천 명, 2038년 163만 7천 명으로 줄어든다. 반면에 65세부터 74세의 초기고령인구는 2018년 415만 8천 명에서 2028년 731만 명, 2038년 820만 명으로 늘어난다. 대학이 젊은이들만 대상으로 한다면 향후 20년 안에 40%가량 문을 닫아야 하지만, 늘어나는 노년층을 위한 배움의 공간으로 대학의 모습을 바꾸어나간다면 대학의 미래가 어둡지만 않다.

배움은 젊음의 전유물이 아니다. 배움의 열정에는 나이가 따로 없다. 5060세대에게 인생환승을 위한 또 한 번의 의무교육은 어떤가. 노년기에 지성과 영혼을 건드리는 공부는 인생 후반을 멋지게 만들 것이다.

평생의 공부거리를 찾으면 여생이 달라진다.
여유로운 노년에 깨달음에 다가가려는 노력은 무엇보다 가치 있는 일이다.

하고 싶은 그것이 진정한 공부

"우리에게는 무한한 가능성이 있다"

《죄와 벌》로 유명한 세계적인 문호 도스토예프스키는 "꿈을 밀고 나가는 힘은 이성이 아니라 희망이며, 두뇌가 아니라 심장이다. 우리에게는 무한한 가능성이 있다"라고 했다. 우리의 인생은 은퇴로서 끝나는 것이 결코 아니다. 여전히 희망이 있고 뜨거운 심장도 가지고 있다. 오히려 이런저런 눈치를 보지 않고 남은 인생을 하고 싶은 대로 즐기면서 새로운 가능성을 찾을 수 있는 시간이다.

그런데 그 새로운 가능성을 어디서 찾아야 하는가. 마음이 이끌리는 한 분야의 높은 경지, 그것이 곧 새로운 가능성이 아닐까. 1차 직업으로서 현역을 끝낸 후에 하고 싶은 분야를 정해 매진한다면 행복할 것이다. 남들이 일선에서 물러나 할 일 없어 허탈해할 때 새롭게 열정의 불을 지필 수 있는 관심거리가 생긴다면 인생 2막이 얼마나 풍요롭겠는가.

흔히 어떤 분야의 높은 경지에 올라 신비스럽게 보이는 사람을 '도인'이라고 부른다. 도를 닦는다는 것, 매우 매력적이지 않는가. 그것이 어떤 분야이든 자신이 추구할 가치가 있다고 생각한다면 그것이 나만의 길이 아니겠는가. '도는 길이요, 진리요, 마땅히 지켜야 할 도리'라고들 한다. '도란 구하는 것이고, 얻는 것이고, 닦는 것'이라고도 한다. 인간은 누구나 자신의 삶, 인생에서 무엇인가 구하려고 한다.

그렇다면 우리는 무엇을 구해야 할까? 어떤 도를 닦으면 잘 사는 인생일까?

구해야 구해지며, 두드려야 열린다

동양문화는 사람의 힘을 더하지 않고 자연의 섭리에 따르는 무위자연(無爲自然)의 삶을 존경하고 그런 이상적인 경지를 추구하는 것을 값진 일이라 여긴다. 민요 〈도라지타령〉은 '한두 뿌리만 캐어도 대바구니가 다 넘친다'고 노래한다. 얼마나 굵은 도라지를 캤기에 한두 뿌리로 대바구니가 다 차겠는가. 그 정도만 캐도 마음을 채울 수 있다는, 더 욕심 부릴 필요가 없다는 혜안이 담긴 노래다.

이와 같이 자연 속에 살면서 자연의 이치에 빠져 욕심 없이 사는 사람이 진정한 도인이 아닐까 싶다. 《장자》의 '호접몽'은 내가 바로 자연 그 자체라는 물아일체(物我一體)를 이야기하고 있다. 어느 날 꿈에서 깬 장자는 자신이 나비가 되는 꿈을 꾼 것인지, 지금의 모습이 나비가 꾸는 꿈인지 구별할 수 없었다. 인간이 가지고 있는 편협한 사고의 틀을 벗어나 우주만물의 자연 상태인 도(道)를 따르라는 것이다.

《채근담》에서는 "명리(名利)를 싫어한다고 해서 명리의 달콤함을 잊은 건 아니다"고 말한다. 그만큼 명예와 이익에 달관하기가 어렵다. 더구나 요즘 세상에서 이렇게 마음 비우는 일이 어찌 쉽겠는가. 그러나 마음을 다잡고 정진하다 보면 구할 수도 있지 않을까. 예수도 "구하라 그러면 구해질 것이요, 두드려라 그러면 열릴 것이다"라고 하지 않았는가. 불교에서는 진리 그 자체를 '도'라고 칭한다. 참선과 수행으로 세상의 참된 이치를 깨닫고자 정진해보는 것도 좋을 듯하다.

인간은 아무리 나이가 들어도 마음속 깊은 곳에는 봄날의 햇살이 자리 잡고 있다. 햇살 같은 마음이 있는데 나이 들었다고 하지 못할 것이 무엇이겠는가. 여유로운 노년에 깨달음에 다가가려는 노력은 그 무엇보다 가치 있는 일이다.

지금 하고 싶은 그것이 진짜 공부다

도(道)라는 표현은 일본에서 메이지유신 이후에 '평화의 마음, 평등의 마음, 폭력이 아닌 건강 지향'의 개념으로 널리 사용되었다고 한다. 19세기 일본은 개화기를 맞으면서 메이지유신을 단행하는데, 이때 도라는 개념을 모든 것에 사용하기 시작했다. 여기서 '무도(武道)'라는 말이 새로 탄생하고, 유술이 유도가 되었고, 검술이 검도가 되었다고 한다. 차를 마시는 다도 역시 이때 새롭게 만들어진 개념이라고 한다.

도를 닦는다는 것은 고도의 정신세계를 지향하는 것이다. 그것이 무도거나 다도라도 단순한 기술이 아닌 정신적인 차원으로 승화시킬 수 있다면 충분히 추구해볼 가치가 있을 것이다. 무엇인가를 예술의 경지로 승화시키는 것은 더 멋있지 않은가. 붓글씨를 중국에서는 서법, 일본에서는 서도라 하는데, 우리나라에서는 서예라 한다. 서예에 마음이 이끌린다면 이것도 노년에 이루어보고 싶은 의미 있는 비전이 될 수 있다.

평생의 공부거리를 찾으면 여생이 달라진다고 했다. 그 공부거리가 우리가 추구하는 도(道)일 수 있고, 인생 2막의 훌륭한 비전이 될 수 있다. 어릴 때는 학교에서 가르치는 공부와 취직시험 공부를 해야만 했고, 현역 시절에는 직무능력 계발 위주의 공부를 주로 할 수밖에 없었다.

그러나 은퇴 후에는 순수하게 지적인 호기심에서 탐구할 여유가 생긴다. 공부할 분야는 무궁무진하다. 역사, 정치, 경제, 과학, 인문학, 미술, 음악 등 각 분야에서 진정으로 마음 가는 과제를 발굴해 평생의 공부거리로 삼을 수 있다. 연구나 탐색이 어느 정도 경지에 오르면 책을 출간해보거나 논문을 작성해 세상에 알릴 수도 있다. 하고 싶은 일을 죽을 때까지 실컷 해보고 그 분야를 즐기는 수준이 되면 은퇴는 문제가 되지 않는다.

삶에 성취감을 안겨주는 자선활동을 함으로써 우리는
더불어 사는 삶의 아름다움을 깨닫는다.

세상을 어루만지는 따뜻한 삶

일을 하지 않아서 더 외로워진다

사람들은 언젠가 일생의 주된 일자리에서 은퇴한다. 대략 30세에 취업해서 30년쯤 일하고 60세 즈음에 은퇴를 맞는다. 하지만 아직 30년 정도의 삶이 기다리고 있다. 이렇게 긴 기간 동안 무엇을 해야 할까?

속절없이 늙어가며 하루하루를 무력하게 흘려보내고 싶은 사람은 없을 것이다. '삶의 긴장을 내려놓는 순간 이미 죽은 것이나 다름없다'는 말이 있다. 새롭게 열정의 불을 지필 수 있는 일이 생긴다면 당연히 그 일에 매진해야 한다.

하지만 나이 들어 직장에서 퇴직하면 자연스럽게 주변으로 물러나거나 사회적으로 배제된다. 그래서 일이 만만하게 손에 쥐어지지 않는다.

사람들은 나이 들면서 사회적인 관계보다 감정적으로 친근한 가족이나 친구 관계를 선호하는 경향이 커진다. 그래서 자연스럽게 일에서 손을 떼고 한가하게 지낸다. 그러나 공동체에서 멀어진다면 외롭고 쓸쓸하게 늙어가야 하므로 바람직한 삶이 아니다. 흔히 나이 든 사람은 외롭다고 하는데, 나이 들어서 외로운 것이 아니라 일을 하지 않아서 외로운 것이다.

퇴직하면 새 일을 찾기 어려워 어쩔 수 없이 사회에서 배제되기도 한다. 그러나 직업으로서의 일만 일이 아니다. 돈이 목적이 아닌 세상에 가치를 보태는 것이나 공공의 선을 위해 노력하는 것 역시 일이다. 이런 일은 마음먹기에 따라 쉽게 찾을 수 있다.

돈을 벌어야만 일을 하는 걸까

내가 예전에 오랫동안 몸담았던 직장에서 경험한 일이다. 공직에서 은퇴한 사람들에게 적합한 새 일자리를 찾아주는 사업을 열심히 했지만 그들의 경력과 전문성에 어울리는 재취업 자리는 별로 없었다. 하지만 직업으로서의 일이 아닌 사회공헌 분야는 달랐다. 연금 수급자들의 봉사활동은 큰 성과를 냈다. 이들의 자선활동은 단순한 선행이 아니라 삶에 성취감을 안겨주는 본질적인 활동이 되었다. 그들은 노년기의 일로는 자원봉사만한 게 없다고 입을 모은다. 노년층의 자선활동은 삶에 성취감을 안겨준다.

'당신 덕분에 내가, 내 덕분에 당신이!'

우리는 오늘도 더불어 세상을 살아가고 있다. 개인으로 살고 있어도 끊임없이 타인과의 관계 속에서 존재하고 있다. 그래서 인간을 사회적인 동물이라 하는가 보다.

주변 인물로 밀려나서 외롭게 살지 않으려면 공동체에 참여하고 기여하는 행위를 젊었을 때보다 더 많이 해야 한다. 공동체에서 맡은 역할을 수행하는 것은 몸과 정신 건강에도 도움이 된다.

여유로운 노년기에 공동체 삶을 사는 것은 뜻 있는 일이다. 아이들을 돌보는 것, 외로운 사람과 같이 있어주는 것, 글을 모르는 사람에게 글을 가르쳐주는 것, 아픈 이들을 상담하는 것, 병든 사람의 건강을 돌보는 것 등 흔히 말하는 자원봉사를 노년의 소명이라 생각하고 살아가는 이들이 많다.

한편, 다른 사람을 돕는 행위는 자신에게도 많은 도움이 된다. 그것으로 마음이 따뜻해지고 에너지가 충전되는 느낌을 받기 때문이다. 우울감이 줄어들고 자존감이 높아지는 것을 느낀다. 실제로 아프고 쑤시는 것이 줄어들고 건강이 좋아지는 등 다양한 체험을 했다는 사람이 많다.

아픈 마음을 어루만지는 삶이기를

노년의 자선활동이 필요한 또 한 가지 중요한 이유가 있다. 나이들면 스스로 해결하지 못하는 일이 늘어난다. 어쩔 수 없이 남이 주는 것과 해주는 것에 의존할 수밖에 없다. 그런데 그냥 받기만 할 것인가? 벌과 나비가 식물에서 꿀을 얻는 대신 식물의 꽃가루를 날라주는 것이 합당한 교환이다.

굳이 받는 것에 대한 보답을 언급하지 않더라도 우리 모두에게는 공공의 선을 추구해야 하는 과제가 있다. 젊은 시절에 자식을 키우고, 부모를 부양하며, 국가에 세금을 냈기 때문에 나이들어 부양받는 것이 당연한 면도 있다. 하지만 그렇게만 생각할 일이 아니다. 모든 사람들이 자기 권리만 주장하면 이 세상은 거친 야생 상태가 될지 모른다.

이 세상에 태어나 살고 있다면 이 세상에 도움 되는 삶이어야 하지 않을까. 우리 덕에 이 세상이 좀 더 나아졌다는 말을 들어야 하지 않을까. 물론 모든 노년들이 무조건 자선활동을 해야 한다는 말은 아니다. 그것으로 삶의 의미를 찾고 행복해질 수 있는 경우에 한해서다.

이 시대의 노년층은 자선활동의 중추세력이다. 성숙한 노년층은 사회공헌의 핵심 역할을 하고 공동체의 결속과 번영을 이끈다. 노년층의 경험과 능력, 전문성과 기술은 국가의 중요한 자산이고 유용한 자산이다. 어떤 식으로든 국가와 사회에 기여해야 하는 자산이다. 그것을 쓸모없이 묵혀두어서는 안 된다. 지식과 문화의 보고인 노년층이 건강한 시민사회를 이끈다. 날은 저물어 가지만 오히려 노을이 아름답지 않은가.

일하는 은퇴를 실천하는 사람들.
그들은 노년에도 열정적으로 일하면서 자신의 삶을 완성해간다.

나이 들었지만 오히려 남다른 날들

'일하는 은퇴'를 실천한 사람들

돌고래는 바다에 사는 포유동물이다. 허파로 호흡하기 때문에 물속에서 오랫동안 머물러 있을 수 없고, 물 밖에 나와 있으면 피부가 마르기 때문에 계속 물 밖에 있을 수도 없다. 이런 문제를 해결하기 위해 돌고래는 깨어 있는 채로 잠을 잔다고 한다. 뇌의 왼쪽 반구가 휴식을 취하면 오른쪽 반구가 몸의 기능을 통제하고 그 다음에는 역할을 바꾸는 식이다. 그래서 돌고래는 잠을 자면서도 물 밖으로 솟구쳐 올라 호흡을 한다.

인간의 몸도 돌고래처럼 끊임없이 움직이는 데에 적합하도록 만들어졌다고 한다. 그래서 '일하는 은퇴'라는 역설을 실천에 옮기는 사람들이 많다. 이들은 모두 노년에도 열정적으로 일하면서 자신의 삶을 성공적으로 완성시켰다.

인상파 화가 끌로드 모네는 시력을 잃어버렸음에도 불구하고 팔순의 나이에 매일 12시간씩 그림을 그렸다고 한다. 후기 인상파 화가인 파블로 피카소 역시 70대 나이에 새로운 화풍을 창작했고 90대에 사망할 때까지 그림을 계속해서 그렸다.

인생의 마지막까지 창작활동에 매진한 사람들은 음악계에서도 찾아볼 수 있다. 스페인의 첼로 연주가인 파블로 카잘스는 97세의 나이에 죽은 당일에도 악기 연습을 했다고 한다. 대중음악 작곡가이자 가수였던 우도 유르겐스는 78세에도 다음해의 순회공연을 계획했다.

젊어서보다 나이 들어 더 빛나는

과학계로 시선을 옮겨보자. 현대물리학의 거장인 막스 플랑크와 알버트 아인슈타인도 젊어서는 크게 성과가 없다가 노년에 이름을 크게 알렸다고 한다. 플랑크는 제1차 세계대전이 끝난 후 독일 과학계를 재편하는 작업을 했으나 1933년 히틀러가 집권하면서 강제퇴직을 당했고, 1945년 90세에 임박해 독일 과학계를 다시 재건하는 집념을 보였다. 아인슈타인이 세상에 알려지기 시작한 것 역시 40대 이후라고 한다.

미국 제39대 대통령 지미 카터에게는 최악의 대통령과 가장 훌륭한 퇴임 대통령이라는 두 개의 별명이 따라 다닌다. 재임 당시에는 인권이나 도덕만 앞세워 이상주의 외교에 매달리다 구소련의 아프가니스탄 침공을 초래하는 등 평판이 좋지 않았다. 하지만 퇴임 후의 평가는 전혀 다르다. 무주택 서민을 위한 사랑의 집짓기 운동 해비타트를 전 세계에 전파하고, 자원봉사로 운영되는 초당적 비영리기구 카터센터를 만들어 지구촌 분쟁 종식과 민주주의 확산 운동을 전개해 2002년 노벨평화상을 받았다. 2007년에는 전자서적 《미국의 도덕위기》로 그래미상을 수상하기도 했다.

세계적인 경영학자 피터 드러커는 일찍이 평균수명이 연장됨에 따라 은퇴 후 지식노동자들의 생활이 사회, 경제적으로 중요한 문제가 될 것이라고 예견했다. 지식노동자들은 대체로 50대 이전에 최고 경력에 이르고 업무를 거의 파악해 새로운 것을 배우는 것에 소홀해지는 경우가 많다. 하지만 인생 100세 시대를 준비하려면 늘 새로운 것을 익히며 도전을 이어나가야 한다. 실제로 피터 드러커 자신도 95세에 사망할 때까지 끊임없이 왕성한 연구와 저술 활동으로 지식노동자로서의 삶을 이어나갔다.

그들은 결코 우리와 다르지 않다

우리나라에도 열정적으로 노년을 보내는 분들이 많다. 김형석 교수는 온몸으로 100세 시대를 건강하고 활기차게 살고 계신다. 그는 1920년생으로 대한민국 철학계 1세대 교육자다. 30여 년 동안 연세대학교 철학과 교수로 재직했고 지금은 명예교수다. 97세가 된 2016년에 펴낸 《100년을 살아보니》는 인생의 절반 이상을 지나면서 무엇을 위해 어떻게 살아야 할지를 제시하고 있다. 지금 100세의 나이에도 활발한 저술 활동과 강의를 펼치고 있다.

채현국 효암학원 이사장은 1935년생이다. 아버지가 운영하던 흥국탄광을 이어받아 승승장구하던 1973년 홀연히 모든 재산을 회사 직원들에게 나눠주고 사업을 정리했다. 2014년 새해 한 신문 인터뷰에서 그는 "노인들이 저 모양이란 걸 잘 봐둬라"라면서, "노인들이 생각해야 할 것을 하지 않고, 배워야 할 것을 하지 않고, 남한테 해줘야 할 것을 하지 않았다"고 쓴소리를 했다.

코미디언 송해 선생도 대단하다. 프로필 상으로 1927년생이지만 실제로는 1925년생으로, 1926년생인 마릴린 먼로보다 오빠라고 한다. 1988년부터 30년 넘게 〈전국 노래자랑〉을 진행하며 평생현역으로 활동하고 있다. 대한민국 평범한 국민들의 문화 수준을 대변해주는 그의 노년 브랜드가 멋있고, 돈 벌어 후배들을 챙겨주는 모습도 보기 좋다.

이들은 특별한 사례지만, 보통 사람들이라고 해서 하지 못할 것도 없다. 더구나 요즘의 은퇴자들은 건강하고 경륜도 쌓았으며 일에 대한 소명까지 갖추었기 때문에 그냥 연금을 받으며 살아가는 것은 아까운 일이다. 자신의 의지와 비전만 있다면 당당히 생산 주체로서 세상에 가치를 더하며 인생 2막을 살아갈 수 있다. 왜 노인들이 무언가를 새로 시작하면 안 될까? 아이들만 새로 시작하는 것은 아니다. 자기 스스로 삶을 경영하면 모두 훌륭한 노년이다.

제3기 인생혁명

3

이처럼 가치 있는 삶이라면

유용성은 떨어지고 부담은 늘어나는 노년, 해법은 무엇인가?
리더십, 창의성, 윤리성 제고에서 답을 찾을 수 있지 않을까.

노년의 위기,
알면 길이 보인다

"저런 할아버지처럼 되기 싫어"

"엄마, 나도 나이가 들면 할아버지가 되는 거야?"

아이가 유치원에서 돌아와 엄마한테 물었다.

"그럼. 나이 들면 할아버지가 되지."

엄마의 대답에 아이는 엉엉 울면서 말했다.

"난 할아버지 되는 거 싫어!"

동네 놀이터에서 노인들이 술 드시고, 싸우고, 멍하니 계시는 모습만 늘 봐왔기 때문이다.

유사 이래로 소속집단이 노인들을 돌보거나 포기하는 이유 중 상당 부분은 노인의 '유용성' 여부에 달려 있다고 한다. 노인이 소속집단에 도움이 되는지 부담이 되는지에 따라 노인의 처우가 달라졌다. 이 시대의 노년층은 얼마나 유용한가?

노인의 기억이 집단의 백과사전이었던 시대는 지나갔다. 노인의 지식이 집단 전체의 위기 상황에서 빛을 발했던 시대도 지나갔다. 지식정보화사회가 되면서 과거에 유용했던 경험이나 사건의 기억은 '노인'에서 '인터넷'으로 대체되었다. 그리고 과거에 배웠던 지식이나 경험들은 구식이 되었고, 대부분 새로운 기계나 신기술로 대체되어 활용할 기회가 사라졌다. 그들의 노력과 희생으로 살 만한 나라가 되었지만 정작 그들은 에너지를 소진하고 탈진증후군에 걸렸다.

세월의 갑옷을 입으면서 육체의 움직임은 둔해지고, 기억력은 감퇴되고, 심리적으로 위축되었다. 변화에도 잘 적응하지 못한다. 그럼에도 "내가 누군지 알고" 하며 꼰대짓을 한다. 있는 것 없는 것 다 털어서 자식 공부시키고 빈털터리가 된 노인이 많다. 경제적인 준비를 스스로 하지 못해 가족이나 사회에 짐이 되는 노인이 늘어나고 있다. 노인인구가 급격하게 늘어나면서 사회보장비용도 크게 증가하고 있다.

노년의 유용성은 떨어지고 부담은 늘어나니 큰일이다. 게다가 개인주의와 합리주의가 득세하면서 전통적인 유교문화는 자취를 감추고 있다. 예전에는 노인이 신에 버금가는 반열의 '어르신'으로 존경받았지만 이제는 걸핏하면 틀니를 딱딱거리는 '틀딱충'이란다. 이런 사회적인 태도나 가치관의 변화가 노년을 위태롭게 한다.

인생의 막바지에 패배와 겨울만이 기다리고 있다면 삭막하고 쓸쓸하기 그지없다. 과거 역사에서도 노년의 위기는 무수히 반복되었다. 이 시대의 노년이 다시 사회에서 존경받는 대상이 되려면 어떻게 해야 할까? 유용성 높이기, 즉 쓸모 있는 노년 되기가 답이지 않을까. 그렇다면 어떻게 해야 할까? 그 해법은 노년의 리더십, 창의성, 윤리성에서 찾을 수 있다.

리더십, 창의성, 윤리성으로 무장하자

리더십은 해법 가운데 으뜸이다. 현대사회에서 노인들은 자칫 한물간 인간, 의존적인 존재로 여겨질 수 있다. 그래서 이를 극복하려면 노년의 리더십이 필요하다. 경험과 지혜를 가진 자원으로서 따뜻한 가슴과 열정으로 문명사회에 산재한 위기를 해결하려는 리더십 말이다.

늙은 랑구르 원숭이는 무리에서 쉽게 내몰리고 무시당한다. 그런데도 수호자로서의 위상은 약해지지 않는다고 한다. 서열은 낮아지지만 무리를 지키는 중요한 역할을 수행하기 때문이다. 늙은 원숭이는 어느 나무에 열매가 달리고, 물은 어디에 있는지를 가장 잘 알고 있으며, 이를 다른 원숭이들에게 전수한다. 적에게서 무리를 지키는 데에도 거리낌 없이 앞장선다. 누가 이 원숭이를 쓸모없다고 하겠는가. 오히려 그 리더십은 헌신적이고 위대하며, 그 무엇과도 바꿀 수 없는 가치가 있다.

창의성은 노년의 위기 사슬에서 해방될 수 있는 진정한 길이다. 제자리에 남아 사라지지 않으려 해도 최소한 변화하는 세상과 같은 속도로 진화해야 한다. 세상을 보는 눈을 틔우고 노년의 브랜드 파워를 키워보자. 강한 열망을 가진 노년이 때로는 젊은이를 앞지를 수 있다. 노년이라고 해서 창의적인 생각과 새로운 것을 하지 말라는 법이 없다. 자기의 내면에서 인생의 모든 경험을 끌어내보자. 이런 것들을 축적하다 보면 어느 순간 창조의

에너지가 폭발할 수 있다. 세상의 일에 항상 문제의식을 가져보자. 독창성, 기쁨, 경이감, 호기심 같은 젊음의 유전자 네오테니(neoteny)를 간직하면서 세상의 일에 관심을 갖고 재미를 느껴보자.

윤리성 역시 고령사회에서 노년의 위기를 극복하기 위한 중요한 해법이다. 노인에 대한 공경은 기본적으로 노년의 윤리의식에서 시작된다. 한 신문의 인터뷰에서 "노인세대를 절대 봐주지 말라"고 한 양산 효암학원 이사장 채현국 선생의 어록은 노년의 윤리의식의 중요성을 보여준다. 그는 많은 노인세대들이 생각해야 할 것을 생각하지 않고, 배워야 할 것을 배우지 않고, 남한테 해줘야 할 것을 하지 않았다고 노인세대에 쓴소리를 한다. 그는 덧붙여 말했다.

"좀 덜 치사하고, 덜 비겁하고, 정말 남 기죽이거나 남 깔아뭉개는 짓 안 하고, 남 해코지 안 하고."

이것만 지키며 살아도 인생은 살 만하다고 강조한다.

리더십, 창의성, 윤리성으로 무장하자. 쓸모 있는 노년은 노년의 위기를 구하고, 나아가 세상의 위기를 구한다.

권리에 의무가 따르듯이 혜택은 책임을 수반한다.
혜택을 받은 만큼 돌려주는 것은 도리이자 책임이다.

사회적 책임에서 멀어지지 마라

운의 뒤에는 누군가의 희생이 있다

"늙으면 추워~ 너도 늙어봐. 빨리 죽고만 싶어지지. 저 녀석이나 나나 어렸을 때는 똑같았는데, 내가 왜 이 신세가 됐는지 모르겠어."

우리 주변에는 황혼녘에 벗어나기 어려운 절망적인 상황에서 살아가는 사람들이 많다. 이러한 사회적 약자들은 지위를 얻었거나 부를 쌓은 이들을 미워하고 원망한다. 물론 그들 탓이 크겠지만, 불운의 연속으로 나락으로 떨어진 경우가 대부분이다. 처음에는 행운과 불운은 한 걸음밖에 떨어져 있지 않지만, 시간이 지나면서 행운으로부터 불운은 백 걸음이나 떨어진다.

내 운과 그 운에 따른 혜택의 뒷면에는 타인의 희생이 있다. 한 사람의 성공은 많은 사람들의 희생을 바탕으로 이루어진다. 그래서 성공한 사람은 불운한 사람에게 빚을 진다. 경쟁사회에서 그것이 왜 빚이냐고 할 수도 있겠다. 하지만 노력도 있었지만 살아가면서 운이 따랐기 때문에 성공한 것 아닌가. 게다가 성공한 사람들은 좋은 조건을 갖고 출발한 경우가 많다. 많은 재산이나 명석한 두뇌를 물려받은 경우다. 이것 역시 운이 아니고 무엇이겠는가.

간혹 "살면서 지금까지 나는 누구의 도움도 받은 적 없다"고 말하는 사람이 있다. 그것은 새빨간 거짓말이다. 본래 인간의 삶은 개체적이 아니라 공동체적이다. 공동체와 절연된 단독자의 세계 속에 존재할 수 없다. 공동체와의 관계 속에 존재할 따름이다. 그러므로 누구의 도움도 없는 삶이 가능할 수 있겠는가.

내 삶은 도움 없이 가능했을까

도움을 받고 산다는 것은 다른 사람의 은혜와 덕택으로 사는 것이다. 그것이 바로 혜택을 받고 산다는 말 아닌가. 특히 사회적으로 지위를 얻었거나 부를 쌓은 사람들은 특혜를 받은 경우다. 자기가 잘나서 자기 능력만으로 된 것이 아니다. 자신에게 큰 운이 따랐고, 아울러 다른 사람들에게는 그만큼 불운을 준 것이다. 다른 사람의 불운과 희생을 딛고 일어섰으니 특혜가 아니고 무엇이겠는가.

쉬운 예를 들어보자. 우리 사회는 젊은 시절 한두 번의 시험으로 일류니 이류니 하는 등급이 매겨졌다. 어이없는 일이지만 그 시험이 평생을 좌우했다. 대기업 시험이나 고시에 붙으면 그것으로 평생을 잘 지내고 은퇴하고서도 그 후광으로 이런저런 일을 한다. 몇 점 차이로 합격하는가? 대개 100점 만점에 1점미만의 차이로 당락이 결정된다. 더구나 커트라인 근처에는 무수한 응시자가 몰려 있다. 합격과 불합격의 차이가 엄청난 실력의 차이가 아니다. 이런 운으로 얻은 것이 특혜가 아니고 무엇일까.

이런 주장을 하는 나도 특혜를 받은 사람 중 한 명이다. 나는 소년시절에 어쩌다 '선' 밖으로 밀려났다. 고등학교를 다니지 못하고 긴 암흑기를 겪었다. 다시 선 안으로 들어오는 데에 7년 정도가 걸렸다. 고졸 검정고시 학력으로 기업체 취업이 어려워 공무원시험을 준비했는데, 커트라인 점수로 턱걸이했다. 이것이 내 인생에 찾아온 첫 번째 운이었다. 그 덕분에 공직생활을 잠깐 하다가 공무원연금공단이 창단되면서 이직했고, 총 38년간의 직장생활을 큰 허물없이 잘 마쳤다.

직장생활의 시작이 운이었듯이 마지막에도 큰 운이 한 번 더 찾아왔다. 2014년 퇴직한 그해 세월호 참사가 터지면서 관피아 문제가 사회적으로 크게 이슈화되었다. 고위공무원이 퇴직하고 공공기관장으로 내려오는 관례가 일시적으로 막힌 것이다. 그로 인해 창단 이래 줄곧 정부 출신이 내려오던 자리에 내부 출신으로 첫 공단 CEO가 되었다. 이런 운이 어디 있겠는가. 주위에서는 직장생활 중에 꾸준히 자기발전을 위해 노력했고 한 분야에 전문성을 키워왔기 때문이라고 좋은 말을 했지만, 분명히 그것만으로 될 수 있는 게 아니었다. 치열한 노력보다는 관피아라는 사회적 이슈가 결정적인 한 방이었다. 옛말의 운칠기삼(運七氣三)이 틀린 말이 아니었다.

받은 만큼 돌려주는 것은 책임

이런 행운으로 여러 사람이 불운을 겪었을 것이다. 그들에게 직접 신세를 갚을 방법은 없다. 사회적인 책임을 다하는 것이 그들에게 진 빚을 갚는 방법이라 생각한다. 권리에 의무가 따르듯이 혜택은 책임을 수반한다. 혜택만 챙기고 책임은 지지 않는다면 질타 받는다. 혜택과 책임은 동전의 양면과도 같다.

혜택을 받은 사람은 그만큼 돌려주는 것이 도리이고 책임이다. 굳이 혜택에 따른 책임에 동의하지 않더라도 인간에게는 측은지심이 있다. 이웃의 아픔을 자기의 아픔으로 느끼고 긍휼히 여기는 성품이다. 맹자는 측은지심을 인(仁)이라 했고, 인간 본성에 있는 4단(端)의 하나라고 했다.

젊었을 때는 이웃을 살피기보다는 자기 삶을 챙기기에 정신이 없다. 타인을 침해하지 않는 범위 안에서 개인의 자유로운 사고와 자유로운 행동을 가능한 한 확대하려고 노력한다. 그렇지만 노년에는 달라져야 한다. 화려하게 치장하고 그럴듯한 명예를 자랑하지만 그것은 허상에 지나지 않는다. 노년의 마음이 고목 같고 식은 재와 같으면 곧 적막에 떨어지고 말 것이다. 어진 마음은 흐르는 물과 같다. 높은 곳에서 낮은 곳까지 구석구석 전해진다. 있는 곳에서 없는 곳으로 흘러간다.

순응과 체념은 노년을 위축시키며 인생을 낭비할 뿐이다.
변화주도자가 되어 변화를 이끌어 가야 하지 않을까.

순응과 체념 뛰어넘기

"그냥 그렇게 하루하루 사는 거지"

"죽겠어, 힘들어서. 그냥 그렇게 하루하루 사는 거지 기쁨이 다 뭐야. 기쁠 일이 뭐가 있어. 나 그런 거 몰라."

이렇게 말하는 노인들이 많다. 나이 들면 자신의 일을 통한 성취감이나 자신감으로 기쁨을 느끼는 경우가 줄어든다.

"다 젊었을 때 얘기지 지금은 화날 일 없어."

체념 섞인 말도 자주 한다. 모든 일에 순응하고 체념한다. 하지만 자연스럽게 마음과 행동이 순응과 체념으로 바뀌기보다 상황이 그럴 수밖에 없도록 만드는 것 같다. 그래서 화날 일이 없다 하면서도 속으로는 화가 더 치밀기도 한다.

자식들 잘 못할 때 화나지, 부부간에 뜻 맞지 않을 때 화나지. 처먹는 놈만 마냥 처먹고 못 먹는 놈은 만날 못 먹는 것도 정말 화나지. 할 일 없을 때도 화나지. 나이 들면 점점 더 원숙해지고 유연해져야 하는데 사소한 일에도 상심하고 화가 잘 치민다.

"인간은 아무리 나이 들어도 마음속 깊은 곳에는 봄날의 햇살, 여름의 질풍노도, 가을의 원숙미와 풍성함이 항상 자리 잡고 있다. 노인의 마음에 겨울은 없다"는 말이 있다. 아직 초보 노년인 나는 이 말에 공감한다. 그러나 나이 더 들고 어려운 상황이 되어서도 여전히 이런 마음을 간직할 수 있을지 의문이다. 상황이 마음을 따라주지 않으니 그 상황에 순응하고 그러다가 마지막에 체념하는 것이리라.

그런데 노년의 순응과 체념은 바람직할까? 긍정적인 면과 부정적인 면이 모두 있다. 순응과 체념이 신체나 정신의 건강에 좋다는 사람이 많다.

"빡빡 악쓰고 대들어봐야 몸에 좋을 리 없어. 그냥 주어지는 대로 살면 되는 거야."

그러나 나는 이 말에는 동의하지 않는다. 노년기가 짧다면 몰라도 무진장 길어진 요즘 시대에 죽어지내는 것은 인생을 낭비하는 것이기 때문이다.

순응과 체념에 기대지 말아야

사람들은 무엇이든지 할 수 있다고 생각하지만, 언젠가 할 수 없는 것이 많아지는 나이를 맞이한다. 나는 현직에서 은퇴하기 직전에 《은퇴 후에도 나는 더 일하고 싶다》는 책을 발간했고, '일하는 은퇴'를 외치고 다녔다. 미리 준비하면 은퇴 후에도 의미 있고 바쁜 삶을 살 수 있다고 하면서 말이다. 그런데 막상 퇴직하고 나서 보니 가는 곳마다 절벽이다. 당연히 할 수 있다고 생각했던 일들이 대부분 할 수 없었다. 그렇지만 아직은 순응이나 체념 단계는 아니다. 오히려 분노가 살짝 일어나면서 오기도 생긴다. 그래서 현직의 후광은 벗어던지고 바닥에서 새롭게 출발하려고 마음을 다잡는다.

우리는 어른들로부터 '마음은 이팔청춘'이라는 말을 자주 듣는다. '이팔청춘이고 싶은 바람이겠지'라고 생각했는데 실제로 그렇단다. 노년의 비극은 겉으로는 늙었어도 마음은 여전히 젊다는 데에 있다. 젊어서나 늙어서나 변하지 않는 마음이 문제라는 거다.

몸 따라 마음도 같이 늙어간다면 문제가 없겠는데, 그게 아니라서 화날 때가 많다. 이런 면에서 순응과 체념은 마음 상할 일 없게 해준다. 하지만 순응은 자연의 섭리에 따라가는 것이기 때문에 어쩔 수 없다지만, 체념은 인간의 모든 의욕을 상실시킨다. 순응하더라도 체념하지는 말아야 한다.

변화주도자가 되어 변화를 이끌어야

인생의 현자, 그들은 젊은이들보다 깊이 있는 지혜와 판단력을 가지고 있음에도 그것을 잘 발휘하지 못하고 있다. 인공지능기술 및 사물인터넷, 빅데이터 등 정보통신기술과의 융합으로 일어나고 있는 4차 산업혁명과 함께 노인의 연륜과 지혜는 빛이 바래고 있다. 우리 사회의 노년들, 그들은 한때 경제부흥의 주역이었지만 이제는 사회에서 힘을 잃어가고 있다. 일하고 싶어도 노인을 위한 일자리는 별로 없다. 사회는 뒤처진 그들을 챙기기보다 뒷방에 두고 보호하려 한다. 고령화로 인한 비용부담 증가를 거론하면서 그들을 사회적인 부담으로 여긴다. 누구 덕에 이만큼 사는지 생각하지 않는다. 노년이 살기 팍팍한 세상이 되어가고 있다. 늙어갈수록 삶을 통제하는 것도 쉽지 않다.

예전이야 나이가 계급이었지, 지금 세대는 그런 것 모르는 세상이다. 일단 상식에 벗어나거나 우기면 바로 '꼰대'라고 칭하는 것이 요즘이다. 나이 먹어도 존경받을 수 있게 행동해야지, 안하무인인 노인들은 가차 없다.

"늙어서 미안하다. 너희들은 절대 늙지 마라. 나도 내가 이렇게 늙을 줄 몰랐다."

누군가 젊은이들을 향해 이렇게 소리쳤다. 마음이 저리기도 하지만, 한편으로는 순응과 체념의 결과일지도 모른다.

영원한 없음, 그 정적에서 생명의 불꽃이 솟아오르고 태초에 우주가 생겨났다. 변하지 않는 것에서 시작되는 변화, 빅뱅이다. 결국 이 세상에 바뀌지 않는 것은 없지 않을까. 순응과 체념은 노년을 위축시킨다. 오히려 변화주도자가 되어 변화를 이끌어가야 하지 않을까.

부모와 자식 간의 단절은 바람직하지 않고 인륜도 아니다.
서로의 마음을 헤아리고 진심으로 위해야 한다.

강하지만 약한 부모와 자식 사이

"저들끼리 잘 살면 되지"

100세 시대다. 오래 사는 것도 좋지만 걱정도 따라 커진다. 나이 들면서 돈, 건강 그리고 삶의 의미까지 잃어버릴 수 있기 때문이다. 자식들에게 의지할 수 있으면 도움이 되련만 솔직히 믿음이 가지 않는 것이 현실이다.

우리는 전통적으로 자녀가 노부모를 돌보는 것은 낳아서 키워준 은공에 대한 보답이고 규범적 차원에서 당연한 의무라고 배워왔다. 하지만 요즘 젊은 사람들에게 이와 같은 효 사상은 상당히 거리감이 있다. 오히려 "누가 낳아 달라고 했나요. 자식 낳았으면 키우는 것은 당연한 것 아닌가요?"라고 대들지 않을까 걱정된다. 성장하면서 의지했던 부모에 대한 부채의식은 자기가 아이를 양육함으로써 상쇄되었다고 생각하는 젊은이도 있다.

그래서 요즘 노년층 중에는 "저들끼리 잘 살면 되지, 경제적인 지원이나 일상의 도움 같은 건 필요 없어"라고 지레 손사래

치는 경우도 있다. 자식이 나이 들어도 부모의 입장에서 자식을 바라보면 항상 애처롭다. 하지만 궁핍하고 병들고 외로운 상황이라면 자식 도움을 피하는 것이 상책은 아니다. 부모와 자식은 암묵적인 탯줄로 연결된 관계 아닌가.

부모 부양에 대한 세상 형편과 생각이 세대가 바뀌면서 급격하게 변하고 있다. 내 아버지는 부모님이 모두 일찍 돌아가셔서 모실 기회가 없었던 것을 안타까워했다. 노부모를 한 집에서 모시고 사는 것을 당연하게 여기던 시절이었다. 내 경우는 결혼해서 일가를 이룰 때 아버지는 이미 돌아가셨기 때문에 어머니만 한 집에서 모시고 살았다. 주위의 친구들 중에는 마음은 있지만 이런저런 사정으로 직접 모시지 못하는 경우도 많았다. 해방과 전쟁 이후에 태어난 우리 세대부터 도시화와 핵가족화의 영향으로 부모 부양에 대한 상황과 생각이 많이 바뀌었다. 이제 나는 딸과 아들을 출가시키고 아내와 둘이 생활하고 있다. 요즘은 부모 자식이 한 집에서 사는 것을 찾아보기 어렵다.

할빠와 할마가 되어버린 부모들

주변을 살펴보면 자식이 있지만 노부부끼리 힘겹게 살거나 홀로 살아가는 노인이 많다. 그들은 "원래 그런 거야"라고 스스로 위로하지만, 본디 그런 게 아닐 거라는 생각을 지울 수 없다. 자식에게 얽매여 살기 싫어 스스로 부양받지 않겠다고 선언한 경우도 있지만, 말년에는 '그때 왜 그랬지?' 후회도 한다. 같이 살고 싶어도 자식들이 원하지 않을 것 같아 그런 생각을 접은 경우도 많다. 자식을 믿다가, 믿지 않다가, 결국에는 단념하는 것이 요즘 세태다.

하지만 자식과의 단절은 바람직하지 않고 인륜도 아니다. 부모는 자식의 마음을 헤아리고 자식은 부모를 진심으로 위로해야 한다. 삶을 버티고 이겨내는 과정에 자식이 있지 않았던가. 녹록하지 않은 현실에 자식을 향한 애틋한 사랑이 힘이 되어 삶을 버티고 이겨 온 경우도 많다. 자식이 비를 맞지 않도록 한쪽 어깨를 젖으면서도 자식 쪽으로 우산을 기울였다. 그만큼 사랑하고 믿어왔던 자식이다.

요즘 어린이집 앞에는 '할빠', '할마'가 젊은 부모만큼이나 많다. 직장생활에 바쁜 자녀를 대신해 황혼 육아를 기꺼이 자청하고 나선 노년들이다. '애들은 놀면서 커 가는데 어른들은 봐주다 늙는다'는 말이 있듯이 손자 돌보는 것은 신체적으로나 정신적으로 만만치 않다. 그러나 힘이 있을 때 자녀들의 생활에 도움을 주려고 한다.

굳이 주는 것에 대한 보답을 언급하지 않더라도 사랑은 사람을 살아가게 하는 원동력이다. 더구나 부모 자식 간의 관계는 주고받는 것의 양으로 따질 수도 없다. 오직 부모의 자식에 대한 무한사랑과 자식의 조건 없는 부모 공경만이 있을 뿐이다. 자식으로부터 부양받는 것을 미안스럽게 생각하거나 불편해할 일은 아니다.

약해졌지만 그래서 더 강해져야 할

사람은 관계 안에서 형성되는 존재다. 부모와 자식 간의 관계도 마찬가지다. 서로 도와 주고받고 연대의식으로 풍성해질 때 비로소 개인이 아니라 사람으로 존재한다. 세대가 서로 주고받는 것은 인간 삶의 기본이다. 하지만 늙은이는 늙고 젊은이는 젊어서 둘이 진실로 이해하는 일은 드문 편이다. 그래도 지난 시절 자신의 꿈을 줄여 자식의 꿈을 불려준 부모 아닌가. 자식이 커가면서 점점 가장자리로 밀려나고 부양받지 못하는 부모들. 자식들에게 요구하기 싫어 체념하는 것은 안 된다.

유교의 삼강오륜에 부모와 자식 간의 관계를 규율하는 것으로 부위자강(父爲子綱)과 부자유친(父子有親)이 있다. 자식은 부모에게 도리를 다해야 하고, 부모와 친하게 지내야 한다. 이 시대의 노년들을 위해 구체적인 실천 사항으로 '부모부양헌장'을 제정하면 어떨까.

하나; 부모가 건강하지 못할 때 자녀는 부모를 돌봐야 한다.
하나; 자녀는 어려운 부모에게 경제적 도움을 주어야 한다.
하나; 가까이 사는 자녀는 한 달에 한 번은 부모를 방문해야 한다.
하나; 먼 곳에 사는 자녀는 자주 안부 전화를 해야 한다.
하나; 자녀는 부모에 대한 무한한 책임감을 느껴야 한다.

요즘 시대에 무슨 개 풀 뜯어 먹는 소리냐고 할지도 모르겠다. 하지만 육식을 주로 하는 개도 배가 몹시 고프면 풀을 뜯는다. 그만큼 절박하다. 어렵고 외로운 노년의 본능적인 충동으로 치부할 것이 아니다. 지극히 당연한 것 아닌가.

흘러가는 여생의 시간에 그 시간만이 지니는 즐거움을 찾자.
지적인 호기심을 꺼뜨리지 않고 무언가에 집중하는 것도 좋다.

품격 있고 건강하게 나이 들기

그냥 늙을 것인가, 잘 늙을 것인가

봄에 꽃놀이 가듯 가을에 단풍놀이도 간다. 봄꽃만 좋은 것이 아니라 가을 단풍도 좋다. 겨울의 나목(裸木)은 잎은 다 떨어져 줄기와 가지만 남지만 기품을 잃지 않고 굳건히 서 있다. 고운 단풍처럼 그리고 굳건한 겨울나무처럼 나이 들고 싶은 마음이야 누군들 없겠는가.

그러나 장수사회에서 잘 늙기(Well Aging)란 만만치 않다. 신체와 정신의 건강, 경제적인 안정, 사회와 가정의 관계가 모두 원만하게 오랫동안 유지되어야 하기 때문이다. 이 중 어느 것 하나라도 문제가 생기면 잘 늙어갈 수 없다.

"그냥 사니깐 살지, 다 그냥 저냥 사는 거야"라고 체념하면서 사는 것은 잘 늙는 것이 아니다. "잘 사는 거, 잘 늙는 거. 그런 것 생각해본 적 없어. 내 복에 뭐 그런 것까지 바랄까. 그냥 마음 비우고 살면 되지"라고 해도 잘 늙는 것이 아니다.

잘 늙는 것에 관한 노인들의 말을 들어보면 대충 이렇다. 신체적으로는 "아프지 않고 명대로 잘 사는 것, 건강하고 깨끗하게 나이 드는 것, 병 없이 사는 것, 아픈 데 없이 돌아다니는 것, 내 몸 안 아프고 부부가 해로하는 것"이라고 말한다. 정신적으로는 "치매 안 걸리는 것, 마음 편한 것, 근심 없이 낙천적으로 사는 것, 과용 부리지 않고 편안하게 사는 것, 마음이 평화롭고 즐겁게 사는 것"이라고 말한다.

경제적으로는 "안정적으로 먹고살 만한 것, 남한테 빌리러 가거나 없어서 애쓰거나 자식들 속 썩히지 않고 자식에게 잘해줄 수 있는 것, 남한테 신세지지 않고 조금 도와줄 수 있는 것"이라고 한다.

사회관계는 "남한테 피해가지 않게 사는 것, 남한테 미움 받지 않고 늙는 것, 베풀고 사는 것, 서로 도와가면서 사이좋게 잘 사는 것, 이웃들과 어울려 사는 것"이라 한다. 가정은 "부부 간에 서로 위로하며 살고, 아들 며느리로부터 존경받고 손자손녀 성실한 것, 가정이 화목하고 별고 없이 무탈하게 지내는 것"이라고 한다.

'나도 저렇게 나이 들고 싶다'

성공적으로 삶을 살고 있다고 생각하는 노인들은 대개 "편안하게 먹고 지내니깐 그게 행복한 거라 생각해요. 잘 살았다 하고 살아야죠. 남한테 욕먹거나 남 해롭게 안 했으니까"라고 무덤덤하게 말한다. 실패한 삶을 살고 있다고 생각하는 이들은 "나이

들어 무릎 아프고 머리 아프고 경제적으로 없으니까. 만족이라는 거는 한이 없는 거죠. 몰라요, 지금까지 재미나게 산 일이 없어"라고 체념 섞인 대답을 한다.

잘 늙는다는 것은 그다지 어렵지 않지만 쉬운 것도 아니다. 누구나 그렇듯 젊었을 때는 이 문제를 진지하게 고민하지 않고 산다. 그러나 현역에서 은퇴하고 노년기에 접어들면 관심이 커진다. 나도 60대 중반이 된 지금에서야 관심을 가졌다. 사람마다 처한 상황과 생각이 다르니 잘 늙어가는 것에 관한 기준도 다를 것이다.

'온화하면서도 엄숙하시고, 위엄이 있으면서도 사납지 않으시며, 공손하면서도 편안하셨다.'

이것은 《논어》에 나오는 공자의 이미지다. 나도 이렇게 나이 들어가고 싶다. 품격 있게 나이 들고 싶다. 어느 날, TV 프로그램에 자연치유사를 한다는 예전의 유명 여배우가 출연했다. 젊게 보이려는 것보다는 60대 중반의 나이에 걸맞게 내면의 건강함을 찾는 것이 느껴지는 분위기에 매료되었다. 여성이라면 저렇게 나이 들어가면 좋겠다는 생각도 들었다.

품격 있고 건강하게 나이 드는 법

어떻게 하면 품격 있고 건강하게 나이 들 수 있을까? 정년퇴직 후에도 30~40년이나 되는 시간이 기다리고 있다. 하루하루를 무기력하게 보내서는 안 된다. 흘러가는 여생의 시간에 그 시간만이 지니는 즐거움을 찾자. 지적인 호기심을 꺼뜨리지 않고 무언가에 집중해 자신을 맡기는 것도 좋고, 내 덕에 세상이 나아지도록 공동체적인 삶을 사는 것도 좋다.

노년의 신체적, 정신적인 쇠락은 당연하다는 사람들이 있다. 그들은 어차피 할 수 있는 방법이 없으므로 안달해봤자 소용없다며 포기한다. 그래서 스스로를 가둔다. 건강하게 노후를 보내려면 어쩔 수 없다는 생각부터 풀어야 한다.

나이 들어서도 꾸준히 운동하고, 음식과 체중 조절에 신경 쓰며, 적절하게 스트레스를 관리하는 사람은 그렇게 하지 않는 이들보다 훨씬 더 건강한 생활을 영위할 수 있다고 한다. 둔해졌다는 것은 몸이 스스로 관리가 필요하다는 뜻이다. 나는 내 스스로 좋은 습관이라고 생각하는 것을 하나 가지고 있다. 40줄에 접어들면서 시작한 달리기를 60 중반인 지금까지 거의 매일 하고 있다. 달리는 모습이 이상하다고 흉보는 사람도 있지만 구애받지 않는다. 이런저런 생각 없이 달린다.

몸이 답이다. 뛰고 구르고, 비 오듯 땀도 흘려봐야 힘이 난다. 운동은 마음에도 보약이다. 절주, 금연, 바람직한 습생, 자신의 내면과 진지한 대화, 균형 잡힌 생활습관은 노년을 행복하게 해준다. 조금 낯설게 바라보면 세상은 신기한 일이 가득하다. 처음 태어나 하늘을 보는 감동으로 새로운 기적과 만나보자. 청춘 못지않게 노년의 삶도 아름답다.

단풍과 지는 해가 산천을 아름답게 물들이듯이
노년을 풍경처럼 멋지게 살아야 하지 않겠는가.

한 폭의 풍경처럼 온전하기를

누군가에게는 절망, 누군가에게는 희망

이리저리 휘둘리고 흔들리면서 정신없이 현역생활을 하다가 은퇴와 마주하는 순간 심장이 빠르게 뛰고 가슴이 두근거린다. 직장의 모든 골치 아픈 일들이 한순간 사라진 시원함 때문일까? 아니면 평생 일해 온 직장에서 갑자기 밀려난 데에서 오는 섭섭함 때문일까?

은퇴를 맞이한 느낌은 사람마다 다르다. 시원해하는 사람, 섭섭해하는 사람, 시원섭섭해하는 사람, 분노하는 사람, 아무 느낌이 없는 사람까지 수없이 많다. 하지만 이런 감정은 단지 퇴직한 직후의 느낌일 뿐이다. 길고도 지난한 은퇴기 30년을 생각하면 은퇴는 대개 부정적인 이미지로 다가온다. 대부분의 사람들에게 은퇴기가 갖는 특징은 경제적, 사회적, 신체적, 인지적 능력의 하락이다.

나이 들어가는 것과 알파벳 D로 시작되는 단어들은 긴밀하게 연관된다. 나이가 들면 경제적으로 곤란(Difficult)해지고, 신체적으로 쇠퇴(Decline)하며, 사회적 관계망에서 멀어진다(Disengagement). 경제는 악화(Deterioration)되며, 신체와 인지기능이 퇴화(Degeneration)되는 것은 물론 잦은 질병(Disease)에 시달린다. 그리고 결국 우울(Depression)하게 자녀나 사회에 의존(Dependency)하다 죽음(Death)을 맞이하는 것이 인간이다.

나는 아직 나를 모르고 있을 뿐

일반적으로 나이 들면 돈이 없어 애쓰거나, 남한테 빌리러 다니거나, 금전관계로 자식들 속 썩이는 일이 잦아진다. 뒷방 늙은이가 되어 남에게 쉽게 다가가지 못하고, 서러운 마음이 자주 들기도 한다. 사람들과 부딪치는 것이 불편해 사람들이 다니지 않는 길로 다닌다. 그뿐인가. 몸이 아파 돌아다니지 못하고 방구석에서 신세타령만 하기 일쑤다. 그래서 아프지 않고 돌아다니는 것이 제일 부럽다.

곱게 늙지 못하고, 미운 마음 쓰며, 남한테 추하게 보이는 경우도 많다. 너그러운 소리도 하지 못하고, 남에게 베풀지도 못한다. 자기 일에 만족하고 살아야 하는데 항상 뭔가 불만이다.

"그냥 사니깐 살지, 다 그냥 저냥 사는 거야"라는 넋두리를 자주 한다. 내 인생에 무슨 의미가 있었는지 자문해보며 당혹감을 느끼기도 한다. 인생의 2군 선수, 구경꾼, 젖은 낙엽, 폐가전제품 같은 것들과 나를 동일시한다. 궁상맞고, 추하고, 한심하고, 죽고 싶기도 하다. 이 모든 것은 준비되지 않은 노년의 아픈 모습이다. 이러한 부정적인 이미지의 은퇴를 쉽게 떨쳐버릴 수 없다.

나이 들면서 자신의 삶을 바라볼 때 어디에 방점을 두어야 하는가? 나이 듦의 부정적인 이미지인가? 아니면 여전히 결실하며 새롭게 성장하는 긍정적인 이미지인가? 만약 후자에 방점을 둔다면 안데르센의 동화 〈미운 오리 새끼〉처럼 자신의 진정한 정체성을 깨닫는 것이 중요하다.

알에서 깨어나 부스스 기지개를 켜는 막내 오리의 생김새가 다른 아기 오리들과 전혀 달랐다. 따돌림이 심해진 미운 오리새끼는 그곳을 떠나 혼자 농가의 빈 헛간에서 길고 험한 겨울을 났다. 마침내 봄기운이 돌자 목을 쭉 빼고 날개를 펼쳐 멀리 나는 것을 시도했고, 날개에 힘이 실리면서 연못 위에 가볍게 내려앉을 수 있었다. 연못에서 첫 봄을 맞으며 상쾌한 헤엄을 즐기고 있을 때 한 무리의 백조가 나타나자 두려움을 무릅쓰고 인사부터 했다. 그런데 정말 이상한 일이었다. 물속에는 앞의 백조보다 더 아름다운 모습을 한 백조가 자기를 바라보고 있었다. 바로 자신의 모습이었다.

'그래. 나는 원래 백조였어!'

어느 길에 설지는 자신의 몫

미운 오리새끼가 원래 아름다운 백조였듯이 아름다운 노년이 본래 진정한 노년이라는 것을 깨달아야 한다. 결코 포기할 수 없는 노년을 위해 아픈 일상의 노년이라는 흔적은 지워버리자. 아름다운 백조처럼 목을 쭉 빼고 날개를 펼쳐 날아보자.

은퇴하면서 사회에서 퇴장하는 것은 자연스러운 현상이니 나대지 말고 곱게 들어앉아 있어야 한다는 이들이 있다. 그러나 은퇴 후에 사회활동을 그만두거나 사회로부터 멀어지는 것은 결코 바람직하지 않다. 노년의 사회적 단절은 정상적인 현상이 아니다. 자신의 위축된 마음과 주위의 편견이 만들어낸 결과일 뿐이다.

인간은 사회적인 동물이기 때문에 사회로부터 분리되면 우울증에 시달리고 고립의 아픔을 겪는다. 더구나 그냥 퇴장해버리면 오랜 인생 경험에서 나오는 훌륭한 사회적 자원이 모두 무용지물이 된다. 그래서 은퇴 후의 퇴장은 본인에게 해가 되고 사회적으로도 큰 손실이다. 인정받고 존경받는 노년의 현실 참여는 사회를 발전시키는 힘이 된다. 백발은 무기력함과 인생의 쇠락을 의미하지 않는다. 단풍과 지는 해가 산천을 아름답게 물들이듯이 인생의 노년을 한 폭의 풍경처럼 멋지게 살아야 하지 않겠는가.

삶이란 자신의 일에 정성을 쏟아 붓는 과정이다. 노년에 나를 위해, 이웃을 위해, 국가를 위해 일하는 것은 우리 모두의 사명이기도 하다. “그 나이에 이륙은 무슨……. 그냥 조용히 착륙이나 하시지요”라고 함부로 조언한다. 하지만 은퇴기는 새로운 꽃을 피우는 개화기가 될 수 있다. 선택할 권리는 자신에게 있다.

다른 모든 생명체를 객체로 보는 인간중심주의가 천지를 아프게 한다.
'탈인간중심주의'의 지혜가 필요하다.

까치밥을 남겨두는 사람의 마음처럼

내 잣대로 만물을 재단하지 마라

나이 들어가는 마음일까, 지금까지 극단적이고 자극적인 삶을 살아왔다는 생각이 든다. 젊었을 때는 몰라도 노년에는 달라져야 한다.

중국 명나라 때의 유학자 왕양명은 말했다.

"천지만물을 한 몸으로 생각하는 대인은 인간과 동물, 식물 그리고 와석(瓦石)까지 모두 어진 마음으로 대한다. 천지만물을 한 몸으로 삼는 것이 어진 마음인 인(仁)이다."

《장자》의 두 번째 편인 〈제물론〉에는 이런 글이 적혀 있다.

"만물은 각자의 도(道)에 따라 살아간다."

직장을 따라 제주도에서 살 때의 이야기다. 봄철 고사리비가 내리면 어김없이 새벽 일찍 산에 올라 고사리를 한 보따리씩 채취했다. 동네 할머니들이 용돈을 벌려고 채취할 고사리를 다 꺾어 간다는 비난을 받으면서도 멈추지 않았다. 새벽이슬을 하얗게 머금고 있는 예쁜 고사리를 톡톡 꺾는 재미 때문이다.

그런데 몸통을 꺾인 고사리는 어떨까?

"당신이 살아 있는 나를 꺾어 죽였습니다. 그것도 막 피어나는 내 몸뚱이를 재미삼아 두 동강 냈습니다. 벌어먹기 위해 꺾어가는 것은 참을 수 있지만, 재미삼아 나를 죽이는 것은 정말 참을 수 없습니다."

제주를 떠날 때쯤 고사리의 마음을 깨달았다.

사람에게는 축제, 물고기에게는 지옥

강원도 화천의 산천어축제가 이슈로 등장한 적이 있었다. 어떤 언론은 '산골짜기 얼음나라를 바꾼 놀라운 기적'이라고 성황리에 열리는 축제를 소개했다. 그러나 동물 및 환경 단체들은 '인간들에게는 축제지만 산천어에게는 집단살상 현장'이라고 비난한다. 그들이 전하는 산천어가 하는 말을 들어보자.

"76만 마리가 죽어야 끝나는 이벤트. 인간에게는 산천어 축제라지만 우리에게는 집단학살입니다. 입질이 좋도록 닷새 굶겨 배고픔을 참지 못하는 친구들이 수많은 강태공이 드리운 낚싯바늘을 입에 물고 줄지어 얼음구멍 위로 사라졌습니다. 양식장에서 태어났으니 횟감이나 구이로 끝날 운명에 불만은 없습니다. 하지만 우리도 극도의 스트레스를 받거나 고통스럽지 않게 죽음을 맞이할 수는 없을까요? 아이들과 함께 맨손잡기와 얼음낚시로 생명을 앗아가는 게 과연 교육적일까요?"

산천어의 주장에 공감이 간다. 그러나 축제를 주관하는 입장에서는 먹고살기 위해 하는 일이다. 산천어의 편을 들기도 그렇고 축제 주관자의 편을 들기도 난감하다. 하지만 산목숨을 놀이삼아 죽이는 것은 반성해야 한다. 너무 극단적이고 자극적인 삶은 인간성을 훼손한다. 어질고 선한 마음으로 돌아가면 어떨까.

나도 젊었을 때는 낚시를 다녔다. 어느 날 붕어 한마리가 내 낚시 바늘에 걸려 난감해하고 있었다. 여지없이 잡아챘다. 내 낚시 역사에 처음으로 걸려든 월척의 토종붕어였다. 어지간히 큰 놈만 아니었으면 살려주었을 텐데 자랑삼아 집에 가져왔다. 그런데 이놈을 어떻게 해야 할지 대략 난감했다. 아내도 싫어하고, 특히 어머니는 산목숨 죽이는 것을 용인하지 않으셨다. 내키지는 않았지만 어쩔 수 없이 내가 그놈의 배에 칼을 들이댔다.

그 순간 붕어의 큰 눈이 내 눈과 마주쳤다. 그런데 원망과 저주의 눈빛이 아니었다. 오히려 '이 불쌍한 인간을 어찌할꼬' 하는 연민의 눈빛이었다. 순간의 섬뜩함에 몸이 굳었다. 한참을 망설이다가 식은땀을 흘리면서 하던 작업을 마저 다했다. 끓여서 탕을 만들기는 했지만 집안 식구 누구도 먹을 엄두를 내지 못해 집 마당에 있던 작은 주목나무에 거름 되라고 뿌렸다. 그런데 이듬해 그 나무가 죽어버렸다. 그 일이 있고 난 후로는 낚시를 하지 않았다.

인간은 수많은 존재들 중 하나일 뿐

천지를 아프게 만드는 존재가 인간이다. 인간이 파괴한 자연이 이제는 서서히 인간의 생존을 위협하고 있다. 왜 우리는 천지만

물이 아무런 이유 없이 부당하게 죽거나 곤경에 빠지는 것을 보고 슬퍼하지 않을까? 이것은 인간의 본성이 아니다. 인간만이 주체이고 인간 이외의 모든 생명체를 객체로 보는 인간중심주의가 문제다. 우주의 모든 생명체에 관심을 두고 더불어 사는 탈인간중심주의 사상은 어떤가?

'까치밥 이야기'는 이런 면에서 좋은 교훈을 준다. 까치는 겨울이 오면 나무 위에 둥지를 틀고 겨울을 난다. 그런데 어느 해에 혹한의 겨울이 시작되고 폭설이 내려 먹이를 찾지 못한 까치 수백 마리가 동사한 일이 발생했다. 이듬해가 되자 감나무에는 다시 싹이 트고 열매가 맺혔다. 하지만 이름 모를 모충이 나타나 가을이 되어도 수확할 감이 하나도 남지 않았다. 그러자 농민들은 까치가 있었다면 벌레로 인한 재해는 일어나지 않았을 거라는 데에 생각이 미쳤다. 그때부터 농민들은 매년 가을이 되면 감을 다 수확하지 않고 까치가 겨울을 날 수 있도록 식량을 남겨두었다.

모든 것을 인간의 잣대로 판단하는 것은 문제가 있다. 더구나 나이 들어서까지 주위를 살피지 않고 내 중심으로 사는 것은 옳은 삶이 아니다. 인간중심주의에서 벗어나 우주만물과 더불어 사는 진정한 자아로 거듭 태어나야 하지 않을까. 인간은 이 세상에 존재하는 다양한 존재들 가운데 하나일 뿐이다.

해방되는 경험을 맛볼 것인가, 욕심의 노예로 남을 것인가?
노년에는 '더'보다는 '덜'이라는 글자에 친숙해져야 한다.

'더'보다는 '덜'에 친숙해지기

"연잎은 감당할 수 있는 것만 품는다"

노년은 젊은 시절과는 다른 새로운 인간상을 요구한다. 상황에 맞는 새로운 생각과 행동을 해야 노년의 생활이 행복해진다. 그런데 간혹 나이 들어서도 '나 아직 죽지 않았다'며 오히려 더 호기롭게 행동하고, 고집스러운 이들도 있다. 흔히 '노욕'이라고 부르는 모습이다.

나이 들어 할 수 있는 것이 많지 않음에도 자신이 갖고 있는 것을 결코 내려놓지 못하는 이들이 있다. 욕심이 끝이 없어 자신의 나이와 처지를 잊어버린 채 끊임없이 탐하고, 돈과 권력을 좇는다. 나이 들어감에 따라 해방되는 경험을 맛볼지, 아니면 욕심의 노예로 남아 있을지는 앞으로 걸어갈 삶의 방식에 달려 있다.

나는 현직에 있는 동안 남에게 지지 않으려는 욕심만으로 살아왔다. 다른 가치들로는 내 존재 의미를 찾을 수 없었다. 하지만 노년의 문턱에 들어선 지금은 끝없이 욕심을 추구하는 그 길에서 벗어나려고 한다. 노년의 자존감은 욕심보다는 사랑, 협력, 배려, 나눔의 가치로 채워가는 것이 옳다는 생각이 든다. 이제는 돈과 권력이 많지 않아도 행복할 수 있다는 것을 알 것 같다. 굳이 기력이 쇠해지는 몸을 이끌고 돈을 탐하거나 남을 이길 생각을 할 필요가 없다.

나이 들어 은퇴하면 소득이 줄어드는 것은 자연스러운 현상이다. 많이 벌어 많이 쓸 생각은 버리고 적게 벌어 적게 쓸 생각을 하면 된다. 노년에는 해야 할 중요한 일도 적어지고, 바쁘게 서두를 일도 적어지며, 책임과 의무도 줄어든다. 반면에 단순함의 자유를 즐길 수 있는 여유는 늘어난다. 쓸데없이 복잡한 것들은 노년을 짜증스럽게 한다. 그래서 과한 욕심을 버리고 단순하게 살면 행복해질 수 있다. 더 하려는 욕심 대신 조금 덜 하면서 실리를 추구하자.

법정스님은 "연잎은 자신이 감당할 만한 빗방울만 싣고 있다가 그 이상이 되면 미련 없이 비워버린다"고 했다. 욕심을 낼수록 영혼과 육체는 무겁게 짓눌린다. 때문에 나이 들수록 자신이 감당할 수 있을 만큼만 가져야 한다. 노년에는 '더'보다는 '덜'에 친숙해져야 한다.

지갑보다 지혜를 채우는 삶

행복을 결코 돈으로 채울 수 없다. 이제 인생의 계절은 봄, 여름을 지나 가을과 겨울로 향해가고 있다. 가을의 문턱에서 잠시 생각해보자. 어떻게 사는 것이 남은 인생을 잘 사는 것인지를. 현직에 있는 동안은 조직에 충성하면서 돈을 벌고 가족을 부양하는 물질적인 삶에 치중할 수밖에 없었다. 하지만 은퇴와 함께 인생의 전환점에 도착해도 계속 이렇게 살 것인가? 아니, 계속 이렇게 살 수 있을까?

나이 들면 자연스럽게 기력이 떨어지고, 돈으로 할 수 있는 일은 줄어들기 마련이다. 최선을 다해 돈을 쓰고 다닌다 해도 그것이 행복을 가져다줄지 의문이다. 돈을 가지고 저승으로 넘어갈 수도 없는 노릇이다. 그래서 노후의 어느 순간에는 그 대단한 돈도 한낱 종이에 불과한 존재가 된다. 정말 중요한 것은 돈이 아니었다는 뒤늦은 후회와 함께 말이다.

결국 돈 욕심으로부터 자유로워지는 것이 이상적으로 생각하는 은퇴 이후의 모습이다. 애플사를 창업한 스티브 잡스가 마지막에 남긴 말은 우리에게 많은 교훈을 준다.

"나는 비즈니스 세상에서 성공의 끝을 보았다. 하지만 지금 과거 삶을 회상하는 이 순간, 자부심을 가졌던 사회적인 인정과 부는 결국 닥쳐올 죽음 앞에 희미해지고 없어진다는 것을 깨닫는다. 여러분이 사랑하는 일을 찾아야 한다. 진정한 만족감을 얻는 방법은 가치 있는 일을 하는 것이다."

현역 시절에는 돈을 벌 수 있는 기회가 많지만 노년에는 그 기회가 점점 줄어든다. 그렇게 계속해서 돈을 벌 필요도 없다. 매달 나오는 연금으로 적게 쓰면서 살면 된다. 그래서 노년에 요구되는 삶은 물질보다는 삶의 의미에 초점을 맞춰야 한다.

모아 놓은 돈으로 즐기면서 사는 것도 좋지만 그럴 경우 시간이 너무 느리게 흘러갈 것이다. '배고픈' 것보다 '일고픈' 것이 더 큰 문제다. 진정 자기가 하고 싶은 일을 하면서 삶의 의미를 찾아야 한다. 물질보다는 정신적인 가치가 노년에 어울리는 소품이다. 그래서 노년에는 지갑에 돈을 채우는 것보다 마음속에 지혜를 채우는 데에 신경 써야 한다.

세월 흘러
이 나이 되었는데
남은 거라곤
내 그림자뿐

뭐 그리 큰 걸
남기려는 것 아니다
아름다움
그것이면 충분하다

젊었을 때는 햇볕만 쬐게 해달라며 기도하겠지만
나이 들면 비도 맞아가며 온전히 살아야 하지 않을까.

나이 들수록 깊어지는 여유와 매력

경쟁이 아닌 마음의 손을 내밀 때

젊은 시절에는 경쟁하면서 남을 이기는 데에 필요한 논리적인 사고가 중요했다. 논란이 되는 상황에서 뒷받침할 수 있는 근거를 동원해 자신의 주장이 타당함을 설명해야 한다. 그래야 자리를 보전하고 승진도 할 수 있다. 그러나 노년에는 이웃과 동료를 이해하고, 유대를 강화하며, 상대를 배려하는 마음이 더 중요하다. 다른 사람과 소통할 때도 논리적인 주장보다는 공감하는 이야기로 접근하는 것이 좋다.

흔히 나이 들면서 점점 외톨이가 되어간다고 한다. 원인 중 하나는 자녀와 이웃들에게 논리적으로 꼬치꼬치 따지는 것이다. 내 생각이 무조건 옳다 하고, 심해지면 잔소리를 늘어놓는다. 그것이 쌓이면 감정의 앙금이 생기고 점점 더 멀어진다. 그것보다는 기쁨과 슬픔과 사랑을 함께 나눌 수 있는 따뜻한 가슴을 갖는 편이 좋은 인간관계를 만든다.

물론 이것은 쉽지 않다. 김수환 추기경조차도 "사랑이 머리에서 가슴까지 내려오는 데에 70년이 걸렸다"고 하지 않던가. 가슴으로 사랑하고 공감하는 것은 그만큼 어려운 일이다.

공감은 마음을 주고받는 것이다. 많은 말이 필요 없다. 상대의 말에 "그랬구나", "그렇지"라는 반응만 보여줘도 된다. 함께 이야기 나누고 공감해주는 것만으로도 자신을 이해하고 인정해준다는 안도감을 가지기 때문에 관계가 좋아진다.

'아직도 머리로 공감하고 있었구나'

평생 싸우지 않다가 아내와 다툰 일이 한 번 있었다.

"내가 한 말에 왜 반응이 없어? 이제 내가 보기 싫은 모양이지. 그렇게 하찮게 보여?"

아내가 버럭 화를 낸다.

'옛날이나 지금이나 내가 무뚝뚝한 것은 마찬가지인데 이 사람이 갑자기 왜 이러지? 갱년기증후군이 이제야 나타난 걸까?'

성가시게 매달리지 않고, 책도 보고, 돈도 벌며 이렇게 지내는 것이 현명한 방법인 줄 알았는데 그게 아닌 듯하다.

'품안의 자식도 커서 멀어지고 남편도 혼자서 잘 지내니 화가 난 거구나.'

'그래서 그랬구나'라는 생각이 머리를 스친다. 그때 비로소 진정한 마음으로 사소한 눈빛까지도 충분하게 리액션을 취해야겠다고 다짐한다.

자기논리에 취해 소통의 장벽을 넘지 못한다면 노년이 불행해진다. 주위 사람들에게 공감만 잘 해도 인복 있는 사람이 될 수 있다. SNS에 댓글을 쓰듯이 현실에서도 타인에 대한 공감과 마음의 댓글이 중요하다. 내가 필요에 의해 찾아간 사람에게 공감을 눌러주면 어느 순간 내 마음에도 수많은 공감이 쌓여 있을 것이다.

노년에는 재미있고 여유롭게 사는 것이 좋다. 웃음과 유머, 게임과 놀이, 정신적인 여유가 노년의 삶을 윤택하게 한다. 진지하게 사는 것도 좋지만 노년에는 여유로움이 더 어울린다. 좀 더 관대해지면 좋겠다. 마음이 넓고, 인정이 많고, 아낌없으며, 너그럽고, 풍요롭고, 자유롭고, 배짱이 두둑한 삶 말이다.

나이 들어 너무 진지하게 살면 인생이 재미없고 따분할 것 같지 않은가. 일상이 재미없는 이유는 유머를 잃어버리고 조바심이나 궁금증으로 살아가기 때문이다. 나이 든다는 것은 누구에게나 좋은 일은 아니다. 하지만 누구에게나 오는 것이기 때문에 이 또한 받아들여야 할 생의 궤적이다. 나이 들면서 즐거운 일을 만들어가겠다는 마음가짐이 중요하다. 역시 멋지게 나이 드는 조건은 진지함보다는 재미와 여유다.

여유 있는 삶이 노년을 풍요롭게 한다

삶에 여백을 마련해두자. 분, 초 단위의 빡빡한 삶보다는 여유가 있는 삶이 노년에는 더 어울린다. 웃어주는 여유, 남에게 희망을 선물하는 여유, 말을 많이 하지 않고 많이 들어주는 여유, 책을 읽고 사색하는 여유, 가슴으로 사랑하는 여유가 인생 2막에 행복을 가져다줄 것이다. 태평양에 떨어지는 비는 온종일 떨어져도 흔적이 없다. 햇볕 좋은 날 증발시켜 구름으로 날려버리면 그만이다.

경쟁이 아닌 조화로운 삶이 좋다. 경쟁은 자신만을 유리하게 하는 반쪽짜리 생각이다. 반면에 조화는 자신과 남들을 함께 유리하게 하는 공동체의 생각이다. 젊었을 때는 경쟁하면서 살아야 하지만 노년에는 많은 것을 내려놓고 어울려 사는 자세가 필요하다. 계속 경쟁만 하다가는 어항 속에서 튀어나온 물고기처럼 숨을 헐떡대다가 죽고 만다. 경쟁적인 삶에서 벗어나 조화로운 삶을 사는 것이 아름다운 노년 아닐까.

조화롭게 산다는 것은 물질주의에서 벗어나 인간의 본질에 충실한 자연주의의 삶을 살아가는 것이다. 감당할 수 없는 욕망, 남을 착취해 얻은 것을 자기 것으로 만들고, 부를 쌓기만 하려는 노년은 가망이 없다. 경쟁적으로 돈 잘 버는 노인보다 멋진 이야기를 가진 노년이 훨씬 좋다. 묘하게 기분 좋은 분위기를 연출할 수 있다면 성공적인 노년 아닐까. 마주서는 순간 우리들의 마음을 사로잡는 매력 있고 푸근함이 있으면 더욱 좋다.

짠물은 마실수록 목이 마르듯이 경쟁할수록 더 치열해진다. 돈을 벌면 더 벌고 싶은 것이 인간의 마음이다. 한번 다퉈 이기면 또 다퉈야 할 거리가 생긴다. 노년에까지 계속 이런 삶을 살아야 할 이유는 없지 않은가. 젊었을 때는 햇볕만 쬐게 해달라며 기도했지만, 나이 들면 비도 맞아가며 살아야 하지 않겠는가. 젖으면 어떤가. 다시 해가 뜨고 시간이 지나면 아무것도 아니다.

삶의 자부심과 고마운 마음으로 죽음과 악수하는 것,
삶이 소중한 만큼 잘 죽는 것 역시 중요하다.

존엄한 죽음을
생각한다

죽음 앞에서 웃을 수 있을까

가끔 이런 생각을 한다. 인생을 살 만큼 산 후 죽을 때가 되면 그간의 삶에 감사하고 버튼 하나 눌러 흔적 없이 우주로 사라지고 싶다고. 내가 없던 과거에서 내가 있는 현재로 왔다가 내가 없을 미래로 미련 없이 떠나는 것이다. 죽고 싶을 때 흔적 없이 사라지게 해주는 장치가 나온다면 많은 사람들이 제법 비싼 값을 치르고 이용하지 않을까.

사람들은 나이가 어느 정도 들면 '잘 죽는 것', 고상하게 표현하면 '존엄한 죽음'을 생각한다. 어떻게 생을 마감하는 것이 존엄하게 죽는 것일까? 두 가지 관점에서 생각해보고 싶다. 하나는 삶에 대한 자부심과 고마운 마음을 가지고 생을 마감하는 것이고, 다른 하나는 미련 없이 깔끔하게 죽는 것이다.

먼저, 자부심과 고마운 마음으로 생을 마감하는 것에 대해 생각해보자. 분노와 원한을 품고 죽는 것보다 살아온 생에 감사하면서 죽는 것이 잘 죽는 거라는 것쯤은 누구나 안다. 그런데 한평생 잘 살다 가려면 의미 있게 잘 살아야 한다. 쉽게 말해 잘 죽으려면 잘 살아야 한다. 잘 살았다면 감사한 마음으로 죽는 것이 낫지, 분노하면서 죽는 것이 나을 이유가 없다.

죽음에 대한 분노를 생각해보자. 왜 화를 낼까? 인간에게 기껏해야 80년, 길어야 100년의 세월밖에 허락하지 않았기 때문에 분노하는가? 만약 진시황이 불로초를 구했다면 그 영생의 삶이 행복했을까? 그렇지 않다. 사람은 세월 흐르면 늙고 병든다. 병든 몸으로 고통 받으면서 계속 오래 사는 것은 행복한 삶이 아니다. 이것은 오히려 형벌에 가까울 수 있다. 좋은 것도 계속 하라면 싫증날 수 있다. 맛있는 음식을 처음 몇 번 먹을 때는 좋지만 계속 먹으라고 강요하면 싫듯이 좋은 삶도 끝없이 이어진다면 권태롭다가 끝에 가서는 싫어질 수 있다.

행복하게 늙고 죽으면 그 어른 복 받았다고 한다. '죽음 복'이 있으면 곧 좋은 죽음이다. 어른들에게 죽음 복에 대해 물어보면 대체로 이렇게 대답한다.

"자식 먼저 보내지 않고 천수를 다하고 죽는 것, 자식들에게 부담 안 주고 부모 노릇 제대로 다 하고 죽는 것, 자손들이 다 잘 사는 것 보고 죽는 것, 자녀가 지켜보는 가운데 고통 없이 죽는 것, 뭐 이런 거지."

이런 복을 다 바라는 것은 지나친 욕심이다. 이런 많은 '죽음 복' 중에 절반 이상만 충족된다면 죽을 때 분노하거나 한을 품지 말아야 한다.

이제 잘 죽는 방법 중 미련 없이 깔끔하게 죽는 것을 생각해보자. 여러 사회조사에 따르면 10명 중 8, 9명 정도가 무의미한 연명치료에 반대한다고 한다. 그런데 이런 평소의 답변과는 달리 많은 말기 환자들이 의료기기에 의지해 생명을 연장하다가 임종을 맞는 것이 현실이다.

다행스럽게도 최근에 '호스피스 · 완화의료 및 임종과정에 있는 환자의 연명의료 결정에 관한 법률', 줄여서 연명의료결정법이 제정되었다. 우리 사회가 인간으로서의 최소한의 품위와 가치를 가진 죽음이란 무엇인가라는 죽음의 질을 심각하게 고민하며 대안을 모색하는 과정에서 얻은 결과물이다.

어떤 사람은 환갑기념으로 사전연명의료의향서를 작성하고 국가관리시스템에 등록하기도 한다. 건강할 때 미리 연명의료 중단 의사를 밝혀두는 것은 존엄한 죽음을 위해 좋은 방법이다. 19세 이상의 성인은 누구나 가능하다. 또한 의학적으로 임종이 예측되는 말기 환자나 임종 과정에 있는 환자가 자신의 뜻을 문서로 남겼거나 가족 두 명 이상이 평소 환자의 뜻이라고 진술하면 의사 두 명의 확인을 거쳐 연명 치료를 중단한다. 중단되는 연명의료는 심폐소생술, 인공호흡기, 혈액투석, 항암제 투여와 같이 치료효과 없이 사망 시기만 지연하는 의료행위다. 통증을 줄이는 진통제나 물, 산소는 계속 공급한다. 죽음을 삶의 한 과정으로 받아들이고 본인이 미리 준비하는 문화가 만들어져야 한다. 한편, 연명의료 중단은 안락사와는 다른 개념이다. 안락사는 환자의 고통을 덜어주기 위해 생명을 인위적으로 종결시키는 행위로, 우리나라에서는 금지되어 있다.

하루하루를 살아가는가, 아니면 하루하루 죽어 가는가? 죽음이란 살아가면서 언젠가 마주해야 하는 엄연한 사실이다. 그러나 우리는 의식적으로 죽음을 생각하지 않으려 한다. 내게는 다가오지 않을 일인 것처럼 말이다. 하지만 피할 수 없다면 차라리 직시함으로써 내게 중요한 것이 무엇인지 성찰해야 한다. 지금 이 순간부터 시작해서 어떻게 인생의 종착점까지 잘 도착할지 생각해야 한다.

버킷리스트 작성하기, 유언장 작성하기, 사전의료의향서 작성하기 등이 노인복지관 프로그램에 등장하는가 하면 웰다잉 십계명, 엔딩노트(Ending Note)도 생겨났다. 삶만큼 죽음도 중요하게 인식되고 있다. 소설 《변신》으로 유명한 소설가 프란츠 카프카는 말했다.

"삶이 소중한 이유는 언젠가 끝나기 때문이다."

마음 가는 일에 열정을 쏟아 붓기, 자신의 색깔대로
설레면서 살아보는 것이야말로 진정한 노년의 행복으로 안내할 것이다.

기품을 잃지 않고 굳건히

진정한 행복은 멀리 있지 않다

세월은 가고 우리 모두 노년을 맞는다. 젊은 날에는 그런 날이 언제 올까 싶을 정도로 아득한 먼 훗날의 일로 여겨지지만, 세월은 숨 가쁘게 흘러 어느 날 노년이 우리 앞에 서 있을 것이다. 은퇴 후 30~40년이나 되는 기나긴 세월을 어떻게 살아갈지 막막해진다.

나이 들면서 여러 가지 퇴행성 질병에 걸리거나 경제사정이 더욱 악화된다. 젊은이들이 일터로 빠져나간 집에 부부 홀로 남거나 독거생활로 고립감이 생긴다. 가까운 친구나 가족의 죽음과 같은 안 좋은 일들이 마음을 괴롭힌다. 그래서 노년기에는 우울증이 찾아들기 쉽다. 열심히 뛰고 걷고 사색하면서 우울감이 찾아들 여지를 남기지 말아야 한다.

세상을 살아가면서 불행한 일이 없기를 기도하지만 그럴 확률은 별로 없다. 비보다는 햇볕이 들기를 바라지만 비가 올 때는 비를 맞으며 살아야 한다. 1년 내내 햇볕만 계속되면 인생이 사막처럼 무미건조해지지 않을까.

행복하게 사는 것이야말로 인간 존재의 의미다. 물욕, 명예욕에 젖어 소중한 마음을 소홀히 한다면 불행한 삶이 될 수밖에 없다. '저것만 갖추면 행복할 거야'라고 생각하면 행복은 항상 그만큼 먼 곳에 있다고 한다. 욕심 내려놓기, 집착 버리기, 이런 것들이 쉽지는 않겠지만 마음을 다잡아야 한다. 마음 가는 일에 열정을 쏟아 붓고, 자신의 색깔대로 설레면서 살아보는 것이야말로 진정한 노년의 행복으로 안내할 것이다.

모든 것을 내려놓아도 당당한 오크처럼

정진홍 이화여자대학교 석좌교수는 〈노년, 노년을 말하다〉라는 글에서 노년의 삶을 이야기한 적이 있다. 그는 나이를 먹으면 자신이 신선이 되는 줄 알았다고 했다. 욕심도 미움도 다 사라질 줄 알았단다. 하지만 그것은 기대에 불과했고 현실은 달랐다. 신선처럼 되지는 못했지만 그래도 좋아진 것은 있었다. 오랜 세월을 살아온 만큼 더 많은 것을 보고 듣고, 잘 판단한다. 그만큼 삶이 편해졌고, 자유로운 인생을 산다. "일흔을 넘어 살아보니 그렇더라"는 말에 공감이 간다. 그래서 인간은 나이 들어 완성되는 것이 아니라 점점 익어가고 성숙하는 존재인가 보다.

삶은 태어나서 죽을 때까지 끊어지지 않는 긴 과정의 연속이다. 노년에도 젊었을 때 못지않은 삶이 있다. 오히려 젊었을 때 보고 느끼지 못했던 것들을 새롭게 겪을 수 있다. 그래서 미국의 시인 헨리 워즈워스 롱펠로는 노년의 삶의 목적과 가치를 이렇게 노래했다.

노년은 비록 차려입은 옷만 다를 뿐
젊음에 버금가는 기회인 것을
하여 저녁 어스름이 엷어지면
낮에는 보이지 않던 별들이 하늘에 가득하다네

또한 영국 시인 테니슨은 그의 시 〈오크〉에서 인생을 사계절의 오크나무에 비유하기도 했다.

네 일생을 살라
젊은이 늙은이여
저 오크같이
봄에 찬란한 금으로

여름에 풍성하게
다음에는 그 다음에는
가을답게 변하여
은근한 빛을 가진
금으로 다시

모든 잎은
끝내 떨어졌다
보라, 우뚝 섰다
줄기와 가지뿐
적나라한 힘

인생이 젊었을 때는 봄에 돋아나는 오크의 금빛 새순과 같이 찬란하고 싱싱해야 한다. 중년에는 여름의 무성한 잎을 자랑하는 오크와 같이 풍성해야 한다. 장년에는 가을에 오크의 잎이 은은하게 변하듯이 은근한 빛을 발하며 살아야 한다. 노년에는 겨울의 오크가 잎은 다 떨어져 줄기와 가지만 남지만 기품을 잃지 않고 굳건히 서 있듯이 모든 것을 내려놓고 당당하게 살아야 한다.

제3기 인생혁명

4

새로운 길에서 마주할 때

은퇴 후에도 의미 있는 삶은 계속되어야 한다.
은퇴를 성공적으로 맞이하고 다시 시작하라.

인생은 은퇴로 끝나지 않는다

어떻게 사는 것이 잘 사는 걸까

나는 60세의 나이로 37년간의 1차 현직을 졸업했다. 단 한 번의 공백도 없이 정말 운 좋게 인생 1막을 마감했다. 그런데 문득 '이제 어디로 가지?'라는 생각이 든다. 왜 이렇게 흔들리는 걸까? 대낮 지하철에서 '내가 이 시간에 왜 여기 있지?'라는 생각이 들면서 공허해지는 나를 발견한다. 이것이 내가 은퇴와 처음으로 마주하는 순간이었다.

인생 2막의 출발점부터 이렇게 어려운 걸까? 그러면 이제 어떻게 살아야 하나? 이런 생각을 하는 순간에도 시간은 내 옆을 천천히, 그리고 무거운 표정으로 지나가고 있었다.

하지만 이런 혼란스러운 과정은 길지 않았다. 퇴직 9개월 만에 운 좋게 종전 직장에 CEO로 컴백했다. 다시 잡은 내 인생 최고의 자리였지만, 3년 남짓의 임기가 끝나고 두 번째 은퇴를 했다. 시간은 아무도 비껴가지 않는 모양이다. 또다시 금단 증상이 찾아왔다. 하지만 한 번 해봐서 그런지 이번에는 편하다. 대나무의 마디처럼 한 마디를 매듭짓고, 매듭지은 그 자리에서 새로 시작하는 것이 인생 아닌가.

다시 찾아온 은퇴, 다시 시작해야 할 인생! 어떻게 사는 것이 잘 사는 삶일까?

은퇴는 끝이 아닌 또 다른 시작

2200여 년 전, 중국의 진시황은 어떤 심정으로 신하들에게 불로초를 구해오라고 했을까? 그에게는 오래 살아야 할 분명한 이유가 있었던가? 속절없이 늙어가는 삶을 위해 불로장생을 바라지는 않았을 것이다.

조너선 스위프트의 소설 《걸리버 여행기》에서 걸리버는 사람들이 영원히 죽지 않는다면 얼마나 좋을까라는 기대감을 안고 불사의 땅을 찾아간다. 하지만 그곳에서 죽지는 않지만 혐오스러운 존재로 변해가는 노인들과 마주한다. 그들에게는 자연의 섭리에 대한 기쁨과 즐거움도 사라지고 없었으며, 닥치는 대로 먹고 마시지만 식욕도 미각도 사라진 지 오래였다. 온갖 질병에 시달리며 고통을 받지만 죽음은 좀처럼 찾아오지 않았다. 의미없이 목숨만 유지하는 삶은 고통이 될 수 있다는 의미다.

우리는 누구나 오래 살기를 꿈꾼다. 하지만 불로장생보다 중요한 것은 얼마나 행복하게 사느냐다. 티베트의 영적 지도자 달라이 라마 또한 "삶의 목표는 행복에 있다"고 말했다. 그러면서 "마음의 수행을 통해 고통을 가져다주는 것들을 버리고 행복을 가져다주는 것들을 키우면서 행복에 이를 수 있다"고 했다. 하지만 수도승이 아닌 한 수행만으로 행복해질 수는 없을 것이다. 평범한 사람들에게 먹을 것이 없고, 살 집이 없고, 건강이 나쁘고, 친구가 없고, 할 일이 없어서는 도무지 행복해질 방법이 없기 때문이다.

그렇다면 어떻게 해야 노년을 풍성하고 행복하게 살 수 있을까? 청춘은 나이에 굴복할 수밖에 없지만 인생은 은퇴로 끝나지 않는다. 굴하지 않는 정신만 있다면 은퇴는 끝이 아닌 또 다른 시작이다. 그래서 '은퇴하면 대체 뭘 할 수 있을까?'보다 '은퇴하면 못 할 게 뭐가 있겠는가'라고 생각하는 자세가 필요하다.

은퇴 후에도 삶은 계속된다

물론 마음가짐 못지않게 중요한 것은 은퇴를 위한 실질적인 준비다. 적어도 인생 반살이가 지나갈 즈음 인생 2막 준비를 시작해야 한다. 대략 10년을 준비해야 노년이 행복하지 않은가. 준비 없는 노년, 막연한 낙관주의는 은퇴자들을 벼랑으로 몰아넣는다. 경제적인 준비가 전부는 아니다. 경제적인 것은 물론 심리적인 준비도 필요하다.

'99'세까지 팔팔(88)하게 살다가 2, 3일 앓고 죽으면(4) 된다는 식으로 막연하게 대처해서는 안 된다. 은퇴 이후의 시간은 생각보다 길다. 흘러가도록 내버려두다가는 감당할 수 없는 고통을 겪을 수도 있다. 때문에 체계적으로 퇴직을 준비해야만 한다. 은퇴하면 일할 수 없다는 생각은 편견에 불과하다. 일하는 은퇴는 헛된 웅변으로 치부할 것이 아니다.

《장자》의 〈산목편〉에는 사마귀 우화가 나온다. 사냥꾼이 밤나무 숲으로 날아가지 않은 까치를 향해 활을 겨눈다. 그 순간 자신이 죽을 줄도 모르는 절체절명의 상황에서 까치는 사마귀를 잡는 데에 골몰해 있었다. 그런데 사마귀는 근처의 매미를 잡느라 까치의 존재를 몰랐으며, 매미는 그늘 아래에서 우느라 사마귀를 보지 못했다.

이처럼 현재의 생활에 골몰하다 보면 은퇴라는 위기가 다가오는 것을 깨닫지 못할 수 있다. 현직의 정점에 있을 때 한 발 앞서 은퇴를 생각해야 한다. 은퇴를 고민하는 지금, 현직과 은퇴 이후의 조화가 필요하다.

무용가이자 안무가인 더글러스 던은 "살아 있는 것들을 보라. 사랑하라. 놓지 마라"고 했다. 은퇴한 후에도 의미 있는 삶은 계속된다. 인생의 전환점, 은퇴를 성공적으로 맞이하고 준비하자. 그리고 다시 시작하자.

"퇴직하면 어때, 그냥 잘 살면 되지"라고들 말한다.
하지만 30년이라는 세월은 결코 쉽게 말할 수 없다.

결코 짧지 않은
은퇴 후 30년

남은 날들은 누구를 위한 시간인가

달도 차면 기울 듯이 인생에도 황혼기가 온다. 생자필멸(生者必滅)이라는 말처럼 시작할 때가 있으면 마무리할 때도 온다. 그러나 의학이 발전한 요즘에는 어지간해서 잘 죽지 않는다. 가끔 배고파 죽겠다, 배불러 죽겠다, 힘들어 죽겠다, 심심해 죽겠다고 넋두리하지만, 인생 100세 시대를 내다보면서 운 없으면 100세를 훨씬 넘게 살 수 있다.

우리는 100세 삶이 보편화되는 호모 헌드레드 시대를 살고 있다. 호모 헌드레드(Homo-hundred)는 국제연합(UN)이 2009년에 작성한 〈세계 인구 고령화보고서〉에서 공식화한 용어다. 이 보고서에 따르면 평균 수명이 80세를 넘는 국가가 2000년에는 6개국에 불과했으나 2020년에는 31개국으로 급증할 것이라고 한다. 100세 이상 장수가 보편화되는 시대가 오고 있다는 뜻이다.

머지않은 장래에 지하철의 경로우대석이 사라질 수도 있다.

대부분 노인인데 경로우대석이 왜 필요하겠는가. 있다 하더라도 65세 정도에 앉으려면 계면쩍을 수 있다. 통계청의 인구추계를 보면 우리나라의 전체 인구 대비 65세 이상 노인 인구가 현재 10명에 1명 남짓인 것이 2040년에 가면 10명에 3명으로 늘어난다. 통계청의 2015년 인구주택총조사에서 우리나라 100세 이상 인구는 3,159명으로 집계되었다. 2010년 1,835명에서 1,324명이 늘어난 수치다.

그래서 그런지 몇 년 전에는 〈100세 인생〉이라는 노래도 유행했다. 100세까지는 살아야겠으니 저승사자가 데리러 와도 이런저런 이유로 못 간다고 전하라는 노래다. 60세에는 '아직 젊어서', 70세에는 '할 일이 아직 남아서', 80세에는 '아직은 쓸 만해서', 90세에는 '알아서 갈 테니 재촉 말라고', 100세에는 '좋은 날 좋은 시에 간다고' 말이다.

우리 앞에 놓인 은퇴 후 30년

그런데 '은퇴'라는 커다란 장벽이 우리 앞을 가로막고 있다. 불과 반세기 전만 해도 은퇴기라는 개념이 없었다. 태어나서 부모 밑에서 자라고 성인이 되어 자식을 낳아 키우면서 일하다 삶을 마감했다. 그러다 수명이 크게 연장되고 정년과 연금이라는 사회제도가 생겨나면서 30년이나 되는 은퇴기가 새로 생겨났다.

언제나 현직일 거라는 생각은 착각이다. 인생 60줄에 접어들면 무대의 주인공 자리를 후배들에게 물려주고 은퇴해야 한다. 젖은 낙엽처럼 바닥에 붙어 쓸려 나가지 않으려고 발버둥 쳐봐야 소용없다. 정년이 있고, 그것이 없는 경우에도 사회구조상 평생현역은 기대하기 어렵기 때문이다. 조병화 시인의 〈의자〉라는 시처럼, 나이 들면 아침을 몰고 오는 분에게 묵은 의자를 비워주고 떠날 수밖에 없다.

직장에서 56세까지 자리를 지키고 있으면 도둑놈이라는 '오륙도'라는 말이 있듯이 대부분의 직장에서는 50대 중반 즈음에 물러나는 것이 보통이다. 공무원이나 공공기관의 경우 조금 더 버틸 수 있지만 길어야 60세 남짓이다. 그런데 많은 직장인들은 정년 후에 맞을 변화에 아랑곳하지 않고 생각 없이 정년을 향해 달려가고 있다. 퇴직 이후에는 소득이 단절되거나 급격하게 줄어들고, 할 일이 없어 공허한 나날을 보낼 수 있는데도 말이다.

무엇을 어떻게 하며 보낼 것인가

옛날에는 자식에 의한 부양을 기대할 수 있었지만 요즘은 아무리 돈 들여 자식농사를 잘 지었다 해도 자식에게 기대기 힘들다. 오히려 모든 것을 자식에게 투자하고 무일푼이 된 노년은 포커게임에서 올인한 경우와 다를 바 없고, 개밥의 도토리 신세가 되기 십상이다.

연금이 있어도 그것으로 노년의 경제문제가 모두 해결되는 것은 아니다. 연금은 기본생계비 정도이고, 그나마 고령화가 진전되면서 공적 연금의 재정 부담은 점차 늘어나고, 그래서 연금은 줄어들 수밖에 없기 때문이다. 연금 이외의 다양한 재무적인 준비가 필요하다.

경제적인 것이 어느 정도 준비되었더라도 하는 일 없이 30년 세월을 보내는 것 역시 만만치 않다. 노년의 행복이란 무엇이겠는가? 진정으로 하고 싶은 일을 하면서 공작새가 날개를 펴듯 자존감 있게 살아가는 것이 아니겠는가. 노는 것 하나도 제대로 하려면 상당한 준비가 필요한데, 하물며 은퇴 후 30년을 자존감 있게 살아가려면 도대체 얼마나 많은 준비를 해야 할까?

"퇴직하면 어때, 그냥 잘 살면 되지"라고 쉽게 말하는 사람도 있다. 하지만 30년이라는 세월은 만만치 않다. 진짜로 원하는 삶을 위해 미리 각오해야 한다. 성공적인 인생 2막의 비결은 열정을 갖고 성실하게 준비하는 것에 달려 있다. 생의 마지막 즈음에 '이렇게 오래 살 줄 알았더라면' 하고 후회할 것이 아니라 "나는 좋은 삶을 살다간다"고 웃으며 말해야 할 것 아닌가.

일 없는 노년은 자기 정체감을 위기에 내몰고
자신도 모르게 극심한 우울증을 불러올 수 있다.

은퇴는 여가의 시작이 아니다

의미 없는 인생을 살 것인가

미국의 노인학 권위자인 헤롤드 코닉 박사는《아름다운 은퇴》에서 "은퇴는 여가의 시작이 아니다"라고 했다. 가치 있는 목적을 가진 삶의 중요성과 은퇴 후의 삶을 준비하는 법을 조언하며, 다양한 활동을 통한 가치실현, 건강 유지법을 소개한 이 책에서 그는 안락한 여가생활을 위해 직장을 떠나는 것을 결코 아메리칸 드림처럼 여기지 말아야 한다고 경고한다.

미국의 여가문화가 발전하기 시작한 것은 1960년대 애리조나에서 선 시티라는 은퇴자 커뮤니티가 출범하면서부터다. 선 시티는 노인들의 여가와 개인적인 삶을 위해 설계되었으며 엄청난 성공을 거두었다. 이후 비슷한 은퇴자 커뮤니티가 수없이 건설되었고, 이런 공동체에서 여가를 즐기면서 살아가는 것이 성공적인 노년기의 상징이 되었다.

하지만 1980년대 이후 이들 공동체는 급격히 쇠퇴한다. 즐겁기만 하고 의미 없는 인생을 보내는 것은 행복이 아니라는 것을 깨달았기 때문이다. 여가생활만으로 은퇴 후의 시간을 보내는 것이 결코 쉽지 않다는 의미다.

일은 자기 정체성과 존중의 원천

인간은 일을 해야 살 수 있는 존재다. 일은 인생에서 매우 중요한 의미를 갖는다. 그것은 노년에도 마찬가지다. 사람들은 자기 정체성과 존중의 원천이 되는 일이 없어지면 좌절감과 상실감을 느낀다. 낸시 마이어스가 연출하고 앤 해서웨이와 로버트 드 니로가 주연을 맡은 영화 《인턴》은 나이가 일을 하는 데 장벽이 될 수 없다는 것을 보여준다.

인터넷 의류업체 30세 여성 CEO 줄스 오스틴은 기업의 사회공헌 차원에서 65세 이상 노인을 대상으로 하는 인턴프로그램을 시작한다. 전화번호부 회사에서 근무하다 은퇴한 70세의 벤 휘태커는 자신의 자존감을 높이기 위해 인턴프로그램에 지원한다. 줄스는 처음에 벤에게 회의적이었으나 벤의 연륜에서 묻어나는 처세술과 각종 노하우들에 점점 더 신뢰하게 됐고, 둘은 나이를 뛰어넘어 베스트 프렌드가 된다.

이 영화는 단순히 노년의 무료함과 이를 극복하는 과정을 그리는 듯하지만, 일 없는 노년의 일그러진 초상을 직시하게 하고, 일을 통해 노년의 정체성을 찾아야 한다는 소중한 메시지를 담고 있다.

은퇴하면 매달 연금이 나오기 때문에 여생을 걱정 없이 편하게 살 수 있을 거라고 생각하는 사람들이 있다. 과연 그럴까? 연금이 도움이 되는 것은 맞다. 현직에 있을 때 울며 겨자 먹기 식으로 낸 보험료가 은퇴 후에는 고마운 연금으로 되돌아온다. 얼마간의 연금을 매달 받으면 자식 몇 있는 것보다 낫다고도 한다. 연금 없이 노년을 살아가기란 상상하기 어려울 것이다. 그래서 노년의 연금은 매우 소중하다.

그런데 연금이 나오니까 여생을 돈 걱정 없이 편하게 살 수 있을 거라는 생각은 착각이다. 공적연금만으로 충분한 경제적인 여유를 누릴 수 있는 사람이 과연 몇이나 될까? 연금이 노년의 소득 상실을 보전해주는 것은 사실이지만, 일부 고액연금 수급자를 제외하고는 대체로 공적연금만으로 노후를 살아가기는 힘들다. 그래서 현역기간 중에 추가적인 준비가 필요하고, 은퇴 후에도 약간의 소득활동을 곁들일 필요가 있다.

일하면서 자신을 찾아야 할 때

연금보다 중요한 것은 자신만의 일을 갖는 것이다. 연금으로 경제적인 문제가 어느 정도 해결된다고 해도 일이 없으면 삶의 질은 떨어질 수밖에 없다. 일 없는 노년은 자기 정체감의 위기와 우울증을 불러올 수 있다. 그래서 삶에 활력을 주고 삶을 강화하려면 연금을 받으며 마냥 놀 것이 아니라 가치 있는 일을 해야 한다.

현역 시절에 열심히 일한 대가로 인생의 마지막 3분의 1을 편히 지내려는 것이 지나친 욕심일 수는 없다. 하지만 같은 조건이라면 일하는 노년이 훨씬 더 아름답다. 더구나 연금만 받고 무작정 논다면 연금 비용을 부담하는 현역 세대들에게 부담만 지우는 미운 존재로 비칠 수 있다. 몸을 움직여 무엇이든 젊은 세대에 기여해야 근로기간 중에 낸 보험료보다 더 많은 연금을 받더라도 덜 미안하지 않겠는가.

'하루는 저녁이, 1년은 겨울이, 일생은 노년이 여유로워야 한다'는 말이 있다. 마지막이 여유로워야 한다는 의미다. 그러나 일로부터 해방되는 삶의 자유, 즐거움, 휴식 등을 누리는 여가가 노년의 일상생활 자체가 되어서는 안 된다. 자신에게 부여된 일정한 역할 없이 막연하게 보내는 긴 자유시간은 노년의 삶을 해친다. 퇴직 이후 잠깐의 여유로운 허니문 기간이 지나면 일이 있어야 한다. 할 일을 찾지 못하면 인생이 결국 이런 것인가, 이것이 전부인가 하는 생각이 들면서 금세 좌절하고 만다.

'그때 가서 생각하면 되지'라는 막연한 낙관주의는
은퇴한 사람들을 위험지대로 몰아넣을 뿐이다.

막연한 낙관주의는 위험하다

아직도 어떻게 되겠지 하는가

은퇴하면 수십 년 다니던 직장에서 갑작스럽게 물러나야 한다. 체감할 수 있는 가장 큰 변화는 매달 나오던 봉급이 없어진다는 것이다. 연금이 나오기는 하겠지만 봉급에 비할 바 못 되고, 그것도 몇 년을 기다려야 나올 수도 있다.

은퇴가 자연스러운 인생의 한 과정에서 발생하는 것이라지만 그 변화는 엄청날 것이다. 만약 '그냥 어떻게 되겠지'라는 생각으로 별 준비 없이 은퇴를 맞은 경우에는 상상하지 못한 어려움을 겪을 것이다.

은퇴로 인한 소득의 감소나 단절은 은퇴자들을 위기로 몰아넣을 것이 분명하다. 자식 낳아 기른 공덕을 노후보험으로 생각하던 것은 이미 오래 전의 일이다. 요즘 젊은이들 중에는 부모가 퇴직할 때까지 취직도 하지 못하고 나이 들어도 분가할 생각 없이 부모에게 얹혀살려는 경우도 있다. '재산 놔두고 자식들에게 안 주면 졸려서 죽고 다 주면 굶어죽는 세상'이라는 험악한 말도 있다. 이렇게 극단적인 상황은 아니더라도 각자 살기 빠듯한 세상에서 자식에게 부양받는 것은 기대하기 어렵다.

퇴직 후 느지막이 식당이나 커피숍 같은 자영업에 뛰어들어 보지만 곧 문을 닫고 생활고에 시달리는 사람도 적지 않다. 이것이 주위에서 흔하게 보이는 일반적인 패턴이다. 손에 물도 묻혀 보지 않은 봉급쟁이가 준비 없이 갑자기 될 일이 아니다. 별 소득 없이 생활고에 시달릴지도 모를 기간이 30년이나 된다고 생각하면 아찔하다.

준비 없는 은퇴는 위험하다

경제적인 여유가 있더라도 일은 필요하다. 사람이 돈만 가지고 살 수는 없지 않은가. 갑작스럽게 할 일이 없어진다는 것은 생각보다 큰 충격이다. 아침에 일어나서 갈 곳이 없다. 마음이 움츠려 들고 갑자기 실업자가 된 느낌에 사람들과 부딪치는 것이 불편해지기도 한다. 대낮에 지하철에 올라 '내가 왜 이 시간에 여기에 있지'라는 생각에 가슴이 메어진다. 길거리에 바쁘게 움직이는 사람들을 보면서 괜히 위축되는 자신을 발견한다. '이제 어디로 가지?'라는 생각에 눈가에 이슬이 맺힌다. 은퇴를 미리 생각하고 제법 준비해온 나로서도 막상 퇴직하고 보니 막막한 것은 마찬가지였다.

퇴직할 때 명품 구두를 아내로부터 선물 받았다. 평생 신어보지 못한 비싼 구두였다. 뜬금없는 선물에 어리둥절해하는 내게 그간 고생도 많이 했고 힘 빠진 모습도 싫어서 마련했으니 신어 보라고 했다. 그런데 기쁜 마음에 앞서 '이 구두 신고 어디를 가나?'라는 생각이 들었다. 신어 봐도 힘이 날 리가 없다. 구두를 선물한 아내도 점점 낯익은 타인으로 변해가면서 외톨이가 되는 나를 발견한다. '결국 이 세상에 나밖에 없어'라는 생각으로 더 폐쇄적인 사람이 되어간다.

준비되지 않은 은퇴의 심각성을 자각해야 비로소 은퇴 준비에 대한 동기가 부여된다. '그때 가서 생각하면 되지'라는 막연한 낙관주의는 은퇴자들을 위험지대로 몰아넣는다. 스스로 노년을 준비하지 않는다면 가난하고 외로운 노년으로 지낼 수밖에 없다. 은퇴 후 더 행복한 삶을 살지 더 불행한 삶을 살지는 자신의 선택에 달려 있다. 행복한 은퇴생활을 꿈꾼다면 '그냥 어떻게 잘 되겠지'라는 생각부터 빨리 버려야 한다. 시간이 해결해주는 것이 아니며, 시간이 해결해주는 것은 이별의 아픔뿐이다.

스스로 준비할 때 누군가 손을 내민다

"정말 싫다. 콩나물은 이제 쳐다보기도 싫어. 이번 주 들어 벌써 세 번째야. 보기만 해도 질린다니까."

도시락을 꺼내든 한 친구가 푸념했다. 옆에 있던 동료가 달랬다.

"너무 풀죽지 마. 네가 그렇게 콩나물무침이 싫다면 부인에게 다른 걸 좀 싸 달라고 말해보면 되지 않을까?"

그는 눈을 크게 뜨고 대꾸했다.

"무슨 소리를 하는 거야? 난 마누라가 없어. 내 도시락 반찬은 내가 만든 거라고."

자신이 해야 할 것을 누군가가 준비해주지 않았다고 불평해봐야 소용없다. 모두에게 찾아올 인생 100세 시대, 결국 스스로 준비할 수밖에 없지 않은가.

'돌고래를 잡으려면 돌고래처럼 생각해야 한다'는 말이 있듯이 은퇴를 준비하려면 은퇴생활의 실상을 생각해야 한다. 은퇴가 가져오는 변화의 어려움을 알아보고 잘 준비해서 은퇴보다 앞서가야 한다. 스스로 알을 깨고 나오면 병아리가 되지만 남이 깨서 나오면 계란 프라이가 된다고 했다.

"지금까지 잘 살아 왔잖아요. 앞으로도 그렇게 살면 되지 무슨 걱정인가요?"라고 말하는 사람도 있다. 하지만 은퇴 후의 인생은 다르다. 젊은 시절과는 전혀 다른 환경이다. 내 자신과 나를 둘러싼 모든 것이 젊었을 때와는 다르다.

인생의 황혼. 심연까지 깊숙이 내려가 온전하게 행복을 느끼려면 어떻게 해야 할까?

다람쥐 쳇바퀴 돌 듯 인생을 함부로 흘려보내지 마라.
은퇴는 선택인 동시에 새로운 삶을 향한 도전이다.

은퇴는 선택이자 새로운 도전

"왜 같은 곳만 돌고 있는 거야?"

그냥 먹고 마시고 즐기는 것만으로도 행복한 은퇴생활을 할 수 있을까? 많은 은퇴자들이 집에서 TV을 보거나 복지관에 가서 레크리에이션을 하거나 당구, 탁구, 골프, 등산 등을 즐기면서 살아간다. 그러다 술에 의지하기도 한다. 고립감과 외로움이 클 때는 우울해지기도 하고 배타적이 되거나 집착적인 모습을 보이기도 한다. 주어진 상황에 맞춰 그냥 그대로 하루하루를 살아가는 것이다.

이런 생활이 과연 건강하고 행복한 삶일까? 늘 똑같은 무의미한 삶을 사는 것보다는 다양성과 변화를 추구하면서 세상에 가치 있는 일을 하고 살아야 잘 사는 것 아닐까? 할 일이 준비되지 않은 은퇴는 노년기를 무료하게 할 뿐이다.

영국 작가 밀른의 우화 〈곰돌이 푸우와 아기 돼지 피글렛의 사냥 이야기〉는 아무 생각 없이 일상에 갇힌 동물들의 모습을 그리고 있다.

아기 돼지 피글렛은 곰돌이 푸우가 생각에 잠긴 채 둥근 원을 그리고 있는 것을 보았다.

"뭐하고 있어?"

푸우가 답했다.

"사냥."

이 말에 피글렛이 다시 물었다.

"정말? 뭘 사냥하는데?"

푸우는 발자국들을 내려다보며 말했다.

"어떤 걸 뒤쫓고 있어."

푸우가 찾고 있는 것에 호기심이 생긴 피글렛은 푸우를 따라 나섰다. 한참 뒤, 이를 지켜보던 친구가 다가와 말했다.

"뭘 찾고 있는 거니? 너희들 지금 같은 곳만 돌고 있는 걸 모르고 있어?"

이 말에 자신의 발을 바닥에 찍힌 발자국들에 대어 본 푸우는 깜짝 놀랐다. 자신이 이미 찍어 놓은 발자국을 계속 쫓다 보니 원을 그리며 돌고 있었다.

은퇴, 후회만 하기에는 너무 늦다

이 이야기는 일상의 틀에 박힌 동심원에 자신을 메어 두어서는 안 된다는 메시지를 주고 있다. 다람쥐 쳇바퀴 돌 듯 동심원에 갇힌 삶은 인생을 흘려보내는 것과 같다. 철학가이자 정치가인

세네카는 "우리는 수명이 짧은 것이 아니라 많은 시간을 낭비하고 있는 것"이라고 했다. 사실 인생은 충분히 길다. 다른 생명들과 한번 비교해보라. 생각 없이 인생을 낭비하고 나서야 뒤늦게 깨닫는 것이 인간이다. 후회를 막을 방법은 지금이라도 자신의 남은 시간을 분명하게 알아차리는 것이다.

직장인들에게 은퇴는 피해갈 수 없는 숙명이다. 나이 들면 어쩔 수 없이 인생 1막에서 퇴장할 수밖에 없지 않은가. 아깝다고 계속해서 유지할 수 있는 현직이 아니라면 차라리 은퇴를 선택하자. 실존주의 철학자 샤르트르가 말했듯이 인생은 B(Birth, 탄생)와 D(Death, 죽음) 사이의 C(Choice, 선택)가 아닌가.

은퇴는 인생의 한 과정 중에 일어나는 자연적인 현상이다. 그러므로 결코 낙심하거나 포기할 일이 아니다. '늙으면 죽어야지'라는 말을 입버릇처럼 하면서 자기 마음을 관념과 체념의 사슬에 묶어 두어서는 안 된다. '코끼리와 사슬 증후군'은 역설적으로 새로운 가능성에 도전하기 위한 자기 확신이 필요하다는 것을 보여준다.

서커스 무대 뒤쪽에 거대한 몸집의 코끼리가 쇠사슬에 묶여 있다. 코끼리는 마음만 먹으면 그 사슬을 끊을 수 있지만 슬픈 눈망울만 깜빡이며 그 자리에 서 있다. 어렸을 때 할 수 없었던 기억 때문이다. 충분히 할 수 있는 일을 할 수 없다고 생각하고 포기하는 것, 이것이 코끼리와 사슬 증후군이다. 은퇴 역시 이와 다르지 않다. 은퇴는 선택이고 새로운 도전이다. 자신 있게 도전하는 사람만이 자신을 묶은 쇠사슬을 끊을 수 있다.

피하기보다 선택하고 도전해야

영국 시인인 로버트 브라우닝의 시 〈랍비 벤 에즈라〉에서 랍비는 이렇게 외친다.

나와 함께 늙어 가자!
아직 최고의 순간이 오지 않았다.
인생의 후반,
그것을 위해 인생의 초반이 존재하나니.

인생 후반이 최고의 순간이라는 랍비의 외침으로, 힘 빠진 삶으로 비쳐지는 상식을 보기 좋게 뒤엎는다. 비록 최고의 순간이라는 데에 동의하지 않더라도 인생의 어느 시기든 소중하지 않은 시기란 없다. 헤밍웨이의 소설 〈노인과 바다〉에서 노인은 삶을 견고하게 이어가는 인간의 본보기다. 아무도 진정한 어부로 보지 않지만 노인은 홀로 먼 바다로 나가 상어와 싸우는 강인한 의지를 보여준다. 그리고 몇 날 며칠에 걸친 사투 끝에 큰 고기를 잡는 성취를 이룬다.

위기를 감지했다면 나아갈 길을 정립하라.
그리고 자기계발로 장애를 제거한 후 도전하라.

5단계
은퇴 변화관리

은퇴에도 변화관리가 필요하다

우스개 한 토막. 오랜만에 만난 두 할머니가 반갑게 이야기를 나눈다.

"바깥어른은 잘 계신가요?"

"지난주에 죽었다오."

"저녁에 먹을 상추를 따러 갔다가 그만 심장마비로 쓰러졌어요."

"쯧쯧 정말 안 되셨네. 그래서 어떻게 하셨어요?"

"뭐 별수 있나. 그냥 시장에서 사다 먹었다오."

남편 죽은 것보다 먹을 상추가 더 마음에 있었다. 이쯤 되면 장수만세가 아닌 장수비극이라 해야 할까. 노인들이 늙고 초라해져서 쓸모없는 강아지 똥처럼 취급받는다. "늙으면 죽어야지, 아무 쓸모없는데…"를 입에 달고 사는 노인들이 많다.

이런데도 세상의 나이테는 늘어만 간다. 세계에서 고령화 속도가 가장 빠른 대한민국이다. 대책 없이 살다가는 상추보다 존재감 없는 노인이 될지 모른다. 이제 은퇴에 대한 낡은 생각을 버리자. 물러나서 숨어 지내는 것이 은퇴가 아니다. 일에서 손을 떼고 한가롭게 지내는 것이 은퇴가 아니다. 타이어(Tire)를 다시(Re) 갈아 끼우고 힘차게 살아가는 은퇴(Retire)가 되어야 한다.

노화를 새롭게 생각하자. 젊을 때와 마찬가지로 여전히 일하면서 생활하는 '생산적 노화', 적극적으로 사회활동을 하면서 살아가는 '활동적 노화', 건강하게 자아실현을 하는 '성공적 노화', 지식과 경험을 토대로 창조적인 삶을 사는 '창조적 노화'가 어떤가.

이를 위해서는 은퇴를 위한 변화관리가 필요하다. '은퇴 변화관리'란 바람직한 은퇴생활로 이끌어주는 접근 방법을 말한다. 은퇴와 함께 나락으로 떨어지는 것을 방지해주고, 성장과 차별화된 가치를 마련하는 방법을 제시해주는 것이 은퇴 변화관리의 궁극적인 목적이다.

이와 관련해서 나는 '은퇴 변화관리 5단계'를 제시한다.

- 1단계 — 다가올 절박한 위기를 감지하자.
- 2단계 — 강력하게 어필하는 비전을 정립하자.
- 3단계 — 미지의 창을 향해 자기계발을 하자.
- 4단계 — 전환을 가로막는 장벽을 제거하자.
- 5단계 — 꿈의 미래를 향해 도전을 시작하자.

1단계는 '위기 감지'다. 위기 감지는 은퇴 이후 내게 주어진 삶이 얼마나 긴지 자각하는 일에서 시작된다. '호모 헌드레드'라는 용어를 명심해야 한다. 100세 이상 장수가 보편화되는 시대가 오고 있다는 뜻이다. 은퇴 후의 삶이 대략 30년이나 된다. 그냥 흘려보낼 수 있는 기간이 아니라 관리해야 할 정도로 긴 기간이다. 아무런 할 일이 없고 생활고에 시달릴지도 모르는 기간이 30년이나 된다는 것을 자각해야 은퇴 준비에 동기 부여가 된다.

위기를 감지했으면 2단계로 '비전 정립'에 나설 차례다. 비전 정립은 미래를 설계하는 일이지만 결국 자기를 다시 돌아보는 일에서 출발한다. 나는 누구이고 내가 무엇을 잘할 수 있는지를 찾는 것이다.

비전을 정립할 때는 수단적 가치보다 본질적 가치에 집중하는 것이 좋다. 1차 직업의 경우 가족 부양이라는 수단적 가치가 강조되었다면 은퇴 후에는 일 자체로 즐거울 수 있어야 노년의 삶이 풍성해진다. 수단적 가치가 되는 일들을 배제한 뒤 남는, 꼭 하고 싶은 일이나 가장 보람을 느낄 일을 찾아내는 것이 바로 비전 정립이다.

비전과 현실 사이에는 상당한 괴리가 존재할 수 있다. 이런 괴리를 메워주는 일이 3단계 '자기계발'이다. 비전을 현실로 만들기 위해 필요한 자기계발은 적어도 은퇴 5~10년 전에 시작해야 한다. 관심 분야의 정보를 수집하고 체험하는 것을 게을리 해서는 안 된다.

자기계발이 어느 정도 진척된 뒤에는 은퇴를 가로막는 '장애물 제거'에 나서야 한다. 은퇴 이후 비전대로 살려면 걸림돌이 없어야 하는데, 이를 한꺼번에 없앨 수 없으니 미리 준비하라는 것이다. 우선 경제적인 장애를 제거해야 한다. 빚이 있다면 고정 소득이 있는 퇴직 전에 반드시 청산해야 한다. 남은 생이 얼마나 길어질지 알 수 없는 상황에서 매월 고정된 수입을 확보할 수 있는 연금은 노년의 삶을 안정적으로 유지할 수 있게 해준다.

장애물 제거에서 간과해서는 안 되는 것이 또 있다. 심리적인 전환이 그것이다. 이전의 삶에 작별을 고하는 것, 은퇴와 동시에 몸뿐만 아니라 과거의 내 지위까지 은퇴시키는 마음가짐이 중요하다. 과거 지위에 대한 집착은 새로운 전진을 가로막는다.

마음의 준비까지 끝냈다면 5단계 '도전 시작'이다. 수명이 연장되면서 덤으로 주어진 30년이다. 은퇴는 절망의 절벽에서 뛰어내리는 일이 아니라 새로운 비상이다. 꿈의 미래를 찾아 도전을 시작하자. 자유의 공간, 그것이 주는 느낌이 대단하지 않은가.

결과적으로 은퇴관리는 노후관리가 아닌 노전(老前)관리다. 현역활동을 하는 기간 동안 차근차근 준비해서 점진적으로 은퇴하는 것이 현명한 퇴장이다. 만약 은퇴 전에 체계적으로 이런 준비를 하지 못했다면 은퇴한 지금이라도 하면 된다. 아직 남은 생이 많기 때문이다.

제3기 인생혁명

5

꿈꾸고 가꿔야 할 날들

자신에게 강력하게 어필하는 은퇴 후의 비전을 정립하자.
비전 없는 은퇴 프로그램만으로는 실패할 가능성이 높다.

내일은 또 다른 태양이 뜬다

"Tomorrow is another day"

하늘을 자유롭게 나는 새들을 보라. 그들의 자유가 무엇을 말하는지 생각해보라. 여기저기 옮겨 다니면서 사는 그들의 생활방식이 흥미롭지 않은가. 우리가 시도해볼 수 있는 또 다른 삶의 형태일 것 같다. 마음을 열고 주위를 거닐면서 지금과는 다른 새로운 은퇴 후의 생활을 생각해보자. 아마 현역 시절과는 다른 새로운 삶의 목적을 발견할 수 있을 것이다. 단 몇 초 만에 가슴을 울렁거리는 비전을 만들어보자.

"Tomorrow is another day!"

영화 〈바람과 함께 사라지다〉의 마지막 명대사이자, 주인공이 절망적인 일에 맞닥뜨렸을 때마다 다짐했던 말이다. 이 영화는 마거릿 미첼이 1936년에 쓴 소설을 바탕으로 1939년에 개봉했다. 영화의 명대사처럼 은퇴 후에는 또 다른 은퇴 후의 태양이 분명히 뜰 것이다.

영국의 낭만주의 시인 퍼시 셸리는 '별을 동경하는 불나방의 열정'을 노래했다. 이성과 합리, 절대적인 것을 거부하고 자유로운 공상 세계를 동경하며, 감성과 상상력을 중시하는 낭만주의의 정서 속에서 미물에 불과한 불나방이 주제넘게 별을 동경한다. 별을 동경하는 불나방과 같이 낭만과 열정을 쫓아가는 것도 노년에 또 다른 태양을 맞이하는 것이 아닐까.

현역 시절에는 이성과 규범에 갇힌 직장생활을 할 수밖에 없더라도 은퇴 후에는 낭만을 즐길 여유가 생긴다. 나이 들어 좋은 점은 더 이상 누구의 눈치도 볼 필요 없다는 것 아니겠는가. 자기다운 일을 자기답게 하고, 자신의 영혼이 이끄는 삶을 살면서, 자신만의 차별화된 브랜드를 구축할 수 있다면 그것보다 좋은 은퇴가 또 있을까.

은퇴는 이전과 다른 새로운 삶을 살 수 있는 기회다. 자신의 아이디어에 따라 무궁무진한 선택지가 기다리고 있다. 새로운 비전과 계획이 있다면 은퇴는 당신을 멋진 인생으로 안내할 것이다.

미래를 비추는 비전을 켤 때

자신에게 강력하게 어필하는 은퇴 후의 비전을 정립하자. 비전 없는 단순한 은퇴 프로그램만으로는 실패할 가능성이 높다. 좋은 비전은 미래 만들기의 위험을 줄여준다. 그렇다면 좋은 비전이란 어떤 것일까? 비전은 상상할 수 있어야 한다. 은퇴 후에 내가 무엇을 하며 어떻게 살 것이라는 멋진 상상의 나래를 펼 수 있어야 한다. 비전은 실행할 수 있어야 한다. 허황된 꿈이 아닌 실제로 달성할 수 있는 목표여야 한다. 그리고 비전은 쉽게 이해할 수 있어야 한다. 내가 이해하고 남에게도 설명할 수 있어야 한다.

비전이 없으면 미래를 준비하는 데에 소극적일 수밖에 없다. 비전은 어떤 일에 동기를 부여하고 에너지를 제공한다. 즉, 비전이란 미래에 대한 그림으로 바람직한 미래를 찾아가기 위한 이정표 역할을 한다. 우스갯소리지만 미국의 대법관 홈즈의 일화는 비전이 무엇인지 잘 알려준다.

그는 자신의 기차표를 찾을 수 없었다. 승무원은 걱정하지 말고 나중에 표를 찾으면 우편으로 보내달라고 말했다. 하지만 그는 승무원에게 이렇게 말했다.

"고맙소. 하지만 기차표가 있어야 내가 어디까지 가서 내려야 할지 알 것 아니오."

은퇴는 패러다임의 전환을 요구하기도 한다. 생각의 틀, 가치의 기준 등 모든 것을 바꿔야 한다. 점진적인 전환이 아니라 처음부터 틀을 바꿔야 한다. 패러다임 전환이란 과학혁명의 구조에서 과학이 점진적으로 발전하는 것이 아니라 어느 순간 한꺼번에 발전한다는 것을 의미한다. 천동설에서 지동설로 단번에 바뀌듯이 말이다. 이처럼 은퇴 후에는 현직과는 전혀 다른 가치의 일을 하면서 살아야 한다. 비전이 없다면 어떻게 이 엄청난 변화를 감당할 수 있겠는가.

30년의 수명 보너스, 이것은 과거에 기대하지 못했던 뜻밖의 선물이다. 건강수명도 함께 늘어나 몸이 멀쩡한데 무슨 일이

든 하지 못하겠는가. 옛말에 '한 걸음 물러서면 하늘이 높고 땅이 넓은 것이 보인다'고 했다. 현재 위치에서 한 걸음 물러나 앞을 바라보면서, 흔들리지 않고 명확한 은퇴 후 30년의 비전이 필요하다.

은퇴는 삶의 궤적에서 큰 전환점이 된다. 은퇴로서 끝나는 것이 아니다. 은퇴는 인생의 한 단계 과정을 졸업하고 새로운 다음 단계로 진입하는 과정이라 할 수 있다. 잠깐의 여유를 즐긴 후 새로운 삶을 향해 앞으로 나아가야 한다. 새로운 비전을 품고 달려가야 한다.

프랑스의 철학자 데카르트는 "나는 생각한다. 고로 나는 존재한다"라고 했다. 진지하게 노년을 생각해보자. 더 이상 의심의 여지가 없을 때까지 생각하여 참된 노년의 존재 가치를 찾아보자. 그리고 어떻게 살아야 할지 행복한 노년의 비전을 정립하고 방법을 고민해보자. 성공적인 미래를 만드는 과정에는 많은 위험이 따른다. 그러나 미래를 위해 노력하지 않는 것에 비하면 훨씬 덜 위험하다. 은퇴와 함께 새로운 생명의 불꽃이 피어날 수 있다. 그 불꽃으로 태초에 우주가 생겨나듯이 지금과는 전혀 다른 세계가 열릴 수 있다.

비전은 가슴속에 절실한 이미지를 담고 있어야 한다.
비전은 나를 돋보이게 하는 차별화된 브랜드다.

나만의 비전으로 나를 춤추게 하라

당신이 갈망하는 그곳은 어디인가

전문 등산가들이 꼭 한 번은 오르고 싶어 하는 산이 있다. 높이 8,848미터로, 세계에서 가장 높은 에베레스트산이 그곳이다. 산의 정상 부근은 대기권 밖으로 솟아 있어 산소가 부족한 데다 세찬 바람까지 불어 사람이 견디기 힘든 죽음의 지대로 알려져 있다. 그런데 왜 많은 산악인들이 목숨을 걸고 이 산의 정상에 서려는 걸까?

에베레스트 등반에 처음 도전했던 영국 원정대의 조지 리 맬러리는 이 질문에 가장 멋진 정답을 제시했다.

"Because it is there!"

비록 3차 원정등반 도중 눈보라 속으로 사라졌지만 조지 리 맬러리에게는 에베레스트 자체가 삶의 비전이었다. 그래서 그는 "산이 거기 있으니까"라고 말했다.

우리를 두렵게 하는 것은 아무것도 할 수 없어서 무력해지는 것이다. 나이가 들어도 힘이 빠지지 않으려면 무엇을 해야 할까? 우리가 갈망하는 에베레스트는 진정 어디에 있는가? 원대한

꿈과 사명은 무엇인가? 모든 가능성과 모든 희망을 품고 있는 당신의 에베레스트, 당신의 비전은 무엇인가?

비전은 가슴속에 절실하게 바라는 이미지를 담고 있어야 한다. 감동이 없는 비전은 진정한 비전이 아니다. 마음을 이끌리게 하는 간절한 그 무엇이 없다면 좋은 비전일 수 없다. 진정 무엇을 갈망하고 있는가? 몰입의 땀으로 가득 채워야 할 일은 과연 무엇일까? 그것을 정립한 사람은 의도하지 않아도 비전으로 쉽게 나아갈 수 있다. 간절함 그 자체가 비전이다.

역사를 움직인 힘은 비전이다

1960년대 초 국민소득 100달러 이하로 가난했던 나라들 중에서 오늘날 3만 달러 수준의 경제발전을 이룩한 나라는 우리나라뿐이라고 한다. 무엇이 이런 결과를 만들어냈을까? '우리도 한번 잘 살아보자'는 절실한 비전이 있었기 때문이라 생각한다. 요즘의 젊은이들은 이해하기 어렵겠지만 증산, 수출, 건설이라는 기치 아래 근대화의 시대를 살아온 당시 세대들은 마음속에 이 비전을 새겼다. 이렇게 가슴 깊숙한 곳에서 우러나온 절실한 비전이 불가능을 가능으로 바꾸었다.

1960년대 초 미국의 우주 계획에 참여했던 사람들 모두의 비전은 '인간을 1960년대 말까지 달에 보내는 것'이었다. 이 비전은 많은 용기 있는 행동을 촉발시켰고, 마침내 1969년 7월 20일, 닐 암스트롱을 비롯한 아폴로 11호 승무원들이 달에 최초로 인간의 발자국을 남기는 소망을 이루었다.

이런 가슴 설레고 도전적인 비전을 갖게 된 배경에는 냉전시대에 자국의 과학기술의 우수성을 입증하고 이를 통해 체제의 우월성을 입증하려는 경쟁의 절박함이 있었다. 1960년대 초까지 우주탐사 경쟁은 구소련이 우위였다. 이런 상황에서 미국의 케네디 대통령은 1961년 의회 연설을 통해 "10년 안에 인간을 달에 착륙시켰다가 무사히 귀환시키겠다"고 선언했다.

1960년에 나온 영화 〈스파르타쿠스〉의 가장 감동적인 장면은 "내가 스파르타쿠스다"라는 부분이다. 정복자 크라수스가 말했다.

"너희는 노예였고 앞으로도 노예다. 그러나 너희를 십자가형에 처하지 않는 데에는 한 가지 조건이 있다. 너희 중에 스파르타쿠스가 누구인지, 그자 또는 그자의 시체를 지목하라. 그러면 나머지는 살려주겠다."

스파르타쿠스가 동료들을 살리기 위해 일어서려는 순간, 함께 로마와 싸웠던 동료 노예들이 너도나도 일어서며 외쳤다.

"내가 스파르타쿠스다!"

골짜기 가득 노예들의 인간 선언이 메아리치면서 정복자의 표정은 일그러진다. 노예로부터 해방된다는 절박한 바람이 죽음을 두렵지 않게 한 것이다. 비전이란 이런 절박한 바람이어야 한다.

나만의 차별화된 노년의 브랜드

비전은 나만의 차별화된 브랜드다. 사람들은 누구나 타고난 재능이 다르다. 나는 왜 네가 아니고 나이겠는가? 성철스님이 "산은 산이요, 물은 물이로다"라고 했다. 산은 산이어서 좋고, 물은 물이어서 좋다. 산은 산대로 높고 푸르러서, 물은 물대로 깊고 영롱해서 좋다. 자기 안에 있는 자신만의 독보적인 재능을 찾아 그것을 비전으로 연결시켜보자. 자신안에 숨어 있는 재능을 찾아내어 자유를 부여하자. 《채근담》에 나오는 '둥근 박 이야기'처럼 자신만의 차별화된 브랜드를 만들어 보는 것이다.

둥근 박은 보름달에게 왜 자신의 몸에서는 빛이 나지 않는지 물었다. 보름달은 누구나 타고난 재능이 다르다고 말해주었고, 그 말을 들은 박은 깊은 생각에 잠겼다. 훗날 보름달이 박을 찾아왔을 때, 박은 세상에서 제일 단단한 바가지가 되겠다고 말했다. 보름달은 세상 어느 누구도 할 수 없는 일이라며 무척 기뻐했다.

우주에는 아마도 나밖에 할 수 없는 그 무엇이 있지 않을까. 그것은 나만이 할 수 있다. 만약 내가 하지 않고 지나쳐버리면 더 이상 아무것도 되지 않는 그것은 무엇인가? 내가 그 마지막 가능성을 거머쥐고 있다면, 그것을 하지 않을 이유가 없지 않은가.

미국 시인 메리 올리버의 〈단 하나의 삶〉이란 시에서 '당신을 일깨워준 목소리'가 바로 나만의 차별화된 비전이 아닐까.

당신이 세상 속으로 걸어가는 동안
언제나 당신을 일깨워준 목소리.
당신이 할 수 있는 단 하나의 일이 무엇인지
당신이 살아야 할 단 하나의 삶이 무엇인지를.

나는 무엇을 잘하고, 무엇을 하려고 이 세상에 왔을까?
진정으로 내가 잘할 수 있고, 꼭 해야 할 일을 생각해보자.

비전은 어떻게 찾을 수 있는가

나를 찾아가는 길, 나를 만나는 길

은퇴와 함께 심각하게 찾아오는 것이 삶의 정체성 문제일 것이다. 수십 년 동안 다녔던 직장, 그리고 거기서 했던 일들이 과연 얼마나 가치 있는 것이었던가. 일해서 돈 벌고, 결혼해서 자식 낳아 키우고, 나이 먹고 죽는 것 말고 다른 가치 있는 것은 없을까? 이 인생에 뭔가 더 있다면 그것은 과연 무엇일까? 사실 은퇴 후 비전 찾기는 막연할 수 있다. 어떻게 하면 좋은 비전을 생각해낼 수 있을까? 비전 정립은 미래를 설계하는 일이지만 결국 자신을 돌아보는 것에서 출발한다. 나는 누구일까?

몇 년 전, 나는 꽤 유명한 기도처로 알려진 한 암자를 찾아간 적이 있었다. 그곳의 주지스님이 불생불멸의 '참나(본래 모습의 나)'를 말씀하셨는데, 그 이후로 알 듯 모를 듯한 '나'라는 것에 궁금증이 자꾸만 커졌다.

나의 몸과 마음, 그것은 변한다.
그러나 그것은 내 것이지 내가 아니다.
화낸 것은 내가 아니고 내 마음이다.
내 마음과 내 생각이 나로 행세한다.
본래의 나는 생기지 않았으니 없어지지도 않는다.

내 마음을 움직이는 본성은 무엇인가? 내가 진정으로 존중하고 사랑해야 할 참나는 어떤 사람인가? 억누를 수 없는 나의 천성은 무엇일까?

과연 나라는 존재는 무엇일까? 근원의 나, 본성에 대해 생각해보자. 나라는 존재는 무엇을 잘하고, 또 무엇을 하려고 이 세상에 왔을까? 진정으로 내가 잘할 수 있고, 또 내가 꼭 해야 할 일을 생각해보자. 남들이 하라는 일을 하고 남들이 하는 일을 따라 해서는 안 된다.

가장 가깝지만 가장 먼 사람, 나

아우렐리우스는 《명상록》에서 "너는 아직도 자신을 존중하지 않고 타인들의 영혼에서 행복을 찾는구나"라고 했다. 그는 "어째서 사람들은 어느 누구보다 자신을 사랑하면서도 자신에 관해서는 자신의 판단보다 남들의 판단을 더 평가하는지 모르겠다"고 말했다. 다른 사람을 의식해서, 다른 사람이 바라는 대로 살 것이 아니라 진정 내가 원하고 내가 잘하는 삶을 살아야 한다.

스토아 철학자인 세네카는 “집에서 가장 만나보기 어려운 사람은 다름 아닌 자기 자신”이라고 말했다. 나라는 존재는 가장 가까이 있으면서도 잘 볼 수 없다. 늘 보니까 자세히 보이지 않고, 자세히 보이지 않으니 보지 못한다. 거리를 두고 낯설게 보면 내가 누구인지 잘 볼 수 있을지도 모른다. 무심히 보면 보이지 않던 것들이 비로소 보일 수도 있다.

상상력과 마음의 눈으로 비전을 찾아보자. 생텍쥐페리가 쓴 〈어린 왕자〉에는 ‘사막이 아름다운 이유는 어딘가에 샘을 숨기고 있기 때문’이라는 글이 있다. 눈앞에 펼쳐진 황량한 모래언덕만 보고 있다면 결코 사막이 아름답다고 느끼지 못할 것이다. 마찬가지로 인생이 아름다운 이유도 어딘가에 살아야 할 가치를 숨기고 있기 때문일 것이다. 눈으로 보이지 않는 상상할 수 있는 그 무엇이 있기 때문에 세상은 더 아름답다. 숨겨진 그것은 무엇인가? 상상력으로 멋진 노년의 비전을 찾아내자.

세계적인 잡지 《리더스 다이제스트》는 1931년 발표한 헬렌 켈러의 〈사흘만 볼 수 있다면〉을 20세기 최고의 수필로 선정했다. 듣지도 못하고, 볼 수도 없으며, 말도 제대로 못하는 그녀는 감촉으로 수많은 것을 발견했다. 어느 날, 헬렌 켈러는 한참 동안 숲 속을 산책하고 돌아온 친구에게 무엇을 보았는지 물었다. 하지만 친구는 별로 특별한 것이 없었다고 대답했다. 헬렌 켈러는 그 친구의 말이 도무지 믿기지 않았다. 결국 그녀는 눈으로 볼 수 있다는 것이 오히려 얼마나 많은 것을 보지 못하게 하는지 깨달았다. 후반기 인생 비전은 헬렌 켈러가 말하는 감성과 마음의 눈으로 찾아가야 한다.

마음에서 우러나오고 마음이 시키는 일

이탈리아 피렌체에는 잘생긴 청년 다비드의 조각상이 있다. 크리스 와이드너의 《피렌체 특강》이라는 책에는 다비드 상에 숨겨진 흥미로운 이야기가 소개되어 있다.

미켈란젤로가 대리석을 조각하고 있을 때 마침 근처를 지나던 어린 소녀가 물었다.

"왜 그렇게 힘들게 돌을 두드리세요?"

미켈란젤로는 이렇게 말했다.

"꼬마야, 이 돌 안에는 천사가 들어 있단다. 나는 지금 잠자는 천사를 깨워 자유롭게 해주는 중이야."

미켈란젤로는 돌 안에 갇혀 있는 천사를 본 것이다. 차갑고 생명도 없는 대리석을 포근하고 감성이 풍부한 인간의 모습으로 경이롭게 조각한 것이 아니라 원래 대리석 안에 들어 있던 아름다운 인간의 모습이 그대로 드러나도록 필요 없는 돌 조각을 쪼아낸 것이다. 자신의 내면에 숨어 있는 위대한 잠재력을 찾아보자.

현역 시절의 직업이 가족 부양이라는 수단적인 가치에 중심을 두었다면, 은퇴 후에는 일 자체로서 즐거울 수 있는 본질적인 가치에 집중해야 노년의 삶이 풍성해진다. 진정으로 하고 싶은 일, 마음을 채울 수 있는 일, 세상에 가치를 보탤 수 있는 일을 찾아보자. 수단적인 가치가 되는 일들을 모두 걷어내고, 꼭 하고 싶은 일이나 가장 보람을 느낄 수 있는 일을 찾아내는 것. 이것이 은퇴 후 인생 비전을 정립하는 출발점이다.

잘못 설정된 비전은 해프닝으로 끝나지 않는다.
노년의 꿈이 무산되거나 세월까지 낭비한다.

비전이 헛꿈에 머물지 않게 하라

너무 큰 것을 꿈꾸지는 않는가

누가 그물로 물을 잡을 수 있겠는가. 그물은 물고기를 잡는 데에 쓰일 뿐이다. 물을 조금 잡으려면 바가지로 퍼서 물 항아리에 담고, 많은 물을 잡아 가두려면 댐을 만들어야 할 것이다. 잘못된 비전으로 은퇴기를 준비하려는 것은 그물로 물을 잡는 격이다. 잘못 설정된 비전은 현실에서 해프닝으로 끝나지 않는다. 그 비전이 내게 맞는지, 잘할 수 있는지에 대한 깊이 있는 검토가 필요하다. 잘못된 비전은 노년에 인생의 길을 어렵게 한다.

미국의 소설가 오 헨리의 단편소설 〈크리스마스 선물〉에서, 사랑하는 부부가 서로에게 선물을 사주기 위해 각자 자신이 아끼는 것을 판다. 여자는 머리칼을 팔아 남편을 위한 시곗줄을 사고, 남자는 시계를 팔아 아내에게 줄 머리 장식을 샀다. 그래서 서로를 위해 애써 준비한 선물은 쓸모 없어지고 말았다. 물론 이 작품에서는 가난한 부부가 진정한 크리스마스 선물을 받았다고 묘사한다. 하지만 현실은 해프닝으로 끝나지 않는다. 고심하고 제대로 준비하지 않으면 오래도록 준비한 비전이 은퇴 후에 쓸모 없어질 수도 있다.

그리스신화에서 미다스 왕은 지나친 욕심이 화를 부른다는 것을 일깨워준다. 미다스 왕은 술의 신 디오니소스의 아들을 구해준 대가로 소원 하나를 이룰 수 있게 되었다. 미다스 왕은 신에게 자신이 만지는 모든 것이 황금으로 변하게 해달라고 말했다. 소원은 즉시 이루어졌고, 이후 그가 만지는 모든 것이 황금으로 변했다. 하지만 행복은 잠시뿐이었다. 음식도, 술도, 그리고 사랑하는 딸도 모두 황금으로 변해버렸기 때문이다.

내가 절실히 바라는 그것을 찾아야

신화 속 이야기처럼 지나치게 욕심을 내다가는 결국 아무것도 할 수 없는 결과를 초래한다. 이것도 하고 저것도 하려는 욕심은 실패할 가능성을 높일 뿐이다. 가야 할 길이 많을수록 선택과 집중을 해야 하고, 나머지 것은 포기하거나 다음에 다시 시도해야 한다. 이를 위해서는 내 안에 무엇이 있으며, 내가 무엇을 가장 잘할 수 있는지를 주의 깊게 파악해야 한다. 설렘을 불러오는 내 마음의 북소리를 따라가야 한다. 자신의 삶을 바라볼 때 어디에 방점을 두고 살아가야 할지 진지하게 고민해야 하는 것이다.

한 사업가가 해변 마을을 거닐다 물고기를 손질하는 어부를 만났다. 사업가는 어부에게 좋은 솜씨를 가지고 있다면서 더 많은 일을 하고, 부를 축적하라고 권한다. 하지만 어부는 왜 그래야 하는지 도무지 이유를 찾을 수가 없었다. 두 사람의 대화가 한참 동안 이어지다가 결국 "15년만 더 일해서 부자가 되면 작은 해변에 그림 같은 별장을 짓고 노후를 만끽할 수 있다"고 사업가가 말했다. 어부는 잠시 생각에 잠겼다가 대답했다.

"충고 감사합니다. 그런데 죄송하지만 제 생각에는 제가 그 15년을 절약할 수 있을 것 같군요. 전 지금 있는 그대로 이렇게 살렵니다."

자신의 비전을 갖지 못하고 눈앞의 이익만 좇으면 이 사업가가 말하는 것처럼 의미 없이 시간만 허비할 수 있다. 돈을 벌어 세상에 가치를 보태는 것을 궁극적인 비전으로 한다면 나름대로 의미가 있을 것이다. 하지만 노년의 여유로움을 만끽하기 위해 돈을 벌겠다는 비전을 세웠다면 굳이 생고생을 할 필요 없다. 그냥 여유롭게 지내면 된다. 이런 비전은 잘못되었다. 설정이 잘못된 비전은 세월을 낭비하게 만든다. 그래서 자신이 추구하는 비전이 스스로 원하는 올바른 것인지 아니면 다른 사람의 현혹에 빠져 불필요한 노력을 하는 것은 아닌지 되짚어볼 필요가 있다.

이 길이 맞는지 의심하고 의심하라

멀리 바다가 내려다보이고 위로는 한라산이 펼쳐진 제주도의 골프장은 겉보기에는 아주 평화로워 보인다. 하지만 제주도에서 골프를 즐겨본 사람이라면 누구나 한라산 브레이크라는 착시현상이 도사리고 있다는 사실에 놀란다. 오르막이라고 생각하고 퍼트를 했는데 실제로는 내리막이고, 내리막으로 봤는데 오르막인 현상이 발생한다. 한라산 방향이면 내리막 같아도 무조건 오르막으로 봐야 하고, 바다 방향이면 오르막 같아도 무조건 내리막으로 봐야 하는 것에 적잖이 당황할 수밖에 없다.

이러한 한라산 브레이크는 일반적으로 마운틴 브레이크라고 부르는 현상이다. 제주도에서 목격할 수 있는 도깨비도로 혹은 신비의 도로 같은 착시현상이다. 이것은 차를 운전하는 사람이 5도 경사의 내리막길을 가다가 3도 기울기로 꺾이는 지점을 바라보면서 그 이후의 도로를 오르막길로 판단하는 착각의 결과다. 이러한 착시현상은 넓은 범위를 보지 않고 좁은 일부분만 보는 것에서 발생한다.

나는 제주생활 2년 반을 끝낼 때까지 결국 그린의 경사도를 읽는 데에 실패했다. 그만큼 우리의 시야는 좁다. 비전을 세울 때도 이런 좁은 시야와 안목을 경계해야 한다. 전체를 내다볼 수 있는 올바른 지향점을 비전으로 설정해야 한다. 지금 당장의 현실만 고려해서 노년을 볼 것이 아니라 인생 전체를 내다보면서 노년기의 비전을 설정해야 한다. 부분만 보고 무작정 달려간다면 부분착시 현상 때문에 결국 인생 2막에서 큰 사고를 당할 수도 있다.

의심하라. 당신이 설정한 노년의 꿈이 진정 당신을 행복하게 해줄 수 있는 것인지를 다시 한 번 의심하라. 비전은 허황된 것이 아니라 실용적이어야 한다.

멋있는 비전을 생각해냈다고 해서 그냥 달성될 리 없다.
비전으로 나아가기 위한 자기계발을 멈추지 말아야 한다.

꿈은 저절로 이루어지지 않는다

저절로 그처럼 되지 않았다

흔히 '꿈은 이루어진다. 믿는 대로 이루어진다'라고 말한다. 성취할 것에 대한 강한 믿음이 실제 현실로 나타난다는 자기 성취적 예언이다. 그러나 꿈은 저절로 이루어지지 않는다. 꿈은 품는 것만으로 이루어지는 것이 아니다. 그 꿈을 향해 다가가려는 노력과 실천이 있어야 이루어진다. 꿈은 미래를 향한 항해를 돕는 길잡이별에 불과하다.

미국의 소설가 나다니엘 호손의 단편소설 〈큰 바위 얼굴〉에는 꿈을 향해 정진하는 인물 어니스트가 등장한다.

어머니는 어린 어니스트에게 마을의 전설을 들려준다. 이 골짜기 마을에서 총명하고 위대한 인물이 될 아이가 태어나며, 그 아이는 어른이 되면서 점점 큰 바위 얼굴을 닮아가게 된다는 것이다. 어니스트는 자라면서 어머니의 말을 가슴에 새겼고, 열심히 자신의 삶을 개척해나갔다. 그 결과 그는 노년에 큰 바위 얼굴을 닮은 사람이 될 수 있었다.

어니스트가 큰 바위의 얼굴을 닮게 된 것은 강한 믿음만이 아니라 그 믿음과 함께 꿈을 향해가는 자기계발 노력이 있었기 때문이다. 그는 평생 동안 큰 바위 얼굴을 가슴속에 새기고 그 사람과 만나기를 항상 갈망하면서 정진했다. 그 결과 어니스트는 자신을 통해 큰 바위 얼굴을 만나는 비전을 이루었다.

멋있고 고상한 비전을 생각해냈다고 해서 그것이 그냥 달성될 리는 없다. 성공적인 노년을 위한 비전은 준비 없이는 이루어지지 않는다. 비전이라는 미지의 창을 향해 다가가는 데에 쓰일 에너지를 충전해야 한다. 비전 앞으로 나아가기 위한 자기계발을 꾸준히 해야 한다.

어디로 가고 어떻게 갈지 궁리해야

고대 그리스에서 천재 수학자로 불린 아르키메데스는 지렛대의 원리를 발견하고 “내게 충분히 긴 지렛대와 지렛목을 놓을 자리만 준다면 지구를 움직일 수도 있다”고 말했다. 여기서 지구를 움직이는 것이 목적이고 비전이라면 지렛대와 지렛목은 지구를 들어 올릴 수 있는 도구나 수단이다. 이 세상에서 도구나 수단 없이 할 수 있는 일은 별로 없다. 인간능력에 한계가 있기 때문이다.

그래서 한계를 극복하기 위한 도구나 수단을 개발해야 한다. 도구나 수단을 잘 개발한다면 불가능할 것 같은 비전을 달성하거나 가능한 비전을 더 효율적으로 달성할 수 있다. 도구나 수단에는 물질적인 것뿐 아니라 지식과 지혜 같은 정신적 · 지적 수단, 신뢰와 인간관계 같은 사회적인 수단도 있다. 달성하고자 하는 비전의 종류에 따라 적절한 도구나 수단을 개발해야 한다. 도구나 수단은 은퇴 후 비전 앞으로 나아가기 위한 변화 에너지이며, 이를 충분히 충전하는 것이 비전을 달성하기 위한 성공의 열쇠다.

파리가 하루에 100킬로미터를 날아갈 수 있겠는가? 아마 혼자 힘으로는 어림도 없을 것이다. 그러나 말 등에 붙어 가거나 열차나 비행기에 편승하면 충분히 가능할 것이다. 여기서 말, 열차, 비행기가 도구나 수단이다. 그리고 비전을 달성하기 위한 도구나 수단은 꾸준한 자기계발을 통해 만들어질 수 있다.

무엇을 딛고 일어설 것인가

이제 정립한 비전을 달성하기 위해 어떤 지렛대가 필요한지 생각해볼 필요가 있다. 이를 알기 위해서는 비전과 관련된 자신의 강점과 약점, 기회요인과 위험요인을 분석해야 한다. 지나온 삶과 현재의 삶을 점검해 자신이 가진 자원이 무엇이고, 나라는 존재는 무엇에 탁월한 능력을 소유하고 있는지 생각해보자. 내가 가진 자원과 재능의 한계가 무엇인지도 생각해야 한다. 그리고 그 비전을 달성하기 위해 자신을 둘러싸고 있는 환경 중에 무엇이 기회요인이고 위험요인인지 분석해보자.

이처럼 치밀하게 분석해본다면 의외로 비전과 현실 사이의 엄청난 괴리를 발견할 수 있을 것이다. 이러한 비전과 현실 사이의 괴리를 메우는 작업을 현직에 있을 때 차근차근히 해나가야 한다. 물질적, 지적, 사회적 에너지를 충분히 충전한다면 다가오는 은퇴가 무섭지 않을 것이다. 이때 비전과 현실 사이의 팽팽한 긴장관계를 유지하면서 준비해나가야 한다. 그래야 동력을 잃지 않고 은퇴 준비에 성공할 수 있다.

〈여우와 염소〉라는 이솝 우화가 있다. 우물에 빠진 여우는 근처를 지나던 염소에게 물맛이 좋다고 유혹했고, 염소는 앞으로 전개될 일을 전혀 생각하지 않고 우물 안으로 뛰어들었다. 결국 여우는 염소의 뿔을 이용해 우물 밖으로 빠져나왔고, 염소는 우물에 갇혀버리고 말았다.

이 이야기는 앞으로 전개될 상황을 생각하지 않고 무턱대고 뛰어들면 낭패를 볼 수 있다는 것을 알려준다. 무슨 일을 하더라도 철저한 준비와 상황 판단이 중요하다. 튼튼한 지렛대를 마련한 후 안전하게 은퇴로 뛰어들어야 한다.

너나없이 현직 생활에 골몰하다 보면 은퇴를 위한 자기계발은 뒷전으로 밀릴 수밖에 없다. 그러나 공짜로 주어지는 점심은 없다. 당장 급한 일하는 데에만 시간을 쓸 것이 아니라 미래를 위해서도 시간을 할애하자.

은퇴 후 비전을 달성하려면 충분한 변화에너지가 필요하다.
비전 속에서 열정을 갖고 변화에너지를 충전하자.

열정을 품고 에너지를 충전하자

우주로 가려면 중력을 이겨내야 하듯

우주선이 지구 중력을 넘어 우주로 나가려면 우주선을 밀고 있는 로켓이 엄청난 에너지를 분사해야 한다. 지구가 잡아당기는 힘을 벗어날 수 있는 강한 추진력을 얻어야 하기 때문이다. 마찬가지로 현직을 넘어 성공적인 은퇴생활로 접어드는 데에도 충분히 축적된 '변화에너지'가 필요하다. 그래야 우주선이 우주여행을 하듯이 마음속에 그려둔 비전을 향해 안전하게 다가갈 수 있다.

변화에너지를 축적하려면 충분히 긴 충전기간이 필요하다. 은퇴를 준비하는 것은 인생 반살이가 지날 무렵부터 시작하는 것이 좋다. 늦어도 퇴직 10년 내지 5년 전부터는 해야 하며, 그 시기는 빠를수록 좋다. 1차 직업을 오랫동안 준비했듯이 은퇴 준비도 스스로 충분한 기간을 갖고 진행해야 한다.

그런데 많은 은퇴자들이 퇴직에 가까워지고 나서야 뭔가를 준비하려고 한다. 퇴직이 임박해서 준비하려면 이미 늦다. 충분히 준비하지 않고 맞이하는 노년은 제대로 되는 것이 하나도 없다. 돈 벌어 생활에 보태는 것도, 여유를 즐기는 것도, 세상에 가치 있는 일을 하는 것도 엉망이 될 수 있다. 노는 것 하나도 배워야 잘 놀 수 있다. 하물며 가치 있는 비전을 실현하려면 미리 철저하게 배우고 준비하지 않으면 불가능할 것이다.

시작을 위해 변화에너지를 충전해야

은퇴를 준비하기 위한 자기계발을 하려면 미리 관심 분야의 정보를 얻고 재창조하는 학습도 필요하다. 연구모임에 가입하거나 학원 수강, 관련 학위 취득 등 자신이 세운 비전에 맞게 준비해야 한다. 자격증이 필요하다면 그것 역시 미리 준비해두어야 한다.

은퇴 후 전원생활을 꿈꾸는 사람이라면 먼저 근교에 텃밭이라도 일궈봐야 한다. 막연히 낭만만 쫓아가다 실패할 수 있기 때문이다. 귀농이 꿈이라면 미리 농기구를 다루는 방법을 익히거나 농사 지식을 학습해야 한다. 귀촌 역시 그렇다. 낯선 곳에 가서 새로운 공동체 생활에 잘 적응하고 협동하며 원만하게 살아가려면 미리 관련 지식의 습득과 마음의 준비가 필요하다. 그리고 과연 그런 곳에 가서 잘 살 수 있을지 단기체험 같은 적응 노력도 해야 한다. 인간은 로빈슨 크루소처럼 혼자서 살아갈 수는 없다.

은퇴를 중심에 두고 새로운 판을 짜야 한다. 이전과는 전혀 다른 공간에 놓일 것이며, 주변의 많은 것이 변할 것이다. 그러므로 새로운 영역을 확보하려는 노력이 필요하다. 내가 잘하는 영역으로 만들어 놓고 은퇴와 싸워 이겨야 한다. 이기는 판을 미리 만들어 놓고 싸우는 것이 현명한 전략이다.

한편 은퇴를 준비하기 위해 효과적으로 자기계발하려면 비전을 내재화해야 한다. 비전의 핵심 가치를 명확하게 이해하고 마음속 깊이 새겨야 한다. 비전 속에 빠져들어야 열정을 갖고 준비할 수 있다. 그러면 자신도 모르는 사이에 자신을 조종하는 힘이 생긴다. 비전은 내 안의 거대한 힘이 되어 자신과 세상을 조종한다.

가슴 깊이 품을수록 쉽게 이룰 수 있다

비전을 어떤 상징이나 이미지로 시각화할 필요도 있다. 글로 표현하려면 여러 페이지가 필요한 것을 그림은 단번에 보여준다. 상징적인 이미지는 뇌에서 매우 빠르게 처리될 뿐만 아니라 이렇게 처리된 이미지는 기억 속에 깊숙이 자리 잡기 때문에 그만큼 강력한 힘을 발휘한다. 또한 상징은 많은 경우에 우리의 동의 없이 우리에게 영향을 미치는데, 그것은 뇌가 여러 이미지를 끊임없이 잠재의식으로 혹은 자동적으로 처리하기 때문이다.

만약 은퇴하고 나서 세계를 누비는 여행 작가가 되는 비전을 세웠다면 가슴속에 세계지도 한 장을 간직해볼 수 있다. 항상 가슴 설레게 하는 여행작가의 꿈이 가슴으로부터 우러나와 자료수집, 어학 준비, 글쓰기 연습, 체력관리 등 관련 준비를 소홀히 하는 일이 없을 것이다. 아마추어 마라토너가 풀코스를 3시간 안에 완주하는 꿈을 가슴속에 깊이 새겼다면 숨이 차고 힘들다가도 몸이 가뿐해지는 러너스 하이를 느낄 수 있듯이, 마음속 깊이 내재된 비전은 준비 과정의 모든 괴로움을 잊게 한다.

짐 캐리는 영화배우의 꿈을 안고 미국으로 건너갔지만 너무나 가난했다. 어느 날 그는 '이대로 살 수 없다'며 할리우드에서 가장 높은 언덕으로 올라가 수표용지에 5년 후 출연료 1,000만 달러를 자신에게 지불하겠다고 서명했다. 그는 그 빈 수표를 지갑에 넣고 다녔다. 그리고 정확히 5년 후인 1995년, 그는 〈덤 앤 더머〉의 출연료 700만 달러, 그리고 〈배트맨〉의 출연료 1,000만 달러를 받을 수 있었다. 이처럼 가슴 속 깊이 내재된 비전은 어떤 어려움 앞에서도 포기하지 않고 성공으로 이끌어주는 힘이 된다.

일본 에도시대의 유학자 사토 이사이는 "장년에 배우면 노년에 쇠하지 않는다"고 했다. 뒤집으면 노년에 쇠락하지 않기 위해 장년에 배워야 한다는 뜻이 된다. 준비된 노년은 아름답고, 준비되지 않는 노년은 어렵다. 은퇴 후의 아름다운 비전을 준비하기 위해 늦기 전에 시작하자. 동물들은 과거와 현재에 갇혀 살지만 인간은 미래를 내다보고 산다고 하지 않는가.

아름다운 노년 만들기의 핵심은 비전이라는 화폭에
다양한 그림들을 미리 그려보는 것이다.

설레는 마음으로 나를 그려나가자

꿈꾸는 그것을 현실이 되게 하라

비전을 향한 자기계발은 다양한 경험을 토대로 이루어진다. 우리는 실제로 경험해보는 것, 그래서 몸으로 익히는 것이 얼마나 유용하고 중요한지 잘 알고 있다. 계속 생각하고 또 생각하면서 비전이라는 화폭에 새로운 그림을 그려보자. 논리가 아닌 직관으로 알 수 있을 때까지.

그 과정에 투자한 시간만큼 비전은 성숙할 것이다. 어린아이들만 그림을 그리는 것이 아니다. 어른들도 행복한 인생 2막을 생각하면서 멋진 그림을 그려나갈 수 있다. 그림이 구체적일수록 차츰 노후를 위한 자기계발이 완성될 것이다. 그림 그리기에 몰두하면 좌절과 상실감에 빠져들 여유도 생기지 않는다.

다양한 그림 그리기는 현재의 자신과 은퇴 후의 자신을 서로 연결해주는 작업이다. 하나의 그림을 그릴 때는 성급히 결과를 예측하려 들지 말자. 좋은 과정과 태도를 고민하는 것이 중요하다. 작업을 하다 보면 스스로 의문이 들 때가 있다. 그 의문을 풀지 못하더라도 그려나가자. 목적 없이 헤매는 것 같지만 시간이 지나면 나름의 방향으로 가고 있다는 확신을 갖게 된다.

인도 독립의 아버지로 불리는 마하트마 간디는 이렇게 말했다.

"참고 견디는 힘이 없다면 결코 인생의 승리자가 될 수 없다. 인내는 정신의 숨겨진 보배다. 그것을 활용할 줄 아는 사람이 현명한 사람이다."

내 안의 네오테니는 깨어 있는가

역경과 적당한 스트레스를 인내하면서 비전이라는 화폭을 채울 수 있는 과제들을 수행해나가자. 인생의 어느 시기든 중요하지 않은 순간이 없겠지만, 특히 노년을 준비하는 이 시기는 매우 중요하다. 어제가 오늘이고, 오늘이 내일이라는 식으로 반복되는 일상을 살다 보면 금방 은퇴가 다가온다. 아름다운 노년 만들기의 핵심은 비전이라는 화폭에 다양한 그림을 미리 그려보면서 하나하나 준비해나가는 것이다.

그림 그리기에는 즐거움과 호기심이 추진력이 된다. 인간은 영원히 살 수는 없지만 죽는 순간까지 재미있게 그리고 젊게 살 수는 있다. 자기 안의 어린아이, '네오테니'를 살린다면 말이다. 네오테니(Neoteny)는 어린아이의 특성을 성인이 되어서도 계속 간직하는 것을 뜻하는 생물학 용어다. 네오테니는 유희성, 독창성, 기쁨, 사랑, 낙천성, 웃음, 눈물, 노래, 춤, 경이감, 호기심 같은 특성을 더 키워나가는 방법을 알려준다. 또한 이런 특성을 평생 습관으로 삼아 나이 드는 것을 긍정하도록 만든다. 한마디로 네오테니는 젊게 나이 드는 일과 연결되어 있다.

네오테니의 교훈은 우리가 아이의 발달 수준에 계속 머물러야 한다는 것이 아니다. 그것은 사랑, 우정, 탐구심, 호기심, 유희성, 독창성, 유머감각, 동정심 등을 억누르지 말고 평생에 걸쳐 활용할 필요가 있다는 의미다.

우리 안에는 항상 기쁨과 호기심에 가득 차 있고, 자신을 가능성의 존재로 바라보며, 무엇이든 해보려는 생기 가득한 젊음의 유전자가 있다. 비전 앞으로 나아가기 위해 자기계발을 할 때 동력을 잃지 않으려면 우리 안에 있는 네오테니라는 젊음과 창조의 속성을 키워나가야 한다. 놀이와 웃음과 호기심을 잃은 채 재미없는 어른의 마음으로는 자기계발을 제대로 할 수 없다. 어설픈 개그라도 곁들이려는 마음이 자기계발에 큰 도움이 된다.

설레는 마음으로 한 발 더 나아가야

네오테니와 유사한 특성으로 고령화사회의 새로운 문화 키워드 '키덜트'가 있다. 키덜트(Kidult)는 어린이를 뜻하는 키드(Kid)와 성인을 뜻하는 어덜트(Adult)의 합성어로, 어른이 되었는데도 여전히 어렸을 때의 분위기와 감성을 간직한 성인을 일컫는다. 이들은 어린 시절에 경험했던 갖가지 향수를 여전히 잊지 못하고 그 경험을 다시 소비하고자 하는 특성을 갖고 있으며, 장난감이나 패션 등으로 이런 욕망을 적극적으로 충족시키고자 한다. 이러한 사회적 현상을 '피터팬증후군'이라고도 하는데, 이는 영원한 소년의 대표적인 캐릭터인 피터팬에서 유래했다.

'호기심은 모든 것을 정복한다'는 말이 있다. 그런데 사람들은 나이가 들수록 호기심이 줄어든다. 일상은 지루해지고 흘러넘치던 열정은 찾아보기 힘들어진다. 그 원인 중 하나는 익숙함이다. 익숙함을 털어내야 노년을 준비하기 위한 창조적인 자기계발이 가능해진다. 인생에서 최악의 상황은 피곤에 절어 어떤 것에도 흥미를 느끼지 못하는 상태다. 무엇을 해도 감흥이 나지 않고 어떤 것에도 관심이 없다면 다른 생각을 해봐야 한다.

툇마루에 비친 햇살을 방으로 가져오기 위해 빗자루를 들고 나가 쓸어 담으려고 했던 어린 시절을 떠올려보자. 젊은 시절 봄에 돋아나는 새싹을 보고 생명의 신비에 감탄했던 그때, 비를 흠뻑 맞으며 마냥 뛰어놀던 그때, 낙엽을 보고 슬픔에 눈물지었던 그때, 밤새 눈길을 걷다가 지쳐 걸음을 멈추었던 그때를 떠올려보자. 매순간 호기심을 갖고 즐기면서 노년을 준비하자. 설레는 마음으로 비전 앞으로 다가가기 위한 자기계발을 해나가자.

제3기 인생혁명

6

꿈을 가꾸는 동안 늘 청춘이다

자신의 특화된 전문성을 바탕으로 가교직업을 찾아 도전하면
실패 위험을 줄이는 것은 물론 보람도 찾을 수 있다.

점진적인 은퇴를 위한 가교

그럴듯한 자리보다 나를 찾는 일을

우리나라의 퇴직 형태를 보면 아직까지 대체로 완전근무에서 완전퇴직으로 바로 넘어가는 절벽시스템으로 되어 있다. 대부분의 직장인들은 강제퇴직 연령인 정년에 이르면 생애의 주된 일자리에서 물러나야 한다. 그래서 완전퇴직으로 넘어가기 전에 가교직업이 필요하다. 점진적으로 퇴직하는 것은 은퇴 충격을 줄이는 가장 효과적인 방법이다. 1차 직업이 끝난 뒤 가교직업으로 무엇을 할지, 어떤 일을 하고 싶은지 생각해보자.

다행히 오늘날 은퇴기에 접어드는 세대들은 자신들의 재능과 시간을 묻어두는 것을 원하지 않는다. 그러나 주로 현직에서와 비슷한 그럴듯한 일자리를 찾는다. 나이와 경력이 쌓이면 임금이 자동으로 올라가는 연공임금 체계에 오랫동안 젖어 있어서 보수가 줄어드는 것에도 쉽게 적응할 수 없다. 하지만 그런 일자리는 어디에도 없다. 생각을 바꿔야 한다. 보수가 반으로 줄어들

면 어떤가. 할 일이 있는 것이 더 중요하지 않은가. 줄어드는 임금은 연금으로 보충하고, 근로시간을 줄여 여가시간을 조금 더 가지면 될 일이다.

그렇다면 점진적인 퇴직을 위한 가교직업을 어디서 찾아야 할까?

우선 퇴직한 직장에서 계속 근무하는 방법이 있다. 현직에 있을 때 하던 일의 강도를 줄여 계속하거나 시간제로 할 수도 있다. 다행히 요즘 직장에서 임금피크제도나 정년 이후 재고용제도가 확산되고 있다. 전성기 때보다 일의 강도를 줄이고 그에 따라 임금도 줄어드는 고용 형태다. 치사하게 빌붙어 있기 싫다고 생각할 수도 있겠지만 그렇게 생각할 일이 아니다. 인생이 계속 앞으로만 달려갈 수는 없지 않은가. 자신만의 일이 있다면 봉급이 줄어들면 어떤가. 은퇴를 앞두고 있다면 조금씩 내려놓는 연습도 필요하다.

자신이 젊은 시절에 했던 1차 직업과 전혀 다른 일을 선택할 수도 있다. 대학 강의, 전문 분야 프로젝트 수행 등으로 자신의 삶을 완성해가는 것이다. 물론 이러한 활동은 은퇴 후에 갑자기 시작할 것이 아니라 현직 근무 중에 시간을 쪼개어 조금씩 해보는 것이 좋다. 퇴직하면 사회적 네트워크도 약해지고 세상의 정보를 수집하기도 어려워지기 때문이다.

비영리기관이나 사회적 기업에서 일하는 것도 바람직하다. 이것은 주로 은퇴 전에 성공한 사람들이 생각해볼 수 있는 좋은 은퇴 후 활동이다. 이 경우 경제적인 필요가 아니라 삶에 대한 새로운 도전이 은퇴 후 활동 재개의 동기가 될 것이다. 이들은 자신들이 터득한 노하우를 은퇴 후 사회 전체에 전파하면서 사회 발전에 커다란 공헌을 한다. 이 보이지 않는 힘은 경제의 생산성을 높여주고 사회가 발전하는 데에 매우 중요한 역할을 할 것이 분명하다.

나만의 전문성을 살리는 직업으로

은퇴 후 어디로 갈지 몰라 공허해진다면 목적과 비전 없이 그냥 살고 있는 것이다. 전 생애에 걸쳐 본인의 후생이 최대화되는 삶을 추구해야 한다. 젊어서만 열심히 일하고 나이 들어 그냥 노는 것은 바람직하지 않다. '이제 모든 것에서 벗어나고 싶다'라는 생각은 인생을 포기하게 하는 악마의 유혹이다. 주저앉을 때가 아니다. 일하지 않고 마냥 쉬는 은퇴 바이러스를 물리쳐야 건강한 삶을 살 수 있다. 일하는 노년, 그것이 가장 아름다운 은퇴다.

나는 40년 넘게 풀타임의 현역생활을 했지만 여전히 가교직업을 가지고 있다. 공공기관의 임원 출신으로 37년간 1차 현역 생활을 마치고 얻은 첫 번째 가교직업은 과거의 직무 분야와 연관되었다. 정부 부처의 전문임기제 공무원 자리였는데, 직급도 낮고 봉급은 은퇴 전의 절반에 불과했지만 가교직업으로서는 꽤 훌륭했다. 무엇보다 내 전문성을 계속 활용할 수 있는 것이 큰 보람이었다. 임용 면접 때 "젊은 과장 밑에서 일할 수 있겠느냐?"라는 면접관의 우려 섞인 질문이 있었지만 "최소한 내게는 문제가 되지 않는다"고 했다. 덧붙여 난처한 질문이 이어졌는데, "사무실의 다른 젊은 직원들이 나이 든 당신을 싫어할 것 같은데 어떻게 하겠느냐?"였다. 내 대답은 "내 할 일 따로 하고, 그 사람들이 부족한 것을 채워주고 도와주는데 싫어할 이유가 없다"고 답했다.

대학원에서 강의도 진행했는데, 금전적인 수입은 크지 않았지만 긴장과 흥미는 최고였다. 내 업무와 관련된 연구프로젝트도 수행했는데, 애착이 가서 그런지 많은 밤을 새기도 했다. 열심히 일하다 보니 운이 틔었는지 퇴직 후 9개월 만에 과거 재직했던 기관에 CEO로 다시 현역생활을 했다. 3년이 넘는 임기를 마치고 두 번째 퇴직을 한 지금은 1차 퇴직 때와 같은 풀타임의 직업은 없지만 하는 일이 있다. 대학원에서 강의하고, 은퇴나 연금에 관한 특강이나 세미나가 있으면 즐겁게 달려간다. 지금은 글쓰기에도 열심이다. 가능성은 낮겠지만 전문작가의 꿈을 꾸고 있다.

은퇴자가 일하려는 것은 욕심이 아니다. 지식의 사회환원이고 사회공헌이다. 자신의 특화된 전문성을 바탕으로 가교직업을 찾아 새로운 영역에 도전하면 은퇴 실패의 위험을 줄이고 보람도 찾을 수 있을 것이다.

"일하고 싶지만 일이 없다고?"

검색은 인터넷으로, 탐색은 모험심으로, 사색은 명상으로 해보면 어떨까.

은퇴한다고 중요한 사람이 하찮아지는 것은 아니다.
과거의 성취로부터 현재의 자신을 놓아주자.

마음이 바로 서야 은퇴 후가 보인다

"자신의 변화는 생각하지 않는다"

은퇴 변화관리에서는 재무적인 것도 중요하지만 심리적인 전환이 더 중요하다. 은퇴와 함께 이전의 삶에 이별을 통보하고 인생의 항로를 대폭 수정해야 한다. 은퇴한다고 세상이나 환경이 우호적인 태도로 바뀌지 않는다. 스스로 새로운 환경에 적응해야 한다. 만약 변화를 수용하지 않는다면 인생의 큰 암초에 부딪혀 침몰하고 말 것이다. 이와 관련된 이야기 하나를 소개한다.

전함이 악천후를 만나 바다에서 고립되었다. 안개가 짙었고 앞이 잘 보이지 않는 상황이었다. 이때 멀리서 불빛이 빠르게 접근해왔다. 함장은 건너편 배에 신호를 보내 기수를 돌리게 하라고 명령했다. 하지만 오히려 건너편 쪽에서 전함의 기수를 돌리라는 답신이 왔다. 상대편 병사의 무례한 반응에 함장은 기분이 상했고, 다시 한 번 기수를 돌릴 것을 명령했다. 하지만 건너편 병사는 다급해서 이렇게 외쳤다.

"함장님이 기수를 돌려 우회해야 충돌을 피할 수 있습니다. 저는 등대지기입니다!"

그 말을 들은 함장은 즉시 전함의 코스 변경을 지시했다. 만약 함장이 계속 고집을 부렸다면 등대와 충돌해 침몰했을 것이다.

톨스토이는 "사람들은 저마다 인간을 변화시킬 생각을 하지만, 정작 자신을 변화시키는 것은 생각하지 않는다"고 했다. 그만큼 변화를 통한 자기경영이 어렵다는 뜻이다. 자신이 스스로 생각을 바꿔야지 세상이 바뀌는 것이 아니라는 것은 누구나 알면서도 과거의 성공에 집착하는 사람들이 많다. 불교경전《화엄경》에서 "나무는 꽃을 버려야 열매를 맺고 강물은 강을 버려야 바다에 이른다"고 했다. 현역을 버리고 기꺼이 성공적인 노년을 맞이할 생각을 해야 한다. 겨울 내내 인내하면서 핀 고상한 목련꽃도 개화를 끝내면 미련 없이 떨어져야 한다. 계속 매달려 있으면 추해질 수밖에 없다.

어제를 기준으로 내일을 재지 마라

은퇴한다고 '중요한 인물'에서 '하찮은 인물'로 전락하는 것은 아니다. 과거의 성취로부터 자신을 놓아주자. 이제 직업인이 아닌 세상에 가치 있는 일을 하는 멋진 사람으로 마음을 새롭게 가져보자. 직업은 생계유지와 노후연금을 붓기 위해 하는 활동이고, 일은 하나의 가치를 세상에 보태는 것이다. 원효대사는 해골 속에 고여 있던 물을 마시고 '모든 것은 마음에 달렸다'는 것을 깨달았다. 아름다운 은퇴도 결국 자신의 마음먹기에 달렸다.

어제를 기준으로 내일을 재지 마라. 심리적인 전환은 과거의 실체와 정체성을 버리는 데에서 출발한다. 그런데 과거의 정체성을 버리는 것이 만만치 않다. 상당한 기간 동안 일관성 있게 유지해온 주관적인 경험을 모두 버려야 하기 때문이다. 아울러 다른 사람과의 관계에서 본질적인 특성을 지속적으로 공유하는 것도 버려야 하기 때문이다.

더구나 인간은 원래 변화에 익숙하지 않은 관성이라는 성향도 있어서 기존의 사고, 습관, 방법을 고수하려고 한다. 무엇보다 변화는 기존의 권한과 일을 없애버릴 수도 있기 때문에 고통과 아픔을 수반한다. 그래서 흔히 변화를 두려워한다. 또한 변화는 이벤트가 아니라 프로세스이기 때문에 시간을 요구하며, 미래에 대한 확신이 없으면 용기 있게 변화를 추구하기가 어렵다.

지난 일은 아름답지만 지난 일일 뿐

19세기 초, 프랑스의 곤충학자 파브르는 열 짓는 쐐기벌레의 행동을 연구한 바 있다. 파브르는 먼저 리더 역할을 하는 쐐기벌레를 꾀어 커다란 화분의 가장자리를 맴돌게 했다. 약 2, 3분 뒤 모든 하부 단위의 쐐기벌레들은 대열을 정비하고 우두머리의 뒤를 쫓아 화분을 빙글빙글 돌았다. 이 곤충들은 일말의 의심도 없이 우두머리의 뒤를 따르며 먹이를 향한 행군을 계속해나갔다. 그러나 정작 이들의 먹잇감은 바로 몇 인치 위에 달려 있었다. 놀랍게도 이 작은 행렬의 무의미한 행군은 며칠 동안 계속 이어졌고, 결국 탈진과 배고픔으로 인해 죽어나가기 시작했다.

은퇴라는 변화에도 불구하고 과거 현역 시절의 방법과 특성을 버리지 않고 맹목적으로 나아가면 열 짓는 쐐기벌레와 같이 고난에 처할 뿐이다.

예전에 일요일 한강 고수부지에서 혼자 마라톤을 즐기다가 열 짓는 쐐기벌레와 비슷한 사람을 목격한 적이 있다. 불광천을 따라 한강 고수부지까지 진출했다가 다시 불광천으로 접어들어 얼마를 달리고 있었을 때 한 사람이 계속 내 뒤를 따라왔다. 그렇게 한참을 달리다가 나를 조금 앞질러 나가던 그가 곧 뭔가 이상하다는 듯 주위를 살폈다. 그러고는 원망스러운 눈으로 나를 힐끗 쳐다본 후 고개를 숙인 채 오던 길을 되돌아갔다. 그 사람의 가슴에는 번호판이 붙어 있었다. 알고 보니 한강 고수부지에서 열린 마라톤대회에 참가했다가 그만 혼자 달리고 있는 내 뒤를 무심코 따라온 것이다.

은퇴했는데도 생각 없이 엉뚱한 길을 계속 달릴 작정인가? 힘든 역경 속에서 얻어낸 것들이니 그대로 간직하고 싶은 것인가? 그러나 《법화경》에서 비유하고 있듯이 뗏목을 이용해 이미 강을 건넜다면 그 뗏목은 필요 없다. 강을 건너 땅을 밟고 가면서도 예전에 소중했던 물건이라는 이유로 버리지 못하면 불편한 짐이 될 뿐이다.

퇴직 후 자신도 모르게 근무했던 직장까지 갔다가
발길을 돌리며 낙담한다면 정년공황을 의심하자.

혹시 정년공황에 빠져 있는가

'잘 나가던 나를 내려놓기 힘들다'

마음속에 도사리고 있는 현역 시절의 사회적 지위를 버리는 것은 몹시 어려운 일이다. 그래서 많은 사람들이 은퇴 후 종전의 지위와 자존심에 갇혀 집에서 뒹굴기도 한다. 하지만 은퇴와 함께 그 지위와 자존심도 함께 은퇴시키는 것이 현명한 자세다. 과거에 대한 집착은 새로운 전진을 가로막을 뿐이다.

현직이 국장이고 교장이었다고 해서 죽는 그날까지 국장과 교장 행세를 하면서 살 수는 없지 않은가. 현직의 모든 것을 내려놓으면 은퇴 후의 세상도 살 만하다. 자기만의 색깔과 향기로 사는 것은 얼마나 멋지고 신바람 나는 삶인가.

현직을 바탕으로 은퇴를 바라보면 안 된다. 은퇴는 또 다른 세상이다. 생각을 바꾸면 마음의 안정과 평화를 찾을 뿐만 아니라 무한한 자유와 즐거움도 느낄 수 있다. 세상을 보는 시각을 바꾸면 세상이 무한대로 넓어진다. 본래 자신의 색깔대로 살아보자. 현직의 장벽에 갇혀 그 색깔을 마음껏 표출하지 못한 채 살아가는 것은 얼마나 불행한 일인가. 부디 아집으로 아름다운 인생 후반을 망치지 말자. 유연하고 창조적인 사고가 그 어느 때보다 필요하다.

어떤 사람이 제주도로 여행을 갔다. 그런데 그를 맞이한 것은 여행 기간 내내 지독한 비바람뿐이었다. 그는 결국 여행을 취소하고 집으로 돌아왔다. 그 후로 그는 주변 사람들에게 제주도는 정말 갈 곳이 못 된다는 이야기를 늘어놓았다. 가족들이 아무리 제주도로 가자고 해도 그는 좀처럼 말을 듣지 않았다.

많은 세월이 흘러 그는 우연한 기회에 다시 한 번 제주도로 여행을 떠나게 되었다. 이번에는 날씨가 좋았고, 보이는 풍경 역시 숨 막히는 절경이었다. 그는 가족에게 편지를 보냈다.

"사랑하는 가족들아, 제주도는 정말 많이 변했단다."

제주도가 변하긴 뭐가 변했겠는가. 제주도의 날씨는 예나 지금이나 맑은 날보다 흐린 날이 많고 비와 바람도 심하다. 방문했던 시기의 날씨가 달랐던 것뿐이다.

그만둔 후에도 문득 그곳에 선 나

은퇴라는 변화는 빠르게 이루어지지만 내적인 심리 전환은 상대적으로 느리게 이루어진다. 겉으로는 적응하는 것 같지만 속으로는 새로움도 낡음도 아닌 상태에서 한동안 갈등한다. 끝내기와 새로운 시작의 중간 단계에서 불안이 커지고 동기부여는 감소한다. 때로는 방향감각을 잃고 회의감에 빠질 수도 있다.

'정년공황'이라는 말이 있다. 아침에 일어나 양복을 챙겨 입고 어디론가 향한다. 막상 어느 건물 앞에 다다라서야 이제 내가 올 곳이 아니라는 것을 알아채면서 발길을 돌린다. 이렇게 무심코 전에 근무했던 직장까지 갔다가 발길을 돌리며 낙담한다면 정년공황이 온 것이다. 바쁘게 움직이는 군중 속에서 문득 내가 왜 이 시간에 여기에 있어야 하는지 의문에 휩싸이면서 당혹해 한다. 퇴직 후 대인관계를 기피하면서 외부 출입을 중단하며 자폐증에 가까운 증세를 보이기도 한다.

오직 직장생활만이 삶의 전부인 양 충실했던 사람, 퇴근시간 이후에도 직장을 떠나는 것이 쉽지 않았거나 휴일까지 반납하고 오로지 일에만 몰입했던 사람일수록 더 큰 정신적인 좌절에 빠진다. 일하는 것은 미덕이고 일하지 않는 것은 나태로 여겨지던 시절을 경험한 세대들 역시 큰 상처를 입는다. 이제 사회나 가정에서 필요 없는 존재가 되었다는 무기력과 자괴감에 휩싸여 우울증이 지속되기도 한다.

어떤 이들은 은퇴 직후 각종 통증과 식욕감퇴, 불면 등의 신체적인 증상이 나타나고 불안, 초조, 우울 등 심리적인 증상이 나타나기도 한다. 퇴직 후 1년 사이에 갑자기 머리칼이 하얗게 세면서 늙고, 심한 경우에는 모든 것에 의욕을 상실하고 결국 건강까지 잃는 경우도 있다. 이렇게 되면 수십 년간 부어온 기여금에도 불구하고 한꺼번에 연금이 모두 날아가버린다. 경제적인 준비 못지않게 마음의 준비가 중요한 이유다.

조금 고통스럽더라도 중간 단계는 원하는 것을 얻기 위한 가장 창조적인 단계일 수 있다. 중간 단계는 위기인 동시에 기회의 단계이며 전환의 핵심이다. 그래서 안정적인 은퇴기로 접어들려면 심리적인 전환의 중간 단계를 잘 관리해야 한다. 고치를 엮지 않는 애벌레는 나비가 될 수 없듯이 긍정적으로 변화 과정을 수용하지 않으면 성공적인 은퇴를 맞이할 수 없다.

은퇴와 함께 좌절을 겪으면서 분노할 수도 있지만, 사실 적절하게 관리된 좌절 이후의 분노는 새 출발을 위한 에너지가 될 수 있다. 분노는 자신에게 주어진 환경에 적응하려는 자연스러운 반응이고, 자신을 보호하고 유지하기 위한 정서적인 반응이다. 그러므로 섣불리 분노를 표출하지 말고 적절하게 조절하는 것이 중요하다.

그러나 화가 나는데도 겉으로 화를 내지 않는 사람은 속병이 생긴다. 분노는 우주에 발산하라. 그리고 한동안 마음이 말해줄 때까지 기다려보자.

극지에 사는 이누이트족은 분노를 현명하게 다스린다고 한다. 화가 치밀어 오르면 하던 일을 멈추고 분노의 감정이 가라앉을 때까지 무작정 걷는다고 한다. 충분히 멀리 왔다 싶으면 그 자리에 긴 막대기 하나를 꼽아두고 온다. 누군가에게 상처 입힐 뜨거운 감정을 그곳에 남겨두고 돌아오는 것이다.

옛날 화려했어도 은퇴 후 명함에는 옛 직함 쓰지 말자.
미래를 응시해야만 자기 삶의 주인공이 될 수 있다.

은퇴 후 명함에 옛 직함을 쓰지 마라

"지혜로운 사람은 담아 놓지 않는다"

현직이 화려했던 사람일수록 은퇴한 뒤 명함에 '전(前)'이라고 표시된 과거 직함을 써 넣는 경우가 많다. 하지만 그것이 무슨 소용인가. 내재된 지위의식과 자존심을 버리고 의미 있는 일을 한다는 차원에서 새로운 현직을 써 넣는 것이 더 중요하다. 돌아갈 수 없는 과거는 과거인 채로 잊어야 한다. 그런 뒤에 미래를 응시해야 스스로 자기 삶의 주인공이 될 수 있다.

철학자 니체는 "지혜로운 사람은 무엇이든 마음에 담아 놓지 않는다"고 했다. 봄이 오려면 그전에 가을과 겨울이 지나가야 하듯이 새로운 것을 시작하려면 옛것에 안녕이라고 말해야 한다. 어제를 버리지 않고 내일을 창조할 수 없다.

미얀마의 원주민들은 아주 간단한 덫으로 원숭이를 잡는다. 코코넛에 작은 구멍을 뚫고 바나나를 넣어둔 뒤 나무 밑동에 묶어 놓는다. 원숭이는 바나나를 잡으려고 구멍 안으로 손을 넣지만 바나나를 쥔 상태로는 손을 뺄 수가 없다. 원숭이는 자신의 손아귀에 들어온 바나나를 포기하지 못하고 결국 사람들에게 잡히고 만다. 은퇴 후에도 현직에 집착하는 사람은 바나나에 집착해 덫에서 빠져나오지 못하는 원숭이와 다를 바 없다.

흔히 현실이 못마땅하고 생각만큼 풀리지 않을 때 "왕년에 내가"라고 회상하며 입맛을 다신다. 팍팍한 현실에 주저앉기가 두려워 추억의 끈이라도 붙잡고 마음을 추스르곤 한다. 그렇다고 해서 추억만으로 현실을 살아갈 수 있는 것은 아니지 않는가.

언제까지 '왕년의 나'로 살 것인가

"내가 왕년에 직원 한 2천 명 거느린 기관장이었거든. 그땐 대단했지. 모두들 내 앞에선 꼼짝 못 했거든."

"내가 왕년에 레스토랑 사장할 때 손님들이 버스 줄보다 더 길게 기다렸지. 돈 엄청 벌었어. 지금은 다 날아 가버렸지만 말이야."

"내가 왕년에 학교 교장을 했을 때 아이들이 참 많이 따랐지. 지금 그놈들이 다 잘 자라서 장관, 회장을 하고 있어."

그러는 당신은 지금 어떤 모습인가? 예전보다는 지금이 중요하지 않는가. 예전에 아무리 영광을 누렸더라도 지금 아무것도 없다면 별 볼일 없는 사람 아닌가. 화려했던 옛날이야기를 한다고 누가 알아주는가. 은퇴 후 직함이 남들 보기에 하찮은 것 같아도 내게 소중한 것이면 충분하다. 아니, 오히려 그것이 더 멋있다. 은퇴 후 명함에 새로운 직함을 새겨 넣어보자. 은퇴 후 직함은 스스로 붙이면 된다.

돼지농장 주인, 펜션지기, 도시민박집 주인, 정치평론가, 경제평론가, 한식요리 전문가, 전통음식 연구가, 숲해설가, 교통안전지킴이, 조각가, 커플매니저, 문화해설사, 사회체육지도자, 시인, 소설가, 영어교육지도사, 자원봉사 리더, 별 연구가, 동화작가, 동화구연가, 사진작가, 신지식인, 전통무예가, 창업컨설턴트, 상품스토리텔러, 학습장애지도사, 은퇴이주컨설턴트, 문화교류코디네이터, 노래강사…….

은퇴 후에 어떻게 살겠다는 '꿈명함'도 괜찮다. 자신의 두 번째 삶에 보내는 일종의 자기소개서다. 회사이름과 직위가 없는 대신 어떻게 살겠다는 다짐, 의지, 소망을 적는다. '시 쓰는 ○○○', '지금은 소음, 내일은 화음 기타리스트 ○○○', 'Mr. 귀농귀촌 ○○○'과 같이 구체적인 꿈을 담는다.

은퇴 후의 명함이 진짜 명함이다

나는 은퇴 후 지금까지 두 가지 명함을 만들었다. 1차 은퇴 후의 명함에는 '은퇴연금전문가'라고 나를 표현했다. 은퇴연금전문가는 내 스스로 작명해서 붙였다. 조금 쑥스러웠지만 명함을 건네받는 사람들은 거부감이 없었다. 물론 '전 ○○'와 같은 과거 현역 시절의 직책은 넣지 않았다.

2차 은퇴 후에는 색다른 명함을 만들었다. 일종의 꿈명함이다. 앞면에는 'Go쟁이 ○○○'이라고 소개하고 사진을 넣었다. 하단에 전화번호와 이메일, 블로그 주소를 넣었다. 'Go쟁이'가

뭐냐고 물을 것 같아서 뒷면에 'Go쟁이— 놀고, 쉬고, 일하고. 가슴 뛰는 인생은 Go쟁이가 만든다'라고 설명을 붙였다. 어떤 일을 하는 사람이라는 것을 표현하고 싶기도 했지만 궁금하면 블로그를 보시라고 약간 배짱을 부렸다. 이런 종류의 명함을 처음 접하는 이들이 대부분이라 신기해하기도 하고 겉치레 인사인지는 몰라도 좋다고 하는 사람도 있었다.

아무리 과거가 화려했어도 은퇴 후 명함에는 옛 직함을 절대 쓰지 말자. '노인과 나리꽃' 이야기는 지금 살고 있는 이 순간이 참으로 소중하다는 메시지를 전한다.

한 노인이 노래를 흥얼거리며 산길을 가고 있었다. 산길에 있던 나리꽃은 이상한 생각이 들었다.

'저 할아버지는 죽음을 앞두고 뭐가 저렇게 즐거울까?'

나리꽃은 노인을 멈춰 세우고 자신의 고민을 털어놓았다.

"할아버지는 뭐가 그리 즐거우세요? 저는 이제 곧 시들어버릴 것을 생각하면 슬프기만 하거든요."

노인은 웃으며 말했다.

"나리꽃아, 너무 슬퍼하지 마라. 나도 머지않아 이 세상을 떠나겠지. 하지만 우리에게 가장 소중한 것은 바로 지금 이 순간이야. 이미 지나가버린 과거나 아직 오지도 않은 미래 때문에 오늘을 망칠 순 없지 않겠니?"

이 시대에 살면서 동시대의 모든 것을 외면하고 살 수 없다.
세상의 변화를 읽고 그 변화에 적응해나가야 한다.

변화하는 세상과 함께하고 있는가

변화는 선택이 아니라 필수인 시대

경제적, 심리적인 장애물을 성공적으로 제거했더라도 은퇴 후 비전을 향해 나아가려면 하나의 장애물을 더 극복해야 한다. 그것은 급격한 세상의 변화다. 이 시대에 살면서 동시대의 모든 것을 외면하고 살 수는 없다. 그래서 세상의 변화를 읽고 그 변화에 적응해나가기 위해 노력해야 한다.

요즘 세상의 변화는 메가트렌드, 즉 거대한 시대적 조류라 할 수 있다. 글로벌 기업들의 몰락, 계속되는 산업 재편, 새로운 기술로 인한 파괴적 혁신의 일상화 등 거대한 변화의 중심에서 한 번 실패하면 다시 재기할 수 없는 상태에 빠져버릴 수도 있다. 날로 팽창하는 지식을 시시각각으로 습득하고 새롭게 출현하는 사회가치를 창조적으로 수용하기란 어려운 일이다. 그러나 세상의 변화를 읽고 어떻게든 적응해나갈 수밖에 없다. 변화에 대한 적응은 기본이고, 변화를 통한 성장과 차별화된 경쟁가치를 마련해야 한다.

나태한 합의에서 비롯된 관성은 세상의 변화를 외면하게 한다. 베르나르 베르베르의 소설 《나무》 중 〈달착지근한 전체주의〉라는 단편에는 이런 글이 있다.

"오늘날은 옛날에 조지 오웰이 예측했던 전체주의사회가 아니라고 하면서도 모두가 똑같은 방식으로 생각하는 잘못을 저지르고 다음 세대가 그 잘못을 또 증명한다."

'황당한 치타'에 머물지 마라

그러나 세상의 변화를 읽고 대처하는 것이 만만치 않다. 엄청난 변화의 진폭과 속도 때문이다. 이 시대의 변화는 인구통계적인 변화이고, 정치와 경제 그리고 사회의 변화이며, 철학과 세계관의 변화다. 이런 변화의 한복판에서 내일은 어제와 같을 것이라거나 단지 조금 더 다를 것으로 생각한다면 그것은 허황된 예측이다. 변화의 속도 역시 따라잡기 어려울 정도로 빠르다.

한 북극 탐험가가 북극점이 7킬로미터 남은 지점에서 출발해 8시간을 걸었지만 여전히 7킬로미터가 남아 있었다고 한다. 걷는 속도만큼이나 유빙이 반대로 떠내려갔기 때문이다. 탐험가가 목적지인 북극점에 도달하려면 유빙의 속도보다 더 빨리 걸어야 했다. 마찬가지로 변화에 적응하려면 최소한 세상의 변화에 속도를 맞추거나 더 빨리 움직여야 한다.

'황당한 치타' 이야기는 현대사회가 갈수록 경쟁사회로 바뀐다는 것을 말해준다.

치타가 나무 옆에서 입맛만 다시고 있어도 사슴이 제 발로 달려와 나무에 부딪혀 죽는 시절이 있었다. 굳이 머리를 써가면서 사냥하지 않아도 먹을 것이 생겼던 치타의 호시절이다. 그러다가 어느 순간 인간이라는 경쟁 상대가 나타나 치타의 먹잇감을 낚아채 간다. 치열한 무한경쟁이 펼쳐진다. 설상가상으로 치타를 잡아먹으려는 엽기적인 하마가 등장한다. 치타는 이 모든 변화를 거부하는 행동을 취해보지만 이미 엄연한 현실로 펼쳐지고 있다.

계속해서 과거의 성공이나 관행적인 사고에 머무르며 하마의 먹잇감으로 전락할 수는 없지 않겠는가. 지금, 그리고 앞으로 닥칠 실상을 있는 그대로 받아들이고 이전과는 판이하게 다른 사고방식으로 생존을 추구해야 한다. 이런 상황에서 성공할 가능성이 있는 유일한 방법은 미래를 만들려고 노력하는 것이다. 미래를 만들기 위해 노력하는 데에는 많은 위험이 따른다. 그러나 미래를 만들려고 노력하지 않는 것에 비하면 훨씬 덜 위험하다.

변화를 외면하지 말고 함께 변화해야

한편, 세상 돌아가는 것을 골치 아프게 살피면서 따라가지 않고 편하게 사는 방법도 있다. '나는 자연인이다'라면서 말이다. 젊은 시절이면 몰라도 은퇴 후에까지 굳이 이렇게 힘들게 살 필요가 있을까라는 생각도 든다. 그렇지만 살아보면 세상의 변화를 따라가지 않고 사는 편이 훨씬 더 불편하다는 것을 느낄 것이다. 뒤쳐져서 홀로 소외감도 느낄 것이다. 성가시더라도 삶을 불편하고 외롭게 만드는 변화 장애물을 제거하면서 사는 것이 좋다.

그렇다면 어떻게 세상의 변화를 알아채고 변화에 적응하면서 미래를 만들어갈 수 있을까? 우선 세상을 있는 그대로 보도록 노력해야 한다. 그래야 변화를 알아채기 쉽다.

"우리는 세상을 있는 그대로 보지 않고 우리의 의도대로 본다."

로마의 황제이자 철학자였던 마르쿠스 아우렐리우스의 말이다. 나이 들수록 사람들은 세상을 있는 그대로 바라보는 것이 아니라 자기가 원하는 대로 보려 한다. 모든 것에 확신에 차 있어 그런가. 원하는 세상만 바라보고 있으니 세상 돌아가는 것을 알 수 없다. 고집불통은 노년을 살아가는 데에 도움이 안 된다.

그리고 '탈진증후군'과 '귀차니즘'에서 벗어나야 변화에 적응하면서 미래를 만들 수 있다. 대부분의 사람들은 젊은 시절에 힘든 세상을 살면서 탈진한다. 그래서 인생 후반에는 더 이상 이것저것 살피면서 살 힘이 없다. 그러나 어쩌겠는가. 은퇴 후 30~40년이나 남았으니 다시 힘을 내야 한다. 나이 들어 세상 모든 일이 귀찮게 느껴질 수도 있지만 이래서도 안 된다.

이 세상에 살면서 세상의 변화를 외면하면서 살 수 없다. 어영부영 보낸 시간은 누군가에게는 그렇게도 갈망하던 시간이었다. 어찌 헛되이 노년을 보내려 하는가.

후반전, 연장전. 살아 있다면 늘 새롭게 시작할 수 있다.
인생의 시간은 그 어느 시간이든 소중하고 평등하다.

은퇴는 멈춤이 아니라 새로운 비상

"우리 안에 위대한 갈매기가 있어"

은퇴는 새로운 비상이다. 이제야말로 진정한 자신의 모습, 진짜 나를 찾을 수 있는 기회를 얻었다. 꿈의 미래를 찾아 도전을 시작하자. 확 뚫린 자유의 공간, 그것이 주는 느낌이 대단할 것 같지 않은가. 비행사이자 작가인 리처드 바크의 《갈매기의 꿈》은 여전히 우리 가슴 속에 짙은 여운으로 남아 있다.

갈매기에게 중요한 것은 먹는 일이었다. 그러나 갈매기 조나단 리빙스턴에게 중요한 것은 먹는 일보다 나는 일이었다. 더 높이, 더 멀리, 더 빠르게 하늘을 자유롭게 나는 것이었다. 조나단은 오랜 수련 끝에 자신이 원래 완벽하고 무한한 존재였음을 깨닫는다.

"우리 모두는 우리 안에 위대한 갈매기를 가지고 있어. 어떠한 걸림돌도 없는 자유를 말이지."

은퇴! 이제 진정한 우리 자신으로 돌아갈 자유를 얻었다. 본래의 나답게 행동할 수 있는 자유를 말이다. 어떤 것도 방해할 수 없다. 진정한 삶을 향한 껍질 깨기를 시작하자. 우리는 위대한 가능성을 자신의 내면에 간직하고 있다. 비행기가 공항의 출발선에서 모든 에너지를 쏟아내면서 이륙하듯이 온 힘으로 인생 2막을 향해 날아오르자. 인생시계 따위는 이제 필요 없다. 후반전, 연장전, 또 연장전. 살아 있다면 늘 새롭게 시작할 수 있는 것 아닌가. 인생의 시간은 그 어느 시간이든 소중하고 평등하다.

낯설지만 희망과 설렘이 있는 시작

은퇴의 시작은 꽃이 자연의 과정 중에 피어나듯이 인생의 과정 중에서 이루어진다. 그것은 아무것도 존재하지 않은 무에서 출발하는 것이 아니다. 현직의 다양한 경험과 지혜를 바탕으로 새로운 가능성을 향해 희망의 나래를 펼치는 것이다. 과거는 미래를 가두는 감옥이 아니다. 과거에 갇히지 말고 과거를 딛고 미래로 일어나보자.

인생은 언제나 커다란 외침으로 새로운 시작을 알린다. 태어날 때 큰 외침으로 이 세상에 왔듯이 은퇴할 때도 큰 외침으로 새 무대에 등장하자. 고대 그리스에서 전투가 벌어졌을 때 병사들은 '할라라'라는 함성을 지르면서 적을 공격했다고 한다. 성공적인 은퇴를 향한 새로운 출발도 힘찬 함성으로 시작해보자.

시작은 낯설다. 그래서 사람들은 그것을 두려워한다. 시작은 희망과 설렘이다. 그래서 사람들은 그것을 기대한다. 시작은 가능성의 출발점이다. 그래서 사람들은 그것에 호기심을 가진다.

시작은 새로운 약속이다. 그래서 사람들은 그것을 힘겨워한다. 시작은 새로운 환경과의 만남이다. 그래서 그것은 새로운 유형의 인간을 요구한다. 시작은 낯설지만 나를 돋보이게 한다.

이렇듯 시작은 언제나 복잡한 감정을 불러온다. 하지만 당신은 은퇴 후의 비전을 정립했고, 그 비전 앞으로 나아가기 위한 자기계발도 마쳤으며, 비전을 가로막는 장벽도 제거했다. 새로운 출발에 대한 공포는 더 이상 가질 필요가 없다. 내 안에서 불어오는 기분 좋은 설렘을 따라 인생을 서핑하기만 하면 된다.

바다에서 윈드서핑을 할 때는 파도를 헤치는 것이 아니라 파도를 타야 한다. 파도에 몸을 맡기는 것이다. 솟구치면 솟구치는 대로, 내리꽂히면 꽂히는 대로, 억지로 하지 않고 순리에 맡기면 된다. 은퇴 이후의 삶도 하고 싶은 대로 해보자. 조건과 이유 없이 가장 순수하게 좋은 것을 따라가기만 하면 된다.

외면하고 싶어도 외면하지 말아야

내면에서 올라오는 비전의 소리에 귀를 기울이고, 그 비전을 몰입의 땀으로 가득 채워가기만 하면 된다. 과거를 잊고 미래로 나아가기만 하면 된다. 현재가 시들하고 미래에 대한 비전이 없을 때 흔히 지난날을 이야기한다. 시원하게 받아들일 것은 받아들이고 인정할 것은 인정해야 한다. 그런 후에야 은퇴 앞으로 나아갈 수 있다.

낙지 한 마리가 갯벌을 기어가고 있었다. 누군가 막대기로 낙지의 대가리를 내려쳤다. 정신이 아찔해진 낙지는 발끈하며 다리로 막대기를 움켜쥐고 놓아주지 않았다. 결국 낙지는 멀리 도망가지 못한 채 잡히고 말았다. 사람들도 현직 생활을 하다 은퇴하면 마치 막대기로 뒤통수를 한 대 얻어맞은 기분이 들 것이다. 그럴 때 이럴 수는 없다며 화만 내고 있을 것인가. 막대기는 잡고 있으면 무겁기만 할 뿐이다. 던져버리고 나면 그 무거움은 사라진다. 놓아라. 그리고 희망과 설렘을 따라가라.

은퇴하고 나면 현직의 상황과는 다른 새로운 환경과 마주친다. 특히 현직에 있을 때는 많은 일을 아랫사람이나 동료들이 해주었지만 퇴직 후에는 모든 일을 본인이 스스로 해야 한다. 그래서 일상의 일들을 새롭게 배우면서 살아가는 법을 익힐 필요가 있다. 관점과 방법을 바꿔야 한다.

은퇴 후에는 의존할 곳이 없어지니 당연히 독립해야 한다. 독립하지 않아 발생하는 손해는 결국 자기 자신이 모두 책임질 수밖에 없다. 《탈무드》에 "돌멩이가 항아리 위에 떨어지든, 항아리가 돌멩이 위에 떨어지든 어쨌거나 모두 항아리의 불행"이라는 말이 있다. 결국 스스로 은퇴했든 은퇴가 갑자기 찾아왔든 그로 인해 발생하는 모든 문제는 스스로 해결해야 한다.

출발점에서 부정적인 감정에 사로잡힐 이유가 없다.
긍정 마인드로 작은 성공 스토리를 만들면서 달려 나가자.

새로운 날들을 위하여 딛는 걸음

'이게 안 되면 어떻게 하지'

꿈의 미래를 찾아 도전할 때는 실패를 떠올리지 말고 항상 성공하는 것에 집중해야 한다. 모든 것이 잘될 것이라고 생각해야 현실도 긍정적인 방향으로 풀려나간다. 어딘가에 문제가 있을 거라는 불안한 생각을 가지면 결코 비전을 향해 나아갈 수 없다. 부정적인 생각은 언제나 부정적인 결과를 가져온다. 이것을 '머피의 법칙'이라고 한다. 잘못될 가능성이 있다고 생각하는 일은 반드시 잘못되는 것처럼 인식하는 성향을 의미한다.

반대로 '할 수 있다'는 신념은 긍정적인 결과로 이어진다. 다윗은 어떻게 골리앗을 이겼을까? 다윗은 '믿음이 가장 값진 무기'라는 생각으로 골리앗에 맞서 싸웠고, 결국 승리할 수 있었다. 다윗의 믿음이 칼이나 방패보다 강했다. 믿음을 갖고 은퇴를 맞이하자. 믿음으로 이기지 못하는 것은 없다.

은퇴라는 절망의 절벽에서 나락으로 떨어지는 꿈을 꾸는가?

'만약에', '혹시'라는 부정적인 생각이 순간순간 찾아와 얼어붙게 하는가? 그렇다면 자신의 비전에 대한 믿음이 없다는 증거다. 비전에 대한 믿음이 이러한 부정적인 생각들을 깨뜨릴 수 있다. 그래서 긍정 마인드가 중요하다. 남들이 "이건 안 될 것 같아, 정말 안 돼"라고 말할 때 "말이 씨가 된다. 그렇게 생각하니까 안 되는 거지"라고 충고해야 한다.

긍정이야말로 뇌와 몸이 버틸 수 있는 진정한 에너지라고 한다. 긍정적인 생각과 정보는 부정적인 정보가 가져오는 신체적인 스트레스를 무력화시키는 역할을 한다고 한다. 미국 노스캐롤라이나대학교에서 심리학을 가르치는 바버라 프레데릭슨 교수는 긍정적인 감정이 신체적인 변화뿐만 아니라 심리적, 지적, 사회적인 모든 능력을 더욱 확장시키고 새롭게 만들어내는 역할을 한다고 주장한다.

은퇴 후 꿈의 미래를 찾아가는 첫 출발점에서 '만약 안 되면?'이라는 부정적인 감정에 사로잡힐 이유가 없다. 잘될 것이라는 긍정 마인드를 가지면 보이지 않는 길도 보인다. 긍정은 어떤 상황에서도 목표에 집중하게 해주며, 하고자 하는 일을 스스로 자랑스럽게 여기도록 용기를 북돋아준다. 이제부터라도 꿈의 미래를 향해 나아가는 자신에게 긍정적인 칭찬을 아낌없이 해주자.

조금씩, 그러나 지치지 말고

한편, 꿈의 미래를 찾아가는 과정은 장기간에 걸쳐 진행되는 지루한 여정이 될 수도 있다. 그래서 틈틈이 가시적인 작은 성공

스토리를 만든다면 훨씬 더 자신감과 신념을 갖고 비전 앞으로 나아갈 수 있다. 머뭇거리지 말고 작은 성과들을 쌓아나가자. 도전의 속도를 늦추지 말자. 그러면 비전이라는 큰 길라잡이별에 다다를 수 있을 것이다. 작은 성공들이 하나 둘 쌓여간다는 것은 구슬이 하나 둘 실에 꿰어지는 것과 같다. 그 구슬들이 모여 예쁜 팔찌가 되고 목걸이가 완성된다.

처음부터 너무 큰 비전을 달성할 것을 목표로 하다 보면 그 비전에 주눅 들어 제대로 시작도 해보지 못한 채 포기하는 경우가 있다. 그래서 최종 비전으로 가는 중간 중간에 쉽게 달성할 수 있는 작은 성공을 맛보라는 것이다. 좋은 날을 기다려 먼 항해를 하려고 계속 항구에 정박하기만 하면 결국 배는 녹슬고 고장 나서 움직일 수 없게 된다. 크고 작은 파도를 넘어 조금씩 항해하면서 작은 섬들을 만나는 과정을 통해 마침내 최종 목적지 섬에 다다를 수 있다.

다이어트에 성공하는 사람과 실패하는 사람의 차이는 작은 성공을 한 번이라도 경험하느냐에 달려 있다. 단번에 몸무게가 줄어들기를 기대하면서 폭풍 다이어트에 돌입한다면 몸에 무리가 오고, 결국 좌절하면서 다이어트에 실패한다. 반면에 한 번에 큰 감량을 바라기보다 조금씩 감량의 효과를 즐기는 사람은 계속해서 다이어트를 시도하고 마침내 성공한다.

여러 곳의 낮은 산을 매주 오르다 보면 자신이 붙어 끝내 높은 산을 등정할 수 있듯이 위대한 성공은 지금 자신이 이루는 작은 성공들이 모여 만들어진다. 미래는 지금 자신이 무엇을 하고 있느냐에 따라 달라진다. 기차가 언제나 푸른 들판만 달릴 수 있겠는가. 어두운 굴속을 지날 때도 있다. 하지만 그렇게 기차가 굴속을 지날 때도 다시 들판을 볼 수 있다고 믿어야 한다. 희망을 갖고 성공 스토리를 만들어가면서 비전 앞으로 달려 나가자. 다만 작은 성공 스토리 몇 개로 너무 일찍 자축해 긴장을 풀면 곤란하다. 도전의 속도를 늦추지 말고 지속적으로 정진해야 한다.

'바다로 간 불가사리' 우화는 사소한 작은 노력이 놀라운 결과를 낼 수 있음을 알려준다. 한 소년이 해변에서 바다를 향해 불가사리를 던져 넣고 있었다. 지나가던 신사가 왜 그러는지 묻자 소년은 다음날 썰물이 되면 불가사리들이 다 죽기 때문이라고 대답했다. 신사는 해변에 있는 수많은 불가사리를 전부 살릴 수는 없다며 헛수고라고 말했다. 하지만 소년은 또 다른 불가사리를 집어 들며 대답했다.

"이 녀석에게는 큰 변화죠."

비록 완전한 성취를 이루지 못하더라도 그 과정에서 얻은 작은 성취만으로도 의미가 있다. 시도하지 않으면 아무것도 성취되지 않는다.

제3기 인생혁명

7

노년의 자립경제, 연금

돈이 있다고 언제나 마음이 든든할 수 없지만,
돈이 없으면 언제나 마음은 든든하지 않다.

인생의 끊임없는 화두,
돈

"많으면 좋지, 그걸 말이라고 해"

"뱁새가 깊은 숲에 들어도 몸 두기는 한 나뭇가지에 지나지 않는다."

《장자》의 〈소요유〉에 나오는 말이다.

"풍요로움이란 우리가 소유하는 것이 아니라 우리가 향유하는 것으로 만들어진다."

고대 그리스의 철학자 에피쿠로스의 말이다.

돈 욕심 너무 부리지 말고 적절하게 잘 쓰면서 살아야 할 것 같다. 그런데 노년에 어느 정도의 돈을 가지고 있어야 할까?

"많으면 많을수록 좋지, 그걸 말이라고 해? 하고 싶은 게 얼마나 많은데."

아내는 돈을 좋아한다. 이래놓고는 은퇴 후에도 자꾸 일을 찾는 나를 보고 이런다.

"그냥 편히 살자, 아주 없는 것도 아닌데. 없어서 애쓰거나 자식들 속 썩이는 일 없이 살 수 있으면 되잖아."

돈이란 많을수록 좋지만 거기에 너무 매달리지 말자는 뜻이다. 맞는 말이다.

그러나 나는 아직도 더 모으려 하고 돈 쓰는 데에 잘고 인색하다. 우리 세대가 대부분 그랬듯이 나는 가난 속에서 태어나 성장했다. 어렸을 때 농사꾼인 내 아버지로부터 들은 이야기다. 한 젊은이가 허기진 배로 같이 논일을 하던 동네 어른에게 "어르신, 뜨끈뜨끈한 소고기국에 흰 쌀밥 한 그릇 말아 먹었으면 좋겠죠?" 하고 말했다. 그 말을 들은 어르신은 침을 한 번 꿀꺽 삼키고는 그 자리에서 돌아가셨다고 한다.

이제는 먹지 못해 죽는 사람보다 너무 먹어 성인병에 걸린 사람이 많은 세상이다. 그러나 가난이 한이었던 시절을 살아온 나는 돈 욕심을 쉽게 버릴 수 없다.

장수 리스크는 연금으로 대비해야

비어 있을 때 가장 무거운 것은 무엇일까? '빈 지갑'이다. 돈이 가득 들어 있는 지갑은 무겁지만 정말 무거운 것은 빈 지갑이다. 돈이 없으면 마음이 무겁기 때문이다. 노년의 빈 지갑은 더욱 무겁다. 채울 수 있는 기회가 별로 없기 때문이다. 돈의 무게에서 자유로울 수 있는 사람은 많지 않다. 돈 때문에 행복해지는 사람도 있지만 불행해지는 사람도 있다. 하지만 그 돈이라는 것도 죽을 때 가져가는 것은 아니다.

나이 들면서 인생의 셈법이 달라져야 한다는 말이 있다. 젊었을 때는 이것저것 하면서 더해가는 삶을 살다가 늙어가면서는 하나하나 줄여나가는 것이 현명하다. 더 이상 덧셈을 할 것이 아니라 뺄셈을 해야 한다. 인간은 태어날 때 주먹을 쥐고 있다가 죽을 때에는 주먹을 편다. 죽을 때는 모든 것을 주고 자신은 아무것도 가지지 않는다. 그러므로 노년에는 있는 돈을 너무 움켜쥐거나 더 끌어들이려는 것은 현명하지 못하다. 결국 죽을 때까지 돈을 적절하게 줄여나가다가 죽는 순간에 0으로 만드는 것이 가장 현명하다.

그런데 가진 돈을 살아 있는 기간 동안 잘 배분하는 것은 결코 쉬운 일이 아니다. 언제까지 살지 도무지 예측하기 어려운 세상이기 때문이다. 은퇴 후 바로 죽을 수도 있고 30~40년을 살 수도 있다. 20년 살다가 죽을 거라고 생각해서 자금계획을 짰는데 40년을 살면 큰일이다. 그래서 이런 장수 위험에 대비하는 것이 연금제도다. 국민연금이나 공무원연금 같은 공적연금은 죽을 때까지 물가인상을 반영해서 받을 수 있다. 고령사회에서 이만한 제도가 어디 있겠는가. 개인연금이나 주택연금, 농지연금도 잘 활용하면 돈과 나의 게임에서 내가 이길 확률을 높여준다.

연금은 노년의 기초적인 생활을 가능하게 하는 정도의 돈이다. 그 이상의 문화생활을 누리려면 일정수준의 여유자금이 더 필요하다. 그리고 연금이 아주 적거나 없는 경우는 자신의 존엄을 지켜줄 만큼의 돈을 죽을 때까지 가지고 있어야 한다. 미리 모든 돈을 다 써버리거나 자식에게 주고 나서 빈털터리가 된 노년은 개밥의 도토리 신세가 되기 십상이다.

돈은 좋지만 돈에 이용당하지 마라

《채근담》에 "부귀영화가 뜬구름이어도 바위굴에 살 필요는 없다"고 했다. 노년에 자신을 위한 작은 사치도 필요하다. 여생의 시간에는 젊은 시절에 저축하느라 하지 못했던 소비의 미덕을 조금 발휘해도 좋다. 취미생활이나 여행 등을 즐길 수도 있다. 그래서 어느 정도의 돈이 필요하다. 돈이 있어야 마음도 넉넉해진다. 마음이 넉넉하면 평화가 깃든다. 여유가 생겨 양보하니 저절로 평화로워진다.

그러나 너무 많은 돈을 움켜쥐고 있는 것은 오히려 화가 될 수 있다. '많은 것을 가진 노년은 자식은 없고 상속인만 있다'는 말이 있다. 돈은 차갑다. 자식들 사이에도 부모 돈 때문에 싸운다. 노년에 재물을 너무 많이 가지고 있으면 그만큼 걱정도 늘어난다. 고령화가 심한 일본에서는 유산을 놓고 자녀들의 분쟁이 늘어나면서 쟁족이라는 신조어가 생겨났다. 상속재산을 둘러싸고 싸우는 가족이라는 뜻이다. 우리 주변에서도 부모 재산을 놓고 분쟁을 겪는 사람들이 늘고 있다.

돈은 인생의 끊임없는 화두다. 돈을 가지고 있다 해서 언제나 마음이 든든하다고 단언할 수 없지만, 돈이 없으면 언제나 마음은 든든하지 않다. 노년에는 특히 그렇다. 물론 돈에 대한 지나친 욕심은 재앙을 불러온다. 많은 사람들이 돈을 탐하고 그것 때문에 타락하기도 하고 분쟁을 겪기도 한다. 돈이 중요하지만 더 중요한 것은 사람이다. 돈의 중요함을 무시하지 말되 그 돈에 이용당해서는 안 된다.

가난한 노년층에 대한 촘촘한 복지제도는 필요하지만
많이 내놓으라고 소리칠 일은 아니다.

복지권과
복지병

"일하고 싶지만 일하면 수급 못 받아요"

가난한 고령 노인들은 경쟁사회에서 배제되고 무자비한 시장논리로 낙오되었다. 나름 열심히 살았지만 운도 따라주지 않았다. 모아 놓은 돈이 없고, 적당한 일거리도 없으며, 몸도 성치 않다. 국민연금도 소득이 일정하지 않아서 제대로 가입하지 못했다.

우리나라는 이제 소득 3만 불을 넘어서 선진국 대열에 합류했다. 그런데 빈곤한 노인을 위한 대책은 여전히 충분하지 않다. 65세 이상의 노인들 중 소득과 재산 수준이 하위 70%에 해당하는 경우 매월 최대 254,760원(하위 40%는 30만 원, 2020년 기준)이 기초연금으로 지급된다. 하지만 한 달에 25만 원으로 살 수 있을까? 기초생활수급자가 되면 생계, 의료, 주거 급여 등이 지원되어 기초연금을 받는 경우보다는 낫지만, 연락을 끊고 살거나 도움 되지 않는 자식이 있으면 수급 대상에서 제외된다.

그래서 더운 날이나 추운 날이나 하루 온종일 무거운 수레를

끌며 골목골목을 돌아다니면서 폐지 모아 보태보지만 한 끼 밥값 정도다. 노숙하는 한 노인은 얼마 전에 주민센터로부터 받았다는 기초생활수급자 인정통지서를 자랑한다. 조만간 노숙생활을 청산하고 작은 돈이나마 아끼면서 살아보는 게 소원이란다. 일하지 않을 거냐는 질문에 "일하면 수급 못 받아요"라고 한다. '복지병'이라고 비난할 수도 있겠지만 그 처지가 오죽하면 그러겠는가. 마땅한 일을 찾기 어렵고 간혹 일거리를 찾더라도 매일 있는 것도 아니다. 그래서 자주독립 체제를 포기한다.

국가는 어디까지 도와줘야 할까

적정하고 촘촘한 맞춤형 복지제도가 필요하다. 선거 때마다 복지정책이 우선적으로 거론되지만, 왜 시원한 대책이 마련되지 못할까? 공약(公約)이 공약(空約)으로 그치는 이유는 무엇일까?

가장 큰 요인은 경제적인 부담이다. 국가가 각종 복지혜택을 국민에게 부여하려면 재원을 확보해야 한다. 그런데 저성장이 지속되고 고령화로 인해 사회적인 부양 부담이 늘어감에 따라 복지재원을 확보하기가 쉽지 않다.

재분배의 공평성 문제도 걸림돌이다. 인간에게는 다른 사람의 어려움을 긍휼히 여기는 심성이 있다. 그래서 어려움에 처한 사람을 안타깝게 여기고 기꺼이 나누려고 한다. 그러나 한편으로 자신이 노력한 만큼 정당한 보상을 받기를 원하는 마음도 있다. 그래서 자신에게 돌아와야 할 정당한 가치배분이 타인에게 돌아갈 때 이를 수긍하기가 쉽지 않다. 이러한 상반된 심성 때문에 갈등이 발생한다. 가난한 사람을 도와야 하지만 천사가 아니어서 마음을 활짝 열고 도와줄 수 없다.

복지 의존성 문제도 걸림돌이 된다. 복지국가는 자본주의 경제에서 능력을 발휘하지 못한 이들에게 최소한의 삶의 조건을 확보해준다. 그런데 사람들이 복지정책에 의존해 더 이상 적극적인 경제활동을 하지 않으려는 경향을 나타낸다면 문제다. 이 문제는 복지국가가 추구하는 사회적인 권리를 퇴색시키는 결과를 낳기도 한다.

이런 원인을 기초연금제도를 예로 들어 살펴보자. 왜 수급 대상도 제한적이고 연금도 기초생활을 하는 데에 많이 부족한 수준에 머물러 있을까? 첫째는 막대한 소요재원을 확보하기 어렵다는 것이고, 둘째는 재분배에 대한 거부감이 있으며, 셋째는 복지제도에 의존하려는 복지병에 대한 우려 때문이다.

복지권과 복지병 사이에서

영국의 사회학자 토마스 험프리 마셜은 복지국가의 발전을 시민의 권리가 완성되어 가는 과정이라고 했다. 이런 측면에서 복지수급권은 시혜적인 차원으로 도움을 받는 것이 아니라 국민이 정당하게 국가에 요구할 수 있는 권리다.

그런데 간혹 가난한 노인들 중에 국가의 도움을 피하는 경우가 있다. 법적인 권리로 보장된 복지권이지만 자신들에게 씌워지는 복지수급자라는 오명 때문에 급여나 서비스를 요구하기를 내켜하지 않는다. 세상에서 밀려나 여기까지 왔는데, 이것까지 받으면 너무 자존심 상할 수도 있다. 그러나 생존에 관한 문제이기 때문에 그렇게 생각할 것이 아니다.

반대로 지나치게 복지를 요구하는 이들도 많다. 돈이 하늘에서 떨어지는 것도 아닌데 말이다. 어지간히 살 만하다면 그러지 말아야 한다. 이것은 정당한 권리주장이 아니다. 공자는 "소인은 궁하면 흐트러지는 법이지만 군자는 그렇지 않다"고 했다. "군자는 원래 궁한 법"이라 했다. 너무 빈곤한 척 하지 말고, 오히려 조금의 여유라도 있다면 베푸는 삶이 좋다.

몇 해 전, 내가 공무원연금공단 이사장으로 있을 때 공직 은퇴자들의 자원봉사 업무협약을 위해 대한노인회를 방문한 적이 있었다. 회관 앞에는 노인복지, 노인권익, 노인봉사라고 각각 새겨진 큰 바윗돌 세 개가 있었다. 대한노인회의 주요 활동이 초창기 노인복지에서 노인권익으로, 그리고 지금은 노인봉사로 바뀌었다고 회장님이 설명했다. 대한노인회의 슬로건 변화는 신선한 충격이었다.

노년의 가난은 회복이 어렵다. 어쩔 수 없이 국가의 신세를 져야 한다. 복지수급권은 권리이니 부끄럽게 생각할 것은 아니다. 그렇다고 가난이 자랑일 수는 없으니 대놓고 더 내놓으라고 소리칠 것도 아니다.

퇴직하기 전에 부채 상태에서 벗어나야 하고,
퇴직 직후에 닥치는 무소득 크레바스도 대비하자.

경제적으로
자유롭고 싶다면

은퇴 후 노년파산에 이른다면

퇴직하기 전에 반드시 처리해야 할 첫 번째 과제는 부채 상태에서 벗어나는 것이다. 빚이 있다면 퇴직 전 고정소득이 있을 때 모두 청산해야 하며, 새로운 부채를 만들지 말아야 한다. 그래야 인생 2막에 생활고를 겪지 않는다.

'노년파산'이라는 말이 있다. 소득 없이 매일 빚 걱정하면서 살아가는 노년이 과연 행복할 수 있을까? 생활비가 없어서 정부의 복지프로그램에 의존하거나 자식 눈치 보며 살아가는 삶을 생각해보라. 자존감은 땅에 떨어지고, 목숨이 붙어 있어 하는 수 없이 사는 세상, 서러워도 소리 내어 울지도 못한다.

부채는 보통 작은 금액의 마이너스통장을 사용하면서 시작된다고 한다. 수시로 현금서비스를 받고 대출원금을 상환하지 않은 채 이자만 내며 아무렇지도 않은 듯 살아가면서 점점 부채가 늘어나는 것이다. 빚은 그대로 두면 자꾸 불어나 나중에는 악성

채무가 된다. '빚이 빚을 부른다'는 말이 있다. 부채관리는 부채의 악순환 고리를 끊는 것에서부터 시작해야 한다.

퇴직이 얼마 남지 않았다면 작은 금액이라도 마이너스통장, 현금서비스 사용을 자제해야 한다. 카드 돌려막기는 파산의 지름길이다. 신용대출, 담보대출 이런 것도 바로 갚을 능력이 없다면 받지 말아야 한다. 외식과 소비를 줄이고 긴축 가정경제를 실시해야 한다.

빚은 놔두고 매달 들어오는 봉급으로 가족과 먹고 즐기기만 하다가는 인생 말년을 배고프게 사는 신세가 될지 모른다. '뭐 어떻게 되겠지'라고 생각한다면 오산이다.

자녀의 유학이나 결혼을 위해 빚까지 낸다면 소득이 급감하는 기나긴 은퇴기를 어떻게 살아갈 것인가. 은퇴가 다가올수록 위험을 회피해야 한다. 위험성이 높은 곳에 투자하지 말고, 특히 주택을 저당 잡히지도 말자. 저당을 뜻하는 Mortgage는 라틴어의 Mort(죽음)와 Gage(서약)에서 유래했다고 한다. 무시무시하지 않은가. 잘못된 경제관념과 지나친 부채는 죽음을 약속하는 끔찍한 서약이 될 수 있다.

무소득 크레바스를 대비하라

무소득의 절벽을 뛰어넘는 방법을 강구해야 한다. 은퇴를 가로막는 두 번째 장벽은 퇴직 직후에 닥치는 무소득 크레바스다. '크레바스(Crevasse)'란 갈라져서 생긴 좁고 깊은 틈을 뜻하며, 흔히 퇴직 이후부터 연금을 받기 전까지 발생하는 무소득 기간을 지칭한다. 말 그대로 인생에서 현금 흐름의 거대한 틈이 생겨버린다.

공무원연금이나 국민연금은 모두 연금 지급이 개시되는 연령이 있다. 공무원연금은 60세 전부터 지급되는 일부 경과 조치가 있지만, 60세에서 점진적으로 늦춰져 2033년부터 65세가 된다. 사학연금도 마찬가지다. 국민연금도 출생연도에 따라 점진적으로 지급시기가 늦춰져 1969년생부터 65세가 된다.

그런데 대개 1차 직업의 현실적인 퇴직연령이 연금지급 개시연령보다 수 년 또는 많게는 10년 정도까지 빠르다. 공무원의 경우 정년이 일반직 공무원 60세, 교육공무원 62세 등으로 규정되어 있지만 현실적으로 정년을 채울 수 없는 경우가 더 많다. 그리고 정년 규정이 공무원연금법에 규정된 연금지급 개시연령의 연장에 맞추어 65세까지 연장될 계획은 현재로서는 없다. 국민연금 가입자의 경우에는 공무원보다 일반적으로 퇴직 연령이 훨씬 낮다. 따라서 일반 회사원의 경우에는 무소득 크레바스 기간이 공직자보다 훨씬 길다고 할 수 있다.

퇴직할 때 일시불로 받는 얼마간의 퇴직금이 있지만 자녀 교육비나 결혼 비용으로 다 털어 넣어야 할 판이다. 더구나 이미 재직 중에 중간정산을 받아 얼마 남지 않은 경우가 많다. 국민연금의 경우 미리 앞당겨 받는 조기연금이 있기는 하지만 그럴 경우 나머지 인생 동안 계속 감액된 연금을 받아야 한다. 그래서 퇴직 후 연금이 나오기 전까지 소득 없이 살아가야 하는 균열의 절벽을 미리 대비해야 한다.

남들이 아니라 내가 할 수 있는 일

어떻게 이 소득절벽을 극복할 수 있을까? 현직에 있을 때 절약하면서 개인연금을 들어 두거나 저축해야 한다. 부동산을 마련해서 임대소득으로 살아가는 것도 좋은 방법이다. 무엇보다 은퇴를 대비해서 미리 가교직업을 탐색하고 준비해두는 것이 좋다. 내가 아는 어떤 사람은 일주일에 5일은 현직근무를 열심히 하고, 2일 동안 휴일에는 은퇴를 준비했다고 한다. 그렇게 10여 년을 준비해서 상당한 은퇴자금도 모았고, 퇴직 즉시 자기가 할 일을 주저 없이 시작할 수 있었다고 한다.

은퇴 후 쉽게 접근할 수 있는 자영업은 무작정 뛰어들 것이 아니다. 그랬다가는 퇴직금만 날리기 십상이다. 지금 우리나라가 치킨공화국, 커피숍이나 음식점 천국이 된 것은 장사가 잘되어서가 아니라 진입장벽이 낮고 손쉽게 문을 열 수 있기 때문이다. 하지만 쉽게 문을 열 수 있는 만큼 쉽게 문을 닫는 것이 현실이다. 이 분야에 진출하더라도 현직에 있는 동안 미리 철저하게 준비해야 실패 확률을 낮출 수 있다.

은퇴 후 먹고살 생각에 잠을 이루지 못한 채 이불 속에서 몸을 뒤척인다면 비전은 꿈에 불과하다. 인생에 우선 필요한 것은 의식주와 돈이다.

인생은 생각보다 길고 연금은 생각보다 쓸모 있다.
연금과 함께 경력을 전환하고 인생을 재구성하자.

연금의 마음에는 사람이 있다

노년은 결코 먼 훗날이 아니다

"네가 젊어 돈 벌 때는 내가 네 지갑을 사용하지만, 네가 늙어 힘들 때 너는 내 지갑을 사용할 수 있어. 내가 할 수 있고 해야만 하는 단 하나의 일은 오로지 늙고 돈 없어 힘들어 하는 노년들을 긍휼히 여기고 그들의 존엄을 지켜주는 거야. 간혹 내게 문제가 발생해 약간의 틈이 생기지만, 제주의 돌담이 그 틈을 통해 바람을 이기듯이 그건 그리 문제가 되지 않아. 흐드러지게 피었다가 일순간 꽃비를 흩뿌리며 사라지는 벚꽃은 아니니 안심하시라."

이렇듯 연금의 마음에는 사람이 있다. 노년의 존엄을 지켜주려는 속 깊은 마음이 있다. 연금제도를 믿어라. 노후의 든든한 버팀목이 연금이다. 노년을 위해 씨앗을 뿌리는 일이 지금은 힘들지라도 언젠가는 열매를 거둔다. 지금 그것을 손에 쥐고 있지 않더라도 항상 곁에 있다는 것만으로 든든하지 않은가.

"아무것도 갖지 않는 것, 그것은 얼마나 완벽한 만족인가?"라고 시인은 말하지만, 그것은 욕심 부리지 말고 살라는 뜻일 게다. "카르페 디엠(Carpe Diem). 지금 이 순간을 잡아라! 아직 오지 않은 미래에 대한 불안으로 현재가 흔들려서는 안 된다"라는 말은 너무나 바빠 일에 치어 사는 이들의 일종의 자구책이자 자기암시다. 비극은 그런 사정과 배경을 무시한 채 덩달아 무소유와 카르페 디엠을 실천하고자 하는 사람들에게서 일어난다.

이것들을 오남용하면서 '만족의 지연'을 나쁘게 생각해서는 안 된다. 조삼모사라는 말이 있지 않은가. 원숭이에게 도토리를 아침에 3개 주고 저녁에 4개 주자 화를 냈고, 그래서 반대로 아침에 4개 주고 저녁에 3개 준다니 좋아하더라는 말이다. 혹시 우리도 원숭이를 닮아서 '현재선호'에 빠져 사는 건 아닌가. 미래를 대비하는 일에 소홀해서는 안 된다.

지금부터 준비해야 할 호모 헌드렌드

사람들은 연금과의 첫 만남을 어색해한다. 내가 처음 공직생활을 할 때도 세금처럼 떼어가는 보험료가 황당했고 아까웠다. '어느 세월에 연금 받는다고?'라는 생각이 들었다. 이렇듯 연금과의 관계가 상쾌하지 않은 것은 세상을 이해하는 데에 '범주화된 지각의 오류'가 작용하기 때문이다. 시간의 폭을 현재에 가둬두고 미래를 이해하는 데에서 오는 착오다. 그래서 미래에 받는 연금은 보이지 않고 당장 봉급에서 빠져나가는 보험료만 보인다. 심지어 보험료보다 더 많은 연금이 나온다고 해도 당장은 돈을 내기 싫은 것이 사람의 마음이다. 미래의 것보다는 현재 것에 더 가치를 두는 '높은 시간할인율'이 작용해서 그렇다.

하지만 달도 차면 기울 듯이 인생에도 황혼기가 오기 마련이다. 은퇴 후 30년, 아니 40년을 살아야 한다. 그때 가서 자신의 노후를 누군가가 준비해주지 않았다고 불평해봐야 소용없다. 누가 노년의 삶에 믿음직한 평생 동행이 되어줄까? 연금이 그것이다.

인생은 길다. 이미 '호모 헌드레드'라는 말이 실감나는 인생 100세 시대를 살고 있지 않은가. 앞으로의 삶은 우리가 지금까지 생각해왔던 것보다 훨씬 길어질지도 모른다. 17세기 영국의 철학자 토마스 홉스는 인생을 "고독하고 가난하고 더럽고 야만적이며 짧다"고 했지만, 21세기인 지금 우리는 '더 건강하게, 더 생산적으로, 더 오래' 인생을 살고 있다. 결코 외롭고 궁상맞고 허약하고 위축된 모습이 아니다.

인생은 길고 연금은 쓸모 있다

일부 매체와 전문가들은 피할 수 없는 재앙, 고령화 지진, 인구의 시한폭탄, 잿빛 새벽 등 극단적이고 자극적인 용어를 사용해 고령사회의 위험을 부각시킨다. 사회가 고령화되면 부담만 늘어난다고 생각하기 때문이다. '베푸는 노인'은 없고 과도하게 요구하는 '탐욕스러운 노인'만 넘쳐날 것이라는 게 그들의 주장이다. 그들은 연금제도에도 매우 회의적이다. "월급에서 강제로 떼 가는 보험료는 아까울 뿐이고, 연금이 나오더라도 그것만으로 풍족하게 생활할 수 없다"고 비난한다. 또한 "노인들만 넘쳐나는 세상에서 연금제도는 밑 빠진 독에 물 붓기고, 세대 갈등을 유발해 결국 붕괴될 수밖에 없다"고 주장한다.

정말 연금제도는 부담만 안겨주는 쓸모없는 제도일까? 그렇지 않다. 연금 받는 노년들을 보라. 지금 당장 그들에게 연금이 끊긴다면 어떻게 살아갈지 상상조차 할 수 없다. 그들에게는 연금이 효자 서넛보다 낫다. 어느 자식이 매달 통장에 꼬박꼬박 생활비를 보내줄 수 있겠는가. 노년의 연금은 생명의 돈이다. 그리고 연금제도의 지속 가능성은 믿어야 한다. 연금제도의 역사가 오래된 사회보장 선진국들의 사례를 보라. 인간은 현명하기 때문에 연금제도가 붕괴되도록 내버려두지 않는다.

인간의 수명이 길어지면서 노년기에 대한 인식도 바뀌고 있다. 장수를 누리면서 자신의 삶을 풍요롭게 하고 다른 사람들의 삶에도 영감을 주고 있다. 노년기는 인생의 연옥이 아니다. 인생의 황금기이고 가능성의 시기다. 연금과 함께 경력을 전환하고 인생을 재구성하자. 인생은 생각보다 길고 연금은 생각보다 쓸모 있다.

경제정책은 부유한 사회, 사회정책은 건강한 사회를 지향한다.
연금은 사회정책으로 건강한 노년을 추구한다.

연금제도가 추구하는 정책 목표

"연금이라도 제때 많이 나오면 좋겠다"

대한민국 땅값은 지난 50년 사이 3천 배나 올랐다. 예금금리도 최근 1, 2%대를 기록하기 전까지는 30년 넘게 두 자릿수 고공비행을 했다. 자고 나면 논밭이 아파트로 바뀌던 세상은 내 집도 투자 대상으로 바꿔 놓았다. 지하철을 갈아타듯 아파트를 갈아타며 숨 가쁜 욕망의 경주를 펼쳤다. 이런 시대를 살아왔던 지금의 노년은 부동산 덕에 가난은 면했지만 쓸 돈이 없다. 그나마 매달 나오는 연금이 있기 때문에 자신의 노후생활은 어느 정도 해결이 가능하다.

"아빠 엄마가 연금을 받으니까 너희들한테 그만큼 부담을 안 주는 거야, 그러니까 잘해."

나이 들어 자식에게 짐이 되지 않는 것은 얼마나 떳떳한 일인가. 연금은 노년의 경제적인 자립을 가능하게 하는 강력한 힘이다. 나이 들어 돈이 있어야 자식에게 짐이 되지 않는 떳떳한 부모로 우뚝 설 수 있다.

매달 곳간을 채워주는 연금이 있다. 자식과 손주들에게 가끔 용돈 몇 푼이라도 쥐어주라. 돈으로 사랑을 살 수는 없지만 부모 노릇은 할 수 있다. “힘들다, 못살겠다”고 탄식하는 친구가 있다면 귀찮다고 생각하지 말고 따뜻한 밥 한 끼 사주라. 힘든 상황에 있는 줄 알면서도 말로만 하는 위로가 무슨 도움이 될까.

그런데 노후는 연금만으로 풍족해질 수 있을까? 공무원연금을 받고 있는 친구의 말이다.

“턱도 없지. 고생한 마누라랑 해외여행도 다녀야 하고, 나이 들어 추하게 보이지 않으려면 옷도 자주 사 입어야 하고, 종종 친구들이랑 골프도 쳐야 하는데.”

그러면 얼마면 되겠느냐는 질문에 이렇게 대답한다.

“많으면 많을수록 좋지. 그런 걸 다 물어봐.”

그런데 어찌하랴, 연금은 제로섬 게임인데. 많이 받으려면 많이 부담해야 한다. 부담하는 사람의 형편을 고려해서 연금 수준이 결정될 수밖에 없다. 그러므로 풍족한 연금은 꿈에서나 그려 보는 것이 맞을 듯하다.

많이 받고 싶지만 부담도 커져

국민연금을 받는 친구는 이렇게 말한다.

“당연히 턱도 없지. 기본생활비도 안 되는 연금으로 생계를 꾸려 나갈 방법이 있나.”

평균 수급액이 50만 원도 되지 않으니 건강보험료, 공공요금, 각종 세금 등을 내고 나면 손에 남는 게 없다. 30년 넘게 보험료를 꼬박꼬박 내서 국민연금치고는 꽤 많이 받는 내 경우도 연금만으로는 목구멍에 거미줄 치지 않을 정도다. 국민연금의 경우 제도 도입이 늦어 가입기간이 짧은 사람들이 많다. 공무원연금에 비해 연금지급률도 낮지만 연금에 반영되는 소득상한도 낮다. 앞으로 제도 성숙과 함께 해결해야 할 과제가 많다.

그렇다면 연금은 어느 정도 수준이면 적정할까? 공적연금이 추구하는 정책 목표를 생각해보자. 경제정책이 부유한 사회를 위한 것이라면, 사회정책은 건강한 사회를 위한 것이다. 연금은 사회정책이다. 그래서 연금은 부유한 노년보다 건강한 노년을 추구한다. 이것이 공적연금의 정책 목표다. 그러므로 많으면 많을수록 좋은 연금이지만 부족한 듯해도 '연금이 있어 참 다행'이라고 생각해야 할 것 같다.

'행복의 함정'이라는 말이 있다. 가질수록 행복은 줄어든다는 뜻이다. 이상하게도 적게 가진 사람보다 많이 갖고 있는 사람의 욕구불만이 더 크다. 가질수록 더 많은 것을 갖고 싶어 하기 때문이리라. 연금개혁을 반대하는 목소리도 적은 연금을 받는 이들보다 고액연금 수급자들이 더 크다. 얼마를 받느냐가 문제이기도 하지만 만족을 모르는 마음이 더 문제다.

연금만으로 풍족하게 살 수 없겠지만

공적연금만으로 풍족한 삶을 살 수는 없다. 국가가 책임지는 공적연금은 노후에 필요한 기본생계비를 지급하는 것이 목적이다. 그 이상은 회사나 개인이 책임져야 한다. 그래서 사회보장 선진국들은 노후의 소득 문제를 해결하기 위해 다층보장체계를 발전시켜왔다. 1층의 공적연금, 2층의 기업연금, 3층의 개인연금이 그것이다. 이들 연금 중 죽을 때까지 보장되면서 물가변동까지 반영하는 연금은 공적연금뿐이다. 그러므로 공적연금 보험료를 아깝다고 생각하지 말아야 한다.

내가 몇 살까지 살지 모른다. 오래 사는 위험을 방어하는 수단으로 공적연금만한 것은 없다. 퇴직금은 가급적 자녀의 결혼자금이나 유학비용으로 모두 써버리지 말자. 개인연금은 퇴직 후 공적연금이 나올 때까지의 소득공백기를 헤쳐 가는 데에 도움 된다. 노후자금으로 재산을 활용하는 것도 필요하다. 임대소득도 좋지만, 주택연금이나 농지연금도 활용해볼 만하다.

우리는 100살 어쩌면 120살까지 살 수도 있다. 그때가 되면 서울 사는 아무개가 유산을 남겼다는 기록을 박물관에서나 볼 수 있을지도 모르겠다. 돈이 남느냐 내가 남느냐 두뇌 게임이 시작되었다. 오래 산다는 위험에 대비하는 제도가 연금이다.

연금도 중요하지만 비장의 무기가 하나 더 있다. 경제적으로도 보탬 되고 삶의 의미도 찾을 수 있는 일을 갖는 것이다. 그러려면 현직에 있을 때부터 자신의 재능에 제대로 투자해야 한다. 1% 금리시대에 월급 50만 원은 6억 원을 예금해놓은 것과 같은 가치를 가진다. 은퇴를 준비하기 위해 돈을 저축하는 것에 못지않게 재능을 저축하는 것이 중요한 이유다.

가장 남는 투자는 나 자신에게 투자하는 것이다.

연금제도는 지금의 독일인 프러시아의 노령연금부터다.
1889년 도입되었으니 2020년 현재 131살에 이른다.

한눈으로 보는 연금의 역사

왜 연금제도를 도입했을까

숲 속에 두 갈래 길이 있었다고
나는 사람이 적게 간 길을 택했다고
그리고 그것이 내 모든 것을 바꾸어 놓았다고

로버트 프로스트의 시 〈가지 않은 길〉의 마지막 연이다. 오늘날 연금제도 때문에 갈등이 많지만, 인류가 연금제도를 도입한 것은 탁월한 선택이었다. 내 주위의 초보 노년들이 모두 연금 없이는 살기 힘든 연금수급자들이다. 연금이 고령사회의 버팀목이 된 것이 확실하다.

그런데 공무원연금제도를 왜 도입했을까?

'공무원의 노후를 보살펴주기 위해서?'

이건 순진한 생각이다. 오히려 인사정책적인 고려가 많았다. 국가는 공무원들에게 이렇게 말했다.

"나중에 연금 줄 테니 노후는 걱정하지 말고 일이나 열심히 하게. 다른 돈벌이에 눈을 돌려서도 안 되네."

연금 지출은 나중의 일이기 때문에 정부는 당장 돈들이지 않고 공무원을 유인할 수 있고, 상당 기간 보험료가 기금으로 쌓여 가니 재정에 도움을 받을 수도 있다. 누이 좋고 매부 좋은 일을 하지 않을 이유가 없다. 국민연금도 약간의 차이는 있지만, 국민을 긍휼히 여겨 도입했기보다는 다른 정치적인 목적이 있었음을 미루어 짐작할 수 있다. 어려운 노후를 보내시는 어르신들을 위해 도입했다는 기초연금에 관한 최근의 논의만 봐도 연금이 얼마나 정치적인가를 짐작할 수 있다. 쉽게 말해 표가 왔다 갔다 한다는 말이다.

독일에서 시작하고 덴마크에서 도입해

인류 역사에서 연금제도가 첫 모습을 드러낸 것은 지금의 독일인 프러시아의 노령연금이다. 1889년에 도입되었으니 2020년 현재 131살이다. 이 제도의 도입 목적 역시 당시 사회에 만연해 있던 마르크시즘의 영향으로 노동운동이 고조되는 것을 막기 위해서였다. 전제군주체제를 유지해나가기 위한 비스마르크의 현명한 정치적인 선택이었다.

덴마크는 1891년 빈곤층을 대상으로 연금제도를 도입했다. '어려운 사람을 방치는 게 국가냐?'라는 비판을 듣지 않기 위해서다. 이 제도는 독일과 같은 노골적인 정치적 의도 없이 기존의 복지체계를 현대화해 국민 모두의 빈곤을 완화하는 것을 목적으로 도입되었다.

독일과 덴마크의 연금제도는 서로 다른 목적을 갖고 출발했기 때문에 제도운영 방식도 달랐다. 독일은 근로자와 사용자가 공동으로 부담하는 보험료를 재원으로 경제활동 당시의 소득에 비례하는 연금을 제공한 반면, 덴마크는 조세를 재원으로 정률(定率)의 연금을 제공한 것이다.

이 두 가지 연금모델은 현대 복지제도를 창시했던 인물의 이름을 따서 독일 모델은 비스마르크형, 덴마크 모델은 비버리지형으로 불리기도 한다. 참고로, 덴마크 모델이 비버리지형으로 통칭되는 이유는 이 모델의 사회정책 목표가 1942년 영국의 비버리지보고서의 정책 목표 중 하나였던 '전 국민의 가난으로부터의 해방'에 초점이 맞추어진 데에서 유래했다고 한다.

이후 독일 모델은 프랑스, 이탈리아, 스위스 등 유럽 대륙의 국가들에 퍼졌다. 북유럽 국가와 영어권 국가는 대체로 덴마크 모델을 도입했다. 스웨덴, 노르웨이, 뉴질랜드, 영국 등이 그 예다. 미국은 영어권 국가지만 독일 모델에 가까운 소득비례연금을 도입했다.

연금, 복지국가의 상징으로 자리 잡아

세계의 대다수 국가들이 이 두 가지 연금모델 중 어느 하나를 채택했지만, 대체로 한 가지 형태로 수렴현상을 보이고 있다. 그것은 공적연금의 적용 대상이 전 국민으로 확대되면서 다층체계로 이루어진 것을 뜻한다. 즉, 전 국민의 기초소득보장을 목적으로 하는 국민연금과 각 개인의 경제활동 당시의 생활수준에 가까운 보장을 목적으로 하는 소득비례 보충연금으로 이원화되고 있다.

19세기 말에 시작된 연금제도는 1950년대 복지국가 시대를 거치면서 세계 여러 나라로 퍼졌다. 세계은행 보고서를 보면, 전 세계 210개국의 84%인 176개 국가가 강제가입 형태의 공적연금을 운영하고 있다. 그중에서 81개 나라는 전 국민이 연금제도에 가입되어 있다. 우리나라도 1960년에 공무원연금제도를 도입했고, 1963년 군인연금, 1975년 사립학교교직원연금, 1988년 국민연금을 도입해 전 국민 연금시대를 열었다.

세계적으로 연금제도는 1950년대 제도 도입 붐이 일었고, 1970년대 오일쇼크와 함께 슬럼프를 겪었다. 그 이후 회복기를 거쳐 지금은 인종과 문화를 초월해 전 세계가 연금제도라는 배를 타고 있다. 그리고 이제 고령화라는 거대한 그물에 걸려 난항 중이다.

연금은 관념의 문제가 아니라 실용성에 기초한 사회정책이다. 그래서 현실에 적합하고 실행 가능해야 한다. 당장의 정치적인 이슈에 휘말려서도 안 된다. 정치적 산물인 연금이지만 손을 놓고 있기보다는 지속적인 관심을 갖고 지켜봐야 한다. 지속 가능성, 이것이 연금제도의 최대 과제다.

공적연금은 부과방식 확정급여형이 중심을 이루지만
저출산과 고령화로 확정급여형 연금의 장래가 어둡다.

연금은 어떻게 운영되는가

알아두면 쓸모 있는 연금의 종류

연금은 어떤 종류가 있고 연금재정은 어떤 방식으로 운영되는가? DB와 DC, 적립방식과 부과방식 등은 일상적으로 사용되는 용어가 아니라서 일반인에게는 매우 생소하다. 하지만 이제는 이런 용어 정도는 알아야 한다. 적금 붓듯이 월급에서 보험료를 내고 퇴직 후 연금으로 되돌려 받는 것쯤으로 생각해서는 안 된다. 노후와 직결되는 문제이기 때문이다.

연금의 종류에는 대표적으로 확정기여형(DC), 확정급여형(DB), 명목확정기여형(NDC)이 있다.

확정기여형(DC)은 보험료 수준이 미리 확정되어 있고 연금액은 납부한 보험료와 그 운용수익의 합계에 의해 결정된다. 그래서 적립금의 운용수익에 따라 노후보장이 흔들릴 수 있는 것이 단점이다. 반면에 보험운영자는 거둬들인 보험료에 운용수익을 더해서 연금으로 돌려주므로 운영 위험이 없다. 주로 민간연금에서 채택되는 방식이지만 공적연금에서 채택하는 경우도 있다.

확정급여형(DB)은 연금급여가 미리 확정되어 있고 적립금의 운용 성과에 따라 보험료가 조정되는 방식이다. 연금수준은 대체로 소득의 백분율로 표시되는데, 이것을 연금지급률이라 한다. 연금수준이 보장되기 때문에 노후소득 보장을 목적으로 하는 공적연금에서 주로 채택하고, 민간연금의 경우에는 확정급여형 상품이 많지 않다.

명목확정기여형(NDC)은 연금가입자의 보험료가 개인별 명목계정에 가상으로 귀속되고, 그 가상 금액에 이자를 더해 연금이 산정된다. 보험료와 이자가 개인별 계정에 실제로 적립되는 것이 아니라 그때그때 연금수급자들의 연금지급에 사용된다.

연금지급 재원은 어떻게 조달할까

연금재정방식에 대하여 알아보자. 연금 지급에 필요한 재원을 조달하는 계획을 연금재정방식이라고 한다. 대표적으로 적립방식과 부과방식이 있다.

적립방식은 납부하는 보험료를 개인 계정이나 연금기금에 적립해두었다가 나중에 그 돈으로 연금을 지급한다. 근로활동기의 소득이 퇴직 후로 이전되는 형태다. 반면에 부과방식은 연금수급자에게 지급하는 연금재원을 현재의 제도가입자가 납부하는 보험료로 충당한다. 그때그때 세금처럼 부과해서 제도를 운영한다는 뜻이다.

적립방식과 부과방식의 외형상의 차이는 적립기금의 보유 여부다. 적립방식이 연금가입자에게 지불해야 할 연금급여를 책임준비금으로 보유하는 한편, 부과방식은 단기 연금지출 위험에 대비하는 약간의 지불준비금만 보유한다.

앞에서 언급한 세 가지 연금 종류와 두 가지 연금재정방식이 조합을 이루어 연금운영 형태가 결정된다. 그것이 적립방식 확정기여형, 적립방식 확정급여형, 부과방식 확정급여형, 부과방식 명목확정기여형이다.

어떤 연금제도가 바람직할까

적립방식 확정기여형은 제도가입자가 개인의 연금계좌를 설정한 후 그 계좌에 보험료를 적립하고 원리금으로 퇴직 시점에 연금 상품을 구입하거나 정기적으로 자신의 계좌에서 연금으로 인출하는 형태다. 낸 돈에 이자를 붙여 돌려주기 때문에 연금재정 문제가 발생되지 않는 가장 쉬운 운영 방식이다.

적립방식 확정급여형은 사전에 확정된 연금을 지급하며, 장기적으로 보험수리상의 균형을 유지할 수 있는 평준보험료를 계속 유지해나가는 방식이다. 연금지출이 적은 제도 초기에 기금이 적립되었다가 제도가 성숙되어 지출이 늘어나면 기금에서 연금이 지급된다. 이 방식은 후세대로 비용이 전가되지 않기 때문에 세대간 부담의 공평성이 확보된다. 실제 공적연금 운영에서 100%의 책임준비금을 적립해나가는 완전적립은 별로 없고, 부분적립으로 운영하는 경우가 많다.

부과방식 확정급여형은 사전에 확정된 연금을 지급하며, 연금지출을 충당할 수 있는 만큼의 보험료를 매년 갹출하는 방식이다. 납부된 보험료는 그 시점의 연금지출만 충당할 뿐 미래지출을 위해 적립되지 않는다. 이 방식은 제도가입자 개인의 연금과 보험료 사이의 수리적 균형을 맞추기보다는 은퇴세대와 현역세대 간의 수급부담의 균형을 맞추는 형태로 운영된다.

부과방식 명목확정기여형은 자기가 납부한 보험료를 기초로 연금이 산정되지만 기금 적립 없이 실제는 부과방식으로 운영된다. 개인의 명목계좌에 기록된 금액은 연금제도가 개혁되더라도 보장한다는 의미가 담겨져 있다. 사회 및 경제적 상황 변화로 인한 지출위험은 제도 운영자인 국가가 진다.

공적연금은 부과방식 확정급여형이 대세다. 처음부터 부과방식을 채택한 경우도 있지만 대개는 적립방식이나 부분적립방식으로 운영해오다 제도 성숙과 고령화 등으로 부과방식으로 전환되었다. 하지만 저출산과 고령화는 부과방식 확정급여형 연금의 장래를 어둡게 하고 있다. 연금수급자는 늘어나고 보험료를 내는 사람은 줄어들기 때문이다. 부과방식 연금을 줄이고 적립으로 나아가는 것이 후세대의 부담을 줄이면서 연금제도의 지속가능성을 높이는 길이다.

연금재원 조달방식에는 사회보험방식과 조세방식이 있으며,
보험료를 갹출해서 연금을 지급하는 사회보험방식이 보편적이다.

연금재원은 어떻게 조달하나

보험료 거둬 연금 주는 게 보편적

연금은 하늘에서 그냥 떨어지지 않는다. 누가 어떤 식으로든 비용을 부담한다. 공적연금의 재원부담 방식은 대략 세 가지다. 보험료 거두기, 조세로 충당하기, 그리고 보험료와 조세를 혼합한 방식이다. 꼭 어떤 것이어야 하는 정답은 없다. 정치, 사회적 환경과 해당 연금제도의 목적과 역사적인 배경이 그것을 결정한다.

가장 보편적인 재원부담 방식은 보험료를 거둬 연금을 지급하는 방식이다. 연금제도란 경제활동 시기의 소득을 은퇴 후 소득이 없을 때 사용할 수 있도록 해주는 제도다. 그래서 현직에 있을 때 자기 몫의 보험료를 내게 하고 퇴직 후 연금을 준다. 이런 식으로 국가가 운영하는 연금제도를 사회보험방식의 공적연금제도라고 한다. 우리나라의 국민연금, 공무원연금, 군인연금, 사학연금이 모두 이 방식으로 운영된다.

사회보험이란 말 그대로 보험의 원리와 방식으로 운영하는

사회경제제도다. 미리 일정액의 보험료를 납부하고 현실로 위험이 발생했을 때 정해진 연금을 받는다. 젊어서 미리미리 노후를 준비할 수 있고, 장수 위험을 분산할 수 있는 장점도 있다. 이것이 보험의 원리와 방식이다. 한편 공적연금이 사회경제제도인 것은 사회적 약자를 위해 사회연대 원리를 접목했기 때문이다. 연금을 통한 소득재분배가 대표적인 사례다.

사마리안 딜레마에 빠지지 말아야

보험료는 보통 근로자와 사용자가 50 대 50으로 균등하게 부담하고, 자영자는 본인이 모두 부담한다. 그런데 사회보험방식이지만 보험료 외에 조세로 연금재원의 일부를 지원하는 경우도 있다. 국가가 사회보장 차원에서 지급해야 할 보험외급여를 포함하고 있어서다. 예를 들어 실업수당을 받은 기간이나 출산, 육아, 가족간병을 위한 기간을 연금제도의 가입기간으로 인정하는 경우 추가비용을 국가에서 부담한다.

보험료 없이 조세를 재원으로 지급하는 연금도 있다. 이것을 공공부조방식의 연금이라 한다. 보통 전 국민에게 공통으로 같은 금액의 연금을 지급하는 기초연금이 조세를 재원으로 운영된다. 일본의 국민연금이 그렇다. 사회보험방식의 연금을 기반으로 하면서 보충제도로 공공부조방식의 연금을 두는 경우도 많다. 사회보험방식은 보험료 납부가 전제되기 때문에 소득이 있는 이들을 대상으로 할 수밖에 없다. 그래서 노동시장에서 배제되어 소득이 없는 사람들에 대한 노후빈곤 문제를 해결하기 위해 조세를 직접 투입하는 공공부조방식의 연금제도를 운영한다.

현재 우리나라도 공공부조방식으로 보충적 기초연금제도를 운영하고 있다. 자산을 조사해 빈곤한 노인에게 일정 금액의 연금을 무상으로 지급한다. 누군가의 손길이 있어야 삶이 지탱되는 이들에게 필요한 제도이지만, 수혜자가 가난한 사람으로 낙인이 찍히는 단점도 있다. 공공부조방식의 기초연금은 자칫 수혜계층의 근로의욕과 저축의욕을 감소시켜 결과적으로 사회 전체의 생산력을 저하시킨다는 비판도 있다. 이런 현상을 '사마리안의 딜레마'라고도 한다. 이는 노벨경제학상을 받은 제임스 뷰캐넌이 성서의 일화를 경제현상에 적용한 것으로, 일종의 도덕적 해이 현상이다.

혈세론과 새경론, 무엇이 맞을까

사회보험이나 공공부조가 아닌 은급(恩給) 형태의 부양제도도 있다. 중세 유럽에서 군신 간의 충성관계를 기반으로 군주가 신하들을 죽을 때까지 부양하는 전통에서 유래했다고 한다. 독일의 경우 정부 관료에게 부양연금제도를 실시하고 있다. 부양연금의 재원은 당연히 국가의 조세다. 한편 공무원연금에는 부양연금이 아니더라도 국가가 무한책임을 지는 경우가 많다. 공무원이 일정 보험료를 내면 나머지 대부분은 국가예산으로 충당하는 식이다. 대표적으로 프랑스 공무원연금이 그렇다.

우리나라의 공무원연금은 공무원과 국가가 50 대 50으로 보험료를 내고, 부족한 금액은 국가가 보전하는 형태다. 이러한 국가보전 방식은 많이 비판받는다. 공무원연금의 적자를 왜 국민 세금으로 메우느냐는 것이다. 이 문제에 공무원과 일반 국민의 시각은 전혀 다르다. '혈세론'과 '새경론'이 그것이다. 일반 국민들은 공무원연금을 사회보험으로 이해한다. 그래서 보험료로 연금을 줘야지 왜 국민 혈세를 투입하느냐고 말한다. 반면에 공무원들은 자신의 연금을 부양제도로 이해한다. 머슴을 부렸으면 새경 주는 게 당연하므로 보전이든 부담이든 지급 책임은 국가에 있다는 것이다. 양측의 주장을 절충해보면, 부족액을 정부가 보전하는 것 자체보다는 보전 규모가 커져서 국민 부담이 늘어나는 것이 문제일 것 같다.

하지만 적자보전은 적자연금으로 인식되기 때문에 의미가 좋지 않다. 국가가 더 부담해야 할 사정이 있고 논리가 있다면 원칙을 정해놓고 국가가 더 부담하는 것이 옳다.

국가에 의한 일방적인 사회보장은 개인의 책임의식을 약화시킨다. 일종의 무임승차 문제를 심화시켜 결국 사회연대성을 훼손할 수 있다. 개인의 책임 없는 연대성은 지속되기 어렵다. 이것은 공산주의나 사회주의가 붕괴된 역사적인 현실에서 확인할 수 있다. 마찬가지로 사회적 연대성을 무시한 개인주의나 개인책임 만능주의도 지향해야 할 사회는 아니다. 개인의 책임과 사회연대성이 조화될 때 진정한 사회보장의 미래가 있다.

제3기 인생혁명

8

연금, 알아야 힘이 된다

우리나라의 연금제도는 1층의 공적연금, 2층의 기업(퇴직)연금,
3층의 개인연금으로 구성되어 있다.

펜션이라는 3층집

노년을 위한 3층 소득보장제도

작은 숙박시설을 가리키는 펜션(Pension)이 연금의 영어 단어인 Pension과 철자가 같다. 펜션은 프랑스를 비롯한 유럽 지역에서 숙박비가 저렴한 작은 호텔을 말하는데, 주로 은퇴한 노인들이 풍광 좋은 곳에 펜션을 지어 운영하면서 그 수입으로 노후생활을 했다고 한다. 혹시 연금이라는 단어가 여기서 유래된 것일까? 무관하지는 않을 듯하다.

펜션의 건물 구조는 층과 기둥으로 되어 있다. 연금체계도 마찬가지다. 대체로 사회보장 선진국들은 노후 소득보장을 위한 상호보완 체계로 3층 구조의 연금체계를 갖추고 있다. 보통 층으로 부르지만, 기둥으로 표현하기도 한다. 노후보장을 위한 3개의 기둥이라는 의미다. 우리나라의 연금체계도 3층으로 구성되어 있다.

1층에는 국가가 보장하는 공적연금이 있다. 공적연금은 노후 소득보장의 기본 축이다. 국가가 강제하는 보험방식의 연금제도

로 공무원, 군인, 사립학교 교직원이 대상인 특수직역연금과 이들을 제외한 민간 근로자나 자영자가 대상인 국민연금이 있다.

1층, 국가가 보장하는 공적연금

우리나라 최초의 공적연금제도는 공무원연금이다. 1949년 국가공무원법이 제정되면서 도입 근거가 마련되었지만 6 · 25전쟁 등으로 미뤄지다가 1960년 시행되었다. 적용 대상은 국가 및 지방 공무원이다. 직업공무원 중심의 제도로서, 국회의원이나 지방자치단체장 등 선출직 공무원은 적용 대상이 아니다. 제도의 주된 목적은 노후 소득보장이지만, 공무원의 직무유인을 위한 인사정책도 함께 고려되어 있다.

군인연금은 당초 공무원연금법에 통합 규정되었다가 1963년 군인연금법이 제정되면서 분리되었다. 연금 혜택을 확대할 때는 공무원연금을 따라오다가 재정안정화를 위한 제도 개혁이 시작되자 군 복무의 특수성을 이유로 별도 행보를 걷고 있다.

사립학교교직원연금은 공무원연금을 적용받는 국공립 교원과의 처우 평준화를 위해 1975년 도입했다. 제도 도입 당시에는 교원만 대상이었으나 1978년 사무직원까지 적용 대상을 확대했다. 비용부담 및 연금급여는 공무원연금과 같은 구조다. 학교법인의 재정 곤란과 학령인구 감소에 따른 가입자 격감의 문제를 안고 있다.

국민연금은 1988년 도입했다. 1973년 국민복지연금법을 공포했으나 갑작스러운 석유파동으로 경제가 악화되면서 제도 시행이 무기한 연기되다가 1988년 국민연금법으로 재탄생했다. 외형상으로는 국내에 거주하는 만18세 이상 60세 미만 모든 국민이 가입 대상이지만, 실직 등으로 보험료를 내지 못하는 비율이 높은 것이 문제다. 특수직역연금에 비해 연금지급률이 낮고 아직 제도 가입기간이 짧아 대체로 연금이 기본생활비 역할을 하지 못하고 있다. 아직 덜 익은 과일이라고 할까.

특수직역연금이나 국민연금 같은 공적연금은 보험료를 내야 적용 대상이 될 수 있다. 만약 소득이 없어서 1층의 공적연금에 가입하지 못한 경우에는 국가가 세금으로 기초연금이나 장애인연금을 지급한다. 저소득 노인세대의 빈곤 문제를 해결하기 위해 2008년 기초노령연금을 도입했고, 이 제도를 보완해 2014년부터 기초연금을 시행했다. 기초연금은 65세 이상 노인 중 상대적으로 형편이 어려운 하위 70%에게 지급된다. 장애인연금은 생활이 어려운 18세 이상 중증장애인의 생활안정을 위해 2010년 도입했다.

2층과 3층은 기업과 개인의 책임

2층에는 회사가 운영하는 기업연금이 있다. 공적연금을 보충하는 사용자 부담의 연금제도다. 기업연금은 민간 근로자가 퇴직할 때 받는 퇴직금을 연금 형태로 지급하는 것으로, 보통 퇴직연금이라고 한다. 민간의 퇴직연금은 1961년 근로기준법을 근거로 법정 퇴직금제도를 시작했고, 2005년 근로자퇴직급여보장법이 신설되면서 연금으로서의 면모를 갖추었다. 만약 근로자가 직장을 이동할 경우에는 개인형 퇴직연금(IRP) 가입을 통해 퇴직연금을 유지할 수 있다. 그러나 수익률 저조와 법정 퇴직금 선택 허용으로 아직 활성화되지 못하고 있다.

반면에 특수직역 종사자에게는 퇴직수당이 지급된다. 이는 1988년 국민연금이 시행되면서 1, 2층 연금을 적용받는 민간 근로자와 형평을 맞추기 위해 1991년 신설했다. 간혹 공무원 등 특수직역은 퇴직금이 없다고 주장하지만 없는 것이 아니다. 특수직역 종사자는 민간 근로자에 비해 1층의 퇴직연금이 많은 반면 2층의 퇴직수당이 적을 뿐이다.

3층에는 개인이 준비하는 개인연금이 있다. 누구나 임의로 가입할 수 있는 세제 혜택의 연금이다. 개인연금 역시 공적연금을 보완하기 위해 1995년부터 시행했으며 민영 금융사를 통해 가입할 수 있다. 내가 내고 싶은 만큼 내고, 낸 만큼의 노후자금을 보장받을 수 있다는 것이 특징이다. 민영 금융사들이 100세 인생을 대비해 개인연금 가입을 적극 권유하고 있다. 하지만 낮은 수익률 등으로 인기를 얻지 못하고 있다.

이외에도 요즘에는 주택연금과 농지연금도 3층 연금에 해당될 수 있다. 자신이 살고 있는 주택이나 경작하는 농지를 담보로 매월 연금을 받는 역모기지론이다. 주택연금은 2007년, 농지연금은 2011년부터 시행했다.

지금부터 인생열차는 황금벌판을 내달린다. 준비는 되었는가? 장수의 뒷심, 3층 연금 말이다. 연금이 효자인 시대다. 연금제도를 욕하지 말자. 잘못된 확신은 거짓말보다 위험한, 진실의 적이다.

직장과 소득 있는 사람은 공적연금에 의무적으로 가입해야 한다.
어려운 이들을 내버려두지 않는 것은 복지국가의 책무다.

왜 허락도 없이 떼어가는 거야

"나중에 어떻게 될지 누가 알겠어"

먹고 사는 일은 젊어서나 늙어서나 어렵지만, 노년은 더 막막하고 절망적이다. 그런데도 연금제도가 미운가? 그리도 싫은가?

"왜 허락도 없이 월급에서 보험료를 떼어가는 거야? 나중에 어떻게 될지도 모르는 연금인데 말이야. 그냥 두면 어련히 알아서 준비할까. 셀프 효도, 각자도생 시대에 정말 헐이다."

연금 하나로 노년을 살아가는 이 시대의 연금수급자들을 보면서도 젊은 사람들은 월급에서 빠져나가는 보험료가 아깝기만 하단다.

국민연금이나 공무원연금과 같은 공적연금은 강제 가입이 원칙이다. 직장 있고 소득 있는 대한민국 성인은 4대 공적연금 중 하나에 의무적으로 가입해야 한다. 도대체 정부는 왜 싫다는 사람까지 끌어들여 제도를 운영할까? 자유주의 국가라면 개인의 문제는 개인의 책임에 맡겨 두면 될 텐데 말이다.

이렇게 생각해보자. 연금이 절실하게 필요한 사람은 누구일까? 부자일까, 가난한 사람일까? 당연히 가난한 사람이다. 부자는 연금 없이도 잘산다. 그런데 공적연금 가입을 자율에 맡기면 가난한 사람은 연금 가입을 피할 게 뻔하다. 당장 먹고 살기도 바쁘기 때문이다. 반면 부자들은 연금 가입을 늘려 노후를 더 풍요롭게 준비할 것이다. 결국 노후에 연금이 절실하게 필요한 사람은 연금을 받지 못하고, 연금 없이도 잘살 수 있는 사람은 연금까지 받아 더 풍요로워지는 역선택 문제가 발생할 것이다. 어려운 사람들을 방치하지 않는 것, 이것은 복지국가의 책무다. 그러므로 공적연금 강제 가입은 무죄다.

공적연금 강제 가입의 근거로 온정적 간섭주의를 들기도 한다. 월급 받아 쓸 궁리만 하는 자녀에게 부모가 "젊을 때 한 푼이라도 더 저축하라"고 타이르는 것처럼 정부가 강제적으로 개인의 노후를 대비하게 하는 것이다. 이를 '부정주의(父情主義. Paternalism)'라고도 하는데, 라틴어로 '파테르(Pater)'는 '아버지'를 뜻한다. 그렇다면 사람들은 왜 자신의 노후를 책임지는 유익한 행동을 스스로 하지 않을까? 그 이유는 보험료를 납부할 때는 젊기 때문이다. 실제로 늙기 전에는 연금이 피부에 와 닿는 내 것이 아니기에 근시안적으로 생각한다.

연금에 가입하는 건 밑지는 장사?

이제 공적연금을 강제가입하게 하는 이유를 조금이나마 알 것 같다. 그런데 공적연금 가입은 개인에게 남는 장사일까, 밑지는 장사일까?

지금의 공무원연금이나 국민연금은 모두 남는 장사다. 평균 소득자인 경우 내는 보험료보다 받는 연금이 1.5배 정도가 되기 때문이다. 그리고 소득이 평균보다 적을수록 더 이익이다. 소득 재분배 요소가 반영되어 있기 때문이다.

보험료를 낼 때는 누구나 자신의 소득을 기준으로 낸다. 그런데 연금을 받을 때는 '내 소득과 전체 가입자 평균소득을 더한 금액을 2로 나눈 금액'으로 계산해서 받는다. 소득이 평균보다 적으면 평균 쪽으로 올라가고, 평균보다 많으면 평균 쪽으로 내려서 받는다. 따라서 월급이 적다고 연금 가입을 회피할 것이 아니다.

그렇다면 반대로 고소득자는 소득 재분배 때문에 손해를 보는 걸까? 산식 자체로 보면 불리하다. 하지만 현재 공무원연금이나 국민연금 모두 상위 소득자도 수익비가 1을 넘는다. 즉 내는 보험료보다 받을 연금이 더 많아 손해가 아니다.

여기서 궁금한 것이 있다. 연금공단은 무슨 재주로 거둬들이는 보험료보다 많은 연금을 지급할 수 있을까? 그 이유는 이렇다. 연금 지출은 제도 도입 초기에는 적다. 가입기간이 짧고 연금수급자도 많지 않기 때문이다. 그래서 완전적립방식의 제도가 아닌 한 초기 가입자들에게는 내는 돈보다 많은 연금을 지급할 수 있다. 그러다 제도가 성숙해 연금수급자가 많아지면 본격적으로 지출이 이루어지는데, 이때부터는 보험료와 연금액이 동일한 수지상등 원칙이 지켜져야 한다.

그래도 공적연금만한 노후보장은 없다

그러면 공적연금이 개인연금보다 유리할까? 민간 금융기관이 공적연금 운영기관보다 높은 수익을 낼 것 같다. 그래서 개인연금이 국민연금이나 공무원연금보다 낫다고 생각할 수도 있다. 실상은 반대다. 공적연금의 기금 수익률이 민간보다 높다. 민간 수익률이 낮은 이유는 주로 원금보장형으로 투자제한 때문이다.

더구나 두 연금을 비교할 때 중요한 것은 기금수익률이 아니다. 개인연금은 대체로 확정기여 방식(DC)을 채택하고 있다. 적립보험금의 원금과 운용수익에서 경비와 이윤 등을 공제한 금액을 연금으로 분할 지급한다. 쉽게 말해 자기가 낸 돈에 이자를 붙여 돌려받는다. 이에 반해 공적연금은 확정급여 방식(DB)으로 운영된다. 연금지급률이 먼저 결정되고 적정 보험료가 설정된다. 운영경비도 국가가 댄다. 그래서 현행 국민연금이나 공무원연금 모두 내는 보험료보다 받는 연금이 많게 설정되어 있다. 실제로 계산해봐도 공적연금이 개인연금보다 훨씬 유리하다. 그래서 계산 빠른 서울의 강남 아줌마들도 국민연금에 임의 가입하는 것 아닌가.

어쨌든 공적연금은 우리 모두의 노후를 책임지는 제도다. 오늘 내 월급에서 속절없이 빠져나가는 보험료가 미워도 다시 한번 생각을 가다듬어야 할 이유가 여기에 있다. 공적연금은 믿어야 하고, 믿을 만하다.

많으면 많을수록 좋은 연금이지만, 적절한 소득대체율은
부담 가능한 수준에서 논의될 수밖에 없다.

연금 수준은 어느 정도가 적절할까

"연금으로는 아직 턱없이 부족해요"

얼마 전까지만 해도 국민연금은 폐지되어야 한다는 등 부정적인 여론이 많았는데 지금은 옹호하는 사람이 많다. 연금수급자가 늘어나면서 나타나는 자연스러운 현상이다. 이제 연금제도를 폐지하는 것은 상상할 수 없다. 많은 고령자들이 연금에 의지해서 생활하고 있기 때문이다. 나도 그중 한 명이다.

모든 국민에게 공적연금이 적용되고 있어서 '가난은 나라님도 구제하지 못한다'는 인식은 이제 바뀔 때가 되었다. 하지만 국민 대다수는 이렇게 말한다.

"아직 멀었어. 연금으로 생활하기엔 턱없이 부족하잖아."

그렇다면 공적연금은 어느 정도 수준이 적절할까? 그 적절성을 판단할 지표라도 있는 것일까? 연금수준을 판단하는 대표적인 지표는 소득대체율이다. 소득대체율이란 말 그대로 연금이 현직소득을 어느 수준까지 대체할 수 있는가를 나타내는 지표다. 예를 들어 재직 당시 소득이 월 500만 원인 근로자가 은퇴 후 월 300만 원의 연금을 받으면 소득대체율은 60%가 된다.

본래 의미의 소득대체율은 최종소득 대비 첫 연금액의 비율을 가리킨다. 연금을 받아 생활하는 수준이 퇴직 직전에 보수를 받아 생활하는 수준을 얼마만큼 유지시켜줄 수 있는지를 나타내는 척도다.

그런데 요즘은 주로 생애평균소득 대비 첫 연금액의 비율로 사용한다. 연금지출을 억제하기 위해 제도를 개혁하면서 연금산정 기준소득이 최종소득에서 생애평균소득으로 변경되었기 때문이다. 공무원연금도 원래 최종소득을 기준으로 연금을 산정했으나 2010년 이후 재직기간부터는 국민연금과 마찬가지로 생애평균소득을 기준으로 연금을 산정한다. 여기서 생애평균소득이란 전체 제도 가입기간 동안의 평균소득을 말한다.

연금 수준을 판단하는 지표, 소득대체율

국민연금의 경우 1988년 제도 도입 당시 40년 만기 가입자의 소득대체율은 생애평균소득의 70%였다. 그러다 1998년 60%, 2008년 50%로 떨어졌고, 2028년에는 40%까지 떨어진다. 연금에 반영되는 기준소득 상한이 너무 낮아 실질소득 기준의 소득대체율은 이보다 훨씬 낮다.

공무원연금의 소득대체율은 33년 만기 가입한 경우 최종소득의 76%가 장기간 유지되었다. 그러다가 2010년부터 생애평균소득의 62.7%(재직기간 1년당 연금지급률 1.9%×33년)로 낮아졌고, 다시 2015년 개혁으로 56.1%(재직기간 1년당 연금지급률 1.7%×33년)까지 점진적으로 낮아진다. 참고로 생애평균소득의 56.1%를 최종소득 기준으로 환산하면 39% 정도다. 최종소득 대비 생애평균소득을 70% 정도로 가정하고 계산하면 그렇다. 결국 공무원연금은 제도개혁으로 33년 가입자의 최종소득 기준 소득대체율이 76%에서 39%로 크게 떨어졌다.

한편 소득대체율이 몇 퍼센트라고 해서 생활수준이 현직에 비해 그만큼 떨어지는 것은 아니다. 순소득대체율은 이보다 높다고 봐야 한다. 연금은 비용을 들이지 않고 받을 수 있지만, 현직에서는 소득활동에 비용과 노력이 들어가기 때문이다. 또한 국민연금과 공무원연금만으로 생활하는 것이 아니라 퇴직금이나 개인연금도 포함해서 생활하는 것이므로 이것도 포함해서 비교해야 한다.

적절한 소득대체율에 대한 국제 기준이나 합의는 없다. 다만 국제노동기구(ILO)는 중위 소득자가 30년간 공적연금에 가입할 경우 40~55% 정도의 소득대체율이 적절하다고 했다. 세계은행은 공적연금은 40% 수준, 공적연금과 개인연금 등을 합한 총소득대체율은 약 60% 수준을 제시하고 있다. 실제적으로 OECD가 국가별 연금 수준을 비교한 자료인 《한눈으로 보는 연금제도(Pension at a Glance) 2017》에 따르면 35개 OECD 국가의 공적연금 총 소득대체율 평균은 52.9%, 임의가입 연금까지 포함할 경우 58.7%로 조사되었다.

비용부담이 소득대체율을 발목 잡아

그런데 소득대체율 논의에서 빼놓을 수 없는 것이 있다. 뒷받침할 재원을 고려하지 않는 소득대체율 논의는 무의미하기 때문에 연금의 적절성을 판단하는 지표로서 수익비를 들지 않을 수 없다. 수익비는 기대연금 현가를 납부한 보험료 현가로 나눈 값이다. 쉽게 말해 낸 돈 대비 받는 돈을 비교하는 것이다.

현재 연금 수급자 세대의 수익비는 공무원연금이 대략 3, 4배이고 국민연금은 1.5배를 조금 넘는다. 그러나 2015년 공무원연금 개혁 이후 재직기간의 수익비는 약 1.5배로서 중간소득자 기준의 국민연금 수익비와 비슷한 수준이다. 공무원연금이 국민연금보다 더 내고 더 받지만 내는 보험료 대비 받는 연금액의 비율은 비슷하다는 뜻이다. 수익비로 민관 간의 형평성을 맞춘 것이다. 어쨌든 국민연금의 경우 현재의 연금 수준이 낮다고들 한다. 하지만 발목을 잡고 있는 것이 보험료 부담 능력이다. 현행 수준의 연금을 유지하려고 해도 보험료는 더 인상해야 하는 실정이다.

연금은 많으면 많을수록 좋지만 누군가 부담해야 한다. 수익비 1이 수지상등이다. 그 이상이면 제도 외적으로 지원을 받거나 후세대가 더 부담해야 제도가 지속 가능하다. 현 세대의 적절한 연금을 이야기하면서 그 비용을 다른 사람이나 후세대에게 떠넘기는 것은 무책임하다. 점차적으로 고령화되는 사회에서 자기 책임을 보다 강화하면서 적절한 연금 수준을 논해야 한다.

개인의 노후를 전적으로 국가에 맡기거나 시장 기능에만 의존할 수도 없다. 공적연금도 필요하고 민영연금도 필요하다.

공적연금과 민영연금, 무엇이 좋을까

개인의 노후는 누가 책임져야 할까

"개인이 알아서 노후를 대비하는 데는 한계가 있어. 복지국가라면 정부가 책임을 져야 해."

봉급생활을 해온 한 친구가 주장한다. 사업을 하는 다른 친구는 생각이 다르다.

"왜 개인의 노후 준비에 국가가 개입해? 젊어서 그랬던 것처럼 노후도 각자 형편에 맞게 알아서 준비하는 거지. 그러니 공적연금 같은 것은 없어도 돼."

개인의 노후를 시장 기능에만 맡겨둬도 괜찮을까? 노후 소득보장 문제에서 흔히 말하는 '시장실패'가 없을까? 왜 없겠는가. 개인이 어찌할 수 없는 소득상실 위험은 분명히 있다. 민영연금은 기본적으로 저축이다. 계약에 따른 채권채무 관계만 이행하면 된다. 국민의 노후 소득보장 등에는 별 관심이 없다. 이것이 시장 기능의 한계다.

이런 한계를 극복하기 위해 정부의 개입이 필요하다. 국가는 국민이 나이 들어 소득이 없을 때 최소한의 생활을 보장해주기 위해 공적연금을 운영한다. 결국 민영연금 시장이 감당하지 않는 노후빈곤 완화 및 소득 재분배 등을 포함하는 다양한 기능을 공적연금으로 달성한다. 그런데 국가도 전지전능하지 않다. 개개인의 노후를 국가가 어떻게 구석구석까지 알뜰하게 보살필 수 있겠는가. 개인의 노후 소득보장에는 '정부실패'라는 것도 있다. 그러니 민간에서 운영하는 민영연금도 있어야 한다.

상호 보완인 공적연금과 민영연금

공적연금이든 민영연금이든 은퇴 후 소득이 중단되었을 때 필요한 소비를 계속할 수 있게 해주는 것은 마찬가지다. 차이점은 공적연금은 법률에 의해 권리와 의무가 형성되는 반면, 민영연금은 보험자와 피보험자의 관계가 계약으로 형성된다.

얼핏 보면 두 연금제도가 서로 경쟁관계에 있는 것 같지만 실제로는 보완관계다. 평생 받을 수 있고 물가에 따라 연동도 되는 공적연금은 생계유지를 위한 월급과 같다. 민영연금은 그 이상의 실질적인 보장을 담당한다. 퇴직 후 공적연금을 받기까지 소득 공백기에 징검다리로 활용할 수 있고 자녀 결혼자금, 간병비 등 필요한 자금의 성격에 따라 인출 방법을 선택해서 활용할 수도 있다.

공적연금과 민영연금은 연금재정방식이 다르다. 재화나 서비스는 경제활동 시기에 생산하고 은퇴 후에는 생산하지 않는다.

그래서 개인이 일평생을 살아가려면 경제활동 시기에 생산한 것의 일부를 노후를 위해 저장해둘 필요가 있다. 그러나 소비재나 서비스를 저장하는 것은 현실적으로 불가능하거나 비용이 많이 든다. 그렇다면 어떻게 효과적으로 은퇴 후에 소비할 재화와 서비스를 확보할 수 있을까?

두 가지 방법이 있다. 하나는 경제활동 시기에 소득의 일부를 저축하여 자산을 형성하고, 이를 은퇴 후에 후세대가 생산한 재화 및 서비스와 교환하는 것이다. 다른 하나는 자신이 경제활동 시기에 생산한 재화와 서비스의 일부를 선세대에게 제공하는 대신에 후세대가 생산한 재화와 용역을 소비할 수 있는 권리를 약속받는 것이다. 연금재정 방식으로 볼 때 앞의 것이 적립방식이고, 뒤의 것이 세대 간 부양의 부과방식이다. 공적연금은 두 가지 방식이 모두 가능하지만 주로 부과방식으로 운영된다. 민영연금은 공급자와 구매자 사이의 연금계약이기 때문에 적립방식만 가능하고 부과방식은 불가능하다.

구매력 면에서 공적연금이 유리

공적연금과 민영연금은 연금소비자 입장에서 어느 것이 더 믿을 만한가? 아마 공적연금이 더 믿음이 갈 것이다. 그 이유를 살펴보자.

사실 연금 수급자에게 필요한 것은 연금 자체보다 그 연금으로 소비할 수 있는 의류, 음식, 주거, 의료 서비스 등이다. 물가가 오르면 구매력은 떨어진다. 월 200만 원의 연금이 10년, 20

년 후에도 지금과 같은 가치를 가질 수 없다. 몇 십 년 뒤에 받을 연금의 명목가격을 현재가치로 생각하는 '보험착각' 때문에 낭패를 보는 경우가 많다. 공적연금은 물가인상을 반영하고 민영연금은 보통 반영하지 않는다. 그래서 연금의 구매력 측면에서 공적연금이 훨씬 더 믿음이 간다.

높은 관리운영비와 투자수익률 저조도 민영연금의 소득보장에 믿음이 가지 않는 원인이 된다. 대체로 민영연금은 확정기여방식(DC)이기 때문에 수익이 낮으면 연금이 적어질 수밖에 없다. 반면 공적연금은 대부분 확정급여방식(DB)으로서 연금 수준이 미리 정해져 있고 투자수익률과 직접적인 관련이 없다. 그래서 소득보장 면에서는 공적연금이 우월하다.

공적연금이 민영연금에 비해 여러 가지 면에서 우월하지만, 노후보장이 충분할 정도로 제공될 수는 없다. 또한 공적연금은 고령화로 인한 연금재정 문제에 취약할 수도 있다. 법률에 명시적으로 지급보장을 규정한다고 문제가 해결되는 것은 아니다. 재원이 뒷받침되지 않으면 결국 제도를 변경할 수밖에 없기 때문이다.

결국 공적연금은 공적연금대로 민영연금은 민영연금대로 장점과 단점이 있고 각자 역할이 있다. 공적연금과 민영연금의 균형 잡힌 역할 분담이야말로 고령사회를 슬기롭게 대처하는 방법이다.

개인의 기여와 적절한 재분배가 함께 고려돼야 공정하다.
기준소득의 상한 설정도 연금 불평등을 시정하려는 전략의 하나다.

공정한 연금이란 어떤 것일까

소득비례연금이냐 균등연금이냐

"보험료 낸 것에 상응하는 연금을 받는 게 당연하지 않아?"

"내 말이. 재분배가 필요하면 세금으로 하면 되지 연금까지 재분배한다는 게 말이 돼?"

현직에 있을 때 연봉이 제법 많았던 내 친구들이 연금 재분배에 불평을 쏟아냈다.

과연 공정한 연금이란 어떤 것일까? 모두에게 균등한 연금인가, 아니면 낸 만큼 받는 연금인가? 현직에 있을 때는 직급에 따라 일하는 것이 다르므로 봉급이 차이 나는 것은 당연하지만, 은퇴 후에는 직급도 없고 일하는 것도 없어지니 연금도 같아야 한다고 주장하는 사람들도 있다.

하지만 이러한 정액의 균등연금은 기초연금과 같은 조세방식의 연금에서나 가능한 방법이다. 소득에 따라 보험료가 차이 나는 사회보험방식의 연금에서는 적절하지 않다. 왜냐하면 재직시에 납부하는 보험료가 다른데 연금을 똑같이 주면 공정하지 않기 때문이다. 자유주의 사회라면 개인이 기여한 몫을 인정해야 한다. 그래서 사회보험방식을 채택하고 있는 공적연금은 원칙적으로 소득비례연금이다.

그렇다면 납부한 보험료에 상응하는 소득비례연금은 진정한 공정연금인가? 그럴 수도 있겠지만, 보험료를 낸 만큼 그에 비례해서 연금을 주면 부자는 좋지만 가난한 사람의 경우 연금으로 생활하기가 어렵다. 적은 봉급보다 더 적은 것이 연금이니까. 그래서 사회적인 적절성을 고려한 연금 재분배도 필요하다. 이런 측면에서 공정한 연금이란 개인의 기여와 적절한 재분배가 함께 고려된 연금이어야 한다는 논리가 나온다.

낸 만큼 받되 재분배도 고려해야

국민연금의 재분배는 전체 가입자의 평균소득월액(A)과 본인의 소득월액(B)을 평균하여 연금을 산정함으로써 이루어진다. A=B인 중위 소득자는 본인 소득이 그대로 연금에 반영되어 재분배가 발생되지 않는다. 전체 가입자 평균소득보다 본인 소득이 낮은 A 〉 B인 경우는 본인 소득을 기준으로 했을 때보다 많은 연금을 받고, 그 반대인 A 〈 B인 경우는 본인 소득을 기준으로 한 연금보다 적게 받는다. 이러한 재분배에서 중요한 것은 소득을 제대로 파악하는 것이다. 유리지갑인 월급쟁이의 연금이 소득을 파악하기 어려운 자영업자에게 넘어가는 역재분배가 일어날 수 있기 때문이다.

공무원연금은 원래 소득비례연금이었으나 2016년부터 재분배 제도를 도입했다. 2016년 이후 재직기간의 연금을 산정할 때 지급률 1% 부분에 대해 재분배를 적용한다. 소급적용을 하지 않기 위해 종전기간은 개인소득 비례로 계산하고, 지나친 재분배를 막기 위해 1.9%에서 1.7%로 인하되고 있는 재직연수 매1년당 연금지급률 중에서 국민연금 수준인 1%에 대해서만 재분배를 한다. 재분배는 최소한의 기본연금에 그치고, 그 이상의 실질적 보장 부분은 소득비례로 남겨두었다.

"그래요? 그렇다면 연금 재분배는 인정하죠. 그런데 왜 연금을 산정할 때 내 실제소득을 다 인정하지 않는 거죠?"

현직소득의 몇 퍼센트를 연금으로 준다고 해놓고 소득상한을 설정해서 연금액을 제한하느냐고 불평하는 사람들도 많다.

연금에 반영되지 않는 자기소득

국민연금은 보험료 납부와 연금 산정을 위한 기준소득월액에 상한선과 하한선이 있다. 2019년 7월 기준으로 31만 원이 하한이고, 486만 원이 상한이다. 생활수준, 임금, 물가 등에 뚜렷한 변동이 생긴 경우에는 조정한다. 기본생활비 보장이 목적인 연금제도에서 몇 천만 원이나 되는 실제소득을 다 반영할 필요는 없지만, 지금의 소득상한은 너무 낮다. 최저임금에도 턱없이 미치지 못하는 월 31만 원의 하한선도 생각해봐야 한다. 여기서 무슨 보험료를 뗀단 말인가. 스스로 먹고 살 능력이 없는 '자격 있는 빈자'는 보험료 납부 없이 지급하는 기초연금에 맡기는 것이 좋다.

공무원연금은 원래 기준소득의 상한과 하한 없이 실제 소득을 모두 연금에 반영했다. 공무원의 보수가 민간과 달리 아주 많거나 아주 적은 경우가 없어서다. 그런데 2010년부터 전체 공무원 기준소득월액 평균액의 1.8배를 상한으로 설정했다가 다시 2016년부터 1.6배로 상한을 낮추었다. 상한을 설정한 배경은 일부 고위직 공무원의 연금이 지나치게 많다는 비판 때문이었다.

이와 같이 공적연금에서 소득의 상한과 하한을 두는 것은 의미가 있다. 기본생계비 보장이 목적인 연금제도에서 현직의 소득을 그대로 다 인정할 필요가 없고, 최대치를 줄여 제도 가입자 간의 연금 불평등을 시정하기 위한 미니맥스 전략으로서의 의미도 있기 때문이다. 하지만 그 수준은 현실을 반영해서 적정하게 조정될 필요가 있다.

제주 해녀들에게는 '개석'이라는 전통이 있다. 물질이 끝나면 대상군이나 상군 해녀가 똥군 해녀의 망사리에 자신이 잡은 해산물을 한 움큼씩 넣어주는 전통이다. 사실 해녀 사회는 대상군, 상군, 중군, 하군, 똥군으로 구분되는 엄격한 계급사회이자 철저한 능력 중심의 사회다. 능력 중심 사회에서 개석문화는 공정한 분배로서 우리에게 던지는 의미가 크다.

공적연금은 소득활동을 하면 연금의 일정부분을 정지한다.
취지는 이해하지만 공평하지 못하다는 생각을 버릴 수 없다.

열심히 일했는데
연금을 깎는다?

열심히 일하는데 연금마저 깎으면

"일 안 하고 노는 사람은 연금 다 주고 열심히 일하는 사람 연금은 깎는 게 도대체 어느 나라 법이냐?"
"그럼 너도 놀아!"
연금 수급자들 간에 언쟁이 오갔다.

연금을 받으면서 연금 외의 소득이 있으면 연금의 일부나 전액을 정지한다. 이에 사람들은 억울하다고 토로한다. 똑같이 보험료를 냈는데 일해서 소득 있으면 연금을 정지하고, 일하지 않고 가만히 놀면 연금을 다 주는 것은 불공평하다는 생각이 든다. 그리고 연금만으로 생활할 수 없어서 일을 하는데 적은 연금마저 줄인다는 게 이치에 맞지 않다고 말한다.

하지만 공적연금제도는 노후 소득상실에 대비해 도입된 제도다. 그래서 소득이 있는 사람에게는 감액해서 적게 주는 것이 타당한 면이 있다. 대부분의 공적연금에서 이 제도를 채택하고 있다. 공적연금의 운영 방식을 머리로는 이해하지만 마음으로는 인정하기 어렵다. 아무래도 공정하지 못하다는 생각을 떨쳐내기 어렵기 때문이다.

내 연금, 얼마나 정지될까

국민연금은 최근 3년간의 국민연금 전체 가입자의 평균소득월액(A값; 2019년 기준 월 2,356,670원)을 초과하는 월평균소득금액이 있는 경우 연금 수급 개시연령부터 5년 동안 일정률을 감액한 연금을 지급한다. 월평균소득금액이란 소득세법의 규정에 따른 본인의 근로소득금액과 사업소득금액(부동산임대소득 포함)을 합산한 금액을 소득이 발생한 해의 종사월수 또는 근무월수로 나눈 금액을 말한다. 이 경우 근로소득은 총 급여에서 근로소득공제액을 빼고, 사업소득은 총 수입금액에서 필요경비를 뺀 금액이다.

국민연금의 연금 감액은 원래 연령별 차등 감액이었으나 소득구간별 차등 감액으로 변경했다. 2015년 7월 29일 전 연금 수급권 취득자는 연령별 차등 감액비율을 적용한다. 61세 50%, 62세 60%, 63세 70%, 64세 80%, 65세 90%를 지급하고 66세부터 감액 없이 100%를 지급한다. 2015년 7월 29일 이후 수급권 취득자는 소득구간별 차등 감액을 적용한다. 소득구간별 감액비율은 A값 초과소득월액이 100만 원 미만이면 초과소득월액분의 5%, 100~200만 원 미만은 5만 원+100만 원 초과소득월액분의 10%, 200~300만 원 미만은 15만 원+200만 원 초과소득월액분의 15%, 300~400만 원 미만은 30만 원+300만 원 초과소득월액분의 20%, 400만 원 이상은 50만 원+400만 원 초과소득월액분의 25%다. 감액한도는 노령연금의 2분의 1이다.

공무원연금의 경우에는 전액정지와 일부정지가 있다. 연금수급자가 공무원, 군인, 사립학교 교직원으로 다시 임용된 경우는 연금이 전액 정지된다. 국회의원 등 선출직 공무원으로 임용된 경우도 전액 정지다. 국가가 전액 출자하고 출연한 공공기관 임직원 등으로 재직하면서 전체 공무원 평균소득의 1.6배 이상의 소득이 있는 경우에도 연금을 전액 정지한다.

민간부문 등에서 소득이 있는 업무에 종사하면서 전체 연금수급자의 전년도 평균연금월액을 초과하는 소득이 있는 경우에는 연금액의 2분의 1 범위 안에서 정지한다. 대상소득월액 산출은 국민연금과 같다. 소득구간별 정지비율은 초과소득월액이 50만 원 미만인 경우 50만 원 미만 초과소득월액의 30%, 50~100만 원 미만인 경우 15만 원+50만 원 초과소득월액의 40%, 100~150만 원 미만인 경우 35만 원+100만 원 초과소득월액의 50%, 150~200만 원 미만인 경우 60만 원+150만 원 초과소득월액의 60%, 200만 원 이상인 경우 90만 원+200만 원 초과소득월액의 70%다.

연금이 정지될 것을 고려해야

국민연금은 연금이 최초로 지급 개시된 후 5년간만 정지하고 그 이후에는 소득이 있어도 연금을 정지하지 않는다. 그래서 일정

기간 동안 일과 연금을 병행하다가 완전히 연금생활로 접어들게 하는 점진적인 은퇴를 유도하는 측면이 있다. 또한 연기연금제도가 있어서 본인이 원할 경우 소득이 있는 기간 동안 연금을 연기할 수도 있다. 이 경우 연기하는 매1년당 7.2%를 가산해서 받기 때문에 손해가 없다.

하지만 공무원연금은 연금정지 대상소득이 있는 한 죽을 때까지 계속 연금을 정지하고 연기연금제도도 없다. 현직에 있을 때 보험료는 같이 냈는데 소득이 있다고 평생 연금을 깎는 이 제도는 형평성에 문제가 있을 뿐만 아니라 퇴직 후에도 무엇인가 해보려고 노력하는 노년을 마음 상하게 하므로 다시 생각해봐야 한다. 물론 일정소득 이상을 대상으로 연금을 정지하기 때문에 소일거리로 약간의 소득을 올리는 경우는 제외되어 다행이기는 하지만 말이다.

나이 들어 소득이 없어지므로 연금을 준다. 따라서 소득이 있다면 연금을 주지 않는 것이 맞다. 단순하게 생각하면 그렇다. 그러나 세금으로 주는 기초연금이 아니다. 보험료를 똑같이 냈는데 일하는 것으로 연금을 주고 주지 않는 것은 차별일 수 있다. 그리고 심각한 것은 노년의 근로의욕을 떨어뜨리는 것이다. 하지만 어쩌겠는가. 제도의 현실이 그러므로 잘 살펴 크게 불이익이 없도록 소득활동을 해야 할 것이다.

많은 퇴직공무원들이 퇴직금을 일시금으로 받을지
연금으로 받을지 고민하지만 정답은 연금으로 정해져 있다.

연금으로 할까,
일시금으로 받을까

은퇴하자 다가오는 불길한 손길

"여보! 평생 돈, 돈 하며 살았는데, 이번에 목돈 한번 만져봅시다!"

아내가 무슨 생각을 했는지 이렇게 말한다.

"아버님, 사업자금 조금만 보태주시면 매달 통장에 생활비 넉넉하게 넣어 드릴게요."

아들과 며느리도 갑자기 머리를 조아린다. 퇴직이 다가오니 모두가 내 퇴직금에 눈독을 들인다. 처자식의 이런 말을 들어야 하나.

공적연금은 일시금을 허용하지 않는 것이 일반적이다. 사실 연금제도의 취지로 볼 때도 그것이 맞다. 그래서 국민연금은 가입기간이 10년 이상이 되어 연금 수급 요건을 갖추면 일시금을 선택할 수 없다. 무조건 연금을 받아야 한다. 국민연금에서 반환일시금을 받는 경우는 60세 도달, 사망, 국적상실, 국외이주 등으로 보험료를 더 낼 수 없는 상황인데, 가입기간은 10년이 안 될 때다.

반면 공무원연금, 군인연금, 사학연금은 연금 수급 요건을 갖추었더라도 연금 대신 일시금을 선택할 수 있다. 연금에 대한 인식이 부족했던 1970년에 공무원연금에서 도입한 것이 여전히 존속되고 있다. 직역연금의 연금 수급 재직기간 요건은 원래 20년 이상이었으나 공무원연금과 사학연금은 2016년부터 10년 이상으로 완화했다. 개정 전인 2015년 이전에 퇴직한 사람은 종전대로 20년 이상 재직해야 연금을 받는다. 그리고 군인연금은 여전히 20년 이상 복무해야 연금수급권이 생긴다.

7년 이상 받으면 연금이 일시금보다 유리

연금은 한번 선택하면 바꿀 수 없기 때문에 신중을 기해야 한다. 1990년대 후반 IMF 위기 상황에서 많은 퇴직공무원들이 일시금을 선택했다. 금리가 한창 치솟았기 때문이다. 금융기관들도 자신에게 맡기면 원금은 그대로 두고 연금만큼 이자를 주겠다고 일시금 선택을 부추겼다. 게다가 공무원연금이 제도 성숙으로 재정 문제가 불거져 연금개혁이 논의되고 있는 시점이었던 터라 많은 퇴직공무원들이 연금 대신 일시금을 선택했다.

그런데 몇 년이 지나자 금리는 안정되었고 이자 수입은 급격히 줄어들었다. 뒤이어 2000년 연금개혁이 있었지만 연금액의 급격한 변화는 없었다. 일시금을 받은 사람들이 연금공단을 찾아가 이자를 붙여 반납할 테니 부디 연금으로 바꿔달라고 애원

했지만 이미 엎질러진 물이었다.

지금도 많은 퇴직공무원들이 일시금으로 받을지 연금으로 받을지를 놓고 고민한다. 하지만 정답은 연금으로 정해져 있다. 연금인상률과 이자율 가정에 따라 다르지만 대개 7년 정도 연금을 받으면 일시금과 연금 수령액이 비슷해진다. 따라서 생존 기대기간이 짧다면 일시금이 유리할 수도 있지만 현실은 대개 그렇지 않으므로 연금으로 받는 것이 바람직하다.

통계청이 발표한 2017년 생명표에 따르면 우리나라의 60세 기대여명은 남자 22.8세, 여자 27.4세로 평균 25.1세다. 남성의 경우 기대여명이 조금 짧지만 배우자에게 유족연금이 지급되기 때문에 실제 기대여명의 기준을 여자로 보는 것이 적합하다. 이 기준으로 60세에 퇴직해서 평균 27년 정도 연금을 받는다고 보면 일시금보다 연금이 4배 가까이 많다. 65세부터 연금을 받는다고 해도 22년 넘게 연금을 받으므로 일시금보다 연금이 3배가 넘는다. 평균적으로 산다면 연금이 일시금보다 훨씬 유리한 것을 확인할 수 있다.

간혹 "인생 뭐 있어?" 하면서 한탕을 노리고 일시금을 선택하는 경우도 있다. 하지만 일시금은 오래 보관할 수 없다. 월급쟁이의 퇴직금은 먼저 보는 사람이 임자라고 하지 않던가. 오랫동안 보지 못했던 학교 동창이 나타나 취직이나 사업을 미끼로 사기를 치는 경우가 많다. 부모 돈 냄새를 맡은 자식들은 반 강제로 빼앗아가기도 한다. 목돈 가져갈 때는 연금처럼 부모님 통장에 매달 꼬박꼬박 원금과 이자를 입금해드리겠다고 철석같이 약속하지만 그것을 지키는 자식은 없다고 한다. 돈 내놓으랄까봐

두려워 발걸음까지 끊는다. 오히려 연금을 타서 매달 조금씩 손자 학비나 며느리 용돈으로 보태주면 돈 받는 맛에 계속 찾아올 것 아닌가.

여생을 돈 걱정 없이 살아가려면

연금은 노후를 살아가는 기본생계비이기 때문에 일시금으로 찾아 쓰지 말아야 한다. 빚보증 등으로 연금을 압류당할 것을 우려해 일시금을 선택하는 경우도 있지만 연금을 받을 권리는 압류할 수 없도록 법이 보호하고 있다. 연금이 통장에 입금된 후에도 기본생계비 정도의 연금은 압류할 수 없다.

이런저런 사정이 있더라도 무엇보다 여생을 돈 걱정 없이 살아가려면 죽을 때까지 안전하게 받을 수 있는 연금을 선택해야 한다. 일시금을 사업밑천 삼아 한탕하려는 것은 무모하다. 당연한 말을 장황하게 늘어놓는 이유는 초저금리 시대인 지금도 여전히 일시금을 선택하는 사람이 있기 때문이다.

연금을 선택하는 경우에도 걱정은 있다. 수시로 연금을 개혁해서 미래의 연금을 믿을 수 없기 때문이다. 하지만 연금을 개혁하더라도 소급해서 연금지급률을 줄이는 경우는 없고, 향후 지급될 연금의 인상폭을 조정하는 정도에 그친다. 그러므로 퇴직금은 일시금이 아닌 연금을 선택하는 것이 옳다.

노년이 언제까지 유지될지 아무도 모른다. 순간의 선택이 노년을 좌우한다는 점을 명심하고 신중하게 선택하자. 예술도 길다지만 인생도 분명히 길다.

제3기 인생혁명

9

함께 고민해야 할 연금제도

연금제도가 사람들을 반목과 갈등에 휩싸이게 하지만,
노년의 삶을 지탱해주는 장치 중 연금만한 것이 있겠는가.

연금, 믿고 싶지만 불안한

"부려먹을 때는 언제고 이제 와서"

집 한 채에 공무원연금 하나뿐인 공직 은퇴자. 가난한 학창시절을 치열한 경쟁에 시달리며 사회에 진출한 베이비부머다. 고도성장의 한복판에서 국가발전의 견인차 역할을 나름 성실하게 수행하다 몇 년 전에 은퇴했다. 박봉을 견디면서 국민의 공복으로 평생 성실하게 일해왔고, 그 대가로 지금 연금을 받아 생활하고 있다.

아직 팔팔한 나이지만 달리 소득이 있는 일을 찾을 수도 없고, 모아둔 돈도 없다. 그래서 매달 나오는 연금 약속만 굳게 믿고 살아가고 있다. 그런데 갑자기 연금동결이란다. 그것도 몇 년간이나 연금을 한 푼도 올려주지 않는다니 너무하다는 생각이 든다.

'물가라도 잡아두든지, 이건 약속위반이야! 정말 정부가 이래도 되는 건가. 머슴처럼 부려먹을 때는 언제고 이제 와서 재정이

어렵다고 연금을 올려주지 않는가.'

그런데 불만을 말해봐야 주위 사람들의 반응은 썰렁하다.

"자네 연금은 내 연금보다 훨씬 많아. 줄이지 않는 걸 다행으로 생각해야 될 것 아닌가. 1년에 국민혈세가 몇 조씩 들어가는데 말이야."

국민연금을 받는 친구가 이렇게 핀잔을 준다. 그러나 억울하고 섭섭한 마음을 지울 수 없다.

'공무원연금이 국민연금보다 많기는 한데 그것이 잘못인가. 자기들은 봉급 많이 받고 퇴직금도 많이 받았잖아. 그래 놓고는 연금이 같아야 한다고 들이대는 게 이치에 맞는 말인가. 더구나 우리는 보험료를 훨씬 많이 냈는데 말이야. 성철스님도 산은 산이요, 물은 물이라고 하지 않았던가. 산은 산대로 물은 물대로 존재 이유가 다르다는 뜻이잖아. 서로 다른 건데 왜 똑같이 취급하려고 드는지 도무지 모르겠어.'

젊은 세대의 불만은 갈수록 커져

젊은 공무원들도 연금에 불만과 불신이 많다. 도대체 보험료는 얼마까지 올리고, 연금은 어느 정도까지 깎을지 알 수가 없어서다.

'불과 몇 년 전에 5.5%의 보험료를 7%까지 올려놓고, 이제 또 8%, 9%까지 올렸어. 정부가 저출산 문제가 심각하다고 해서 장가가서 아이까지 낳아 키우고 있잖아. 그런데도 양육비는 고사하고, 세금에다 연금보험료 폭탄까지 때리고 있으니 살아가기가 너무 어렵다. 이러다간 집 한 채 없이 은퇴를 맞는 건 아닌지 모르겠다. 2009년 연금개혁 때 기준소득과 지급률을 바꿔서 연금을 왕창 줄여 놓고, 이번 2015년 개혁 때 다시 1년당 1.9%의 지급률을 향후 20년간 점진적으로 1.7%로 내렸다. 이러다간 우리가 은퇴할 즈음에는 연금 구경을 하는 게 하늘에서 별을 따는 것만큼이나 어려워지는 게 아닌지 모르겠어. 뭔가 잘못되고 있다는 느낌을 지울 수 없어. 차라리 보험료를 내지 말자는 주장이나 해볼까. 각자도생의 시대 아닌가. 이런 상황인데도 은퇴한 선배들은 자기들 연금은 한 푼도 깎아선 안 되고, 현직인 너희들이 좀 더 내면 된다고 호통을 친다. 게다가 선배들은 내는 보험료보다 훨씬 많은 연금을 받아가면서 연금기금도 거의 적립해두지 않았다. 아무리 연금제도가 세대 간 부양으로 운영된다고 하지만 이건 너무하다는 생각을 떨칠 수 없다. 선배들이여, 우리 후배 세대에게 너무 무거운 짐을 떠넘기지 말아주세요.'

고령화 속에서 연금은 지속 가능한가

연금제도를 어렵게 만드는 원인은 뭐니 뭐니 해도 수명연장이다. 공무원연금이 도입될 당시인 1960년의 우리나라 평균수명이 52세였는데 지금은 82세다. 무려 30년이나 늘어났다. 연금을 받는 기간이 30년이나 늘어난 것이다. 100세 시대를 내다보면서 연금 비용은 점점 더 늘어날 전망이다.

연금에 관한 불만, 불안, 불신은 비단 공무원연금만의 문제가 아니다. 군인연금도 예외가 아니다. 사학연금과 국민연금도 늦게 출발해서 문제가 늦게 표출될 뿐이지 제도가 성숙되어 연금

수급자가 많아지면 이렇게 될 것이 뻔하다. 이것이 우리나라 공적연금제도의 현실이며, 전 세계의 공적연금 대부분이 이런 문제를 안고 있다.

근세기 최대의 발명품이라는 연금제도가 오히려 사람들을 반목과 갈등에 휩싸이게 하고 있다. 이래서야 연금제도가 고령사회의 버팀목 구실을 제대로 할 수 있을까. 이래야 할지 저래야 할지 결정하기 힘든 햄릿증후군이 연금제도에도 나타나고 있다. 연금제도가 흔들리고 있다. 네덜란드의 문명철학자 반 복셀은 "문명의 이기가 순기능과 함께 역기능도 내포하고 있기 때문에 인류문명의 속성과 참모습은 어리석음"이라고 갈파했다. 아마도 전쟁을 겪으면서 인류문명이 발달해온 것을 두고 한 말일 것이다.

그렇다면 인류문명사와 같이 연금제도도 이런저런 갈등을 수반하지만, 그것들을 극복하면서 100세 시대를 행복하게 해줄 것으로 믿어도 될까? 믿을 수 있고 또 믿어야 한다. 믿지 않아서 득 될 것도 없다. 이것이 40년 넘게 연금제도에 몸 담아온 내 생각이다.

연금이 없던 시절에도 잘 살아왔는데 하며 골치 아픈 연금제도를 아예 폐지해버리자는 사람도 있다. 하지만 노년의 삶을 지탱해주고 존엄을 잃지 않게 해주는 장치 중 연금만한 것이 또 있겠는가. 어렵더라도 공적연금만은 지켜나가야 한다. 우리는 아직 연금제도에 대한 이해가 부족하다. 연금에 관한 이해의 폭을 넓히는 것이 연금제도의 지속 가능성을 높이는 길이다.

우리나라의 4대 공적연금 재정은 믿을 만한가?
현행 제도를 유지한다면 적자재정을 면할 수 없다.

연금재정에 관한 불편한 진실

공적연금 재정은 믿을 수 있나

내 연금은 괜찮을까? 이런저런 불길한 생각이 꼬리를 문다.

내가 낸 보험료가 연금기금에 적립되어 있는 것이 아니고 후세대가 내 연금 비용을 부담하기 때문에 드는 걱정이다. 공적연금은 대부분 부과방식으로 재정이 운영된다. 퇴직세대의 연금 지급에 필요한 비용만큼 재직세대에게 보험료를 부과한다. 말 그대로 세대 간 부양이다. 그렇다면 우리나라의 4대 공적연금의 재정은 믿을 만한가?

1960년에 도입된 공무원연금은 30살을 좀 넘긴 1993년부터 연금 지출이 보험료 수입을 초과했다. 이때부터 부족한 금액은 연금기금으로 충당했다. 기금은 1997년 6조 2천억 원을 정점으로 2000년 1조 7천억 원으로 내려앉았다. 30년 이상 모아온 기금이 불과 몇 년 만에 바닥을 드러낸 것이다. 내는 보험료보다 받는 연금이 많은 구조에서 연금수급자가 본격적으로 발생하면서 나타난 현상이다. 2001년부터 부과방식으로 전환해서 공무원과 정부가 일정률의 보험료를 내고 나머지 부족분을 정부가 보전하고 있다.

현행 제도가 그대로 유지된다면 2030년경에는 부과방식 보험료가 33%에 이른다. 공무원이 내는 기여금 9%, 정부가 내는 연금부담금 9%, 그리고 정부의 적자보전금 15%의 구조가 된다. 기여금 9%에 부담금 9%을 더한 정상적인 보험료 18%에 버금가는 15%가 적자보전금인 이상한 제도가 된다.

부족액을 정부가 보전하면 된다고?

군인연금의 경우 전투종사기간 가산 등으로 공무원연금보다 훨씬 빠른 1973년에 이미 연금회계에서 적자가 발생했고, 이후 지금까지 계속 국가의 적자보전에 의존하고 있다. 공무원연금보다 재정 상태가 더 나쁘다. 계급정년이 있다는 이유로 연금지급 개시연령도 없이 젊은 나이부터 연금을 지급하고 있다. 군 복무의 특수성은 고려해야 하지만, 합리적인 연금개혁까지 외면해서는 곤란하다.

제도 성숙과 가입자 감소 등으로 가까운 장래에 적자로 전환되는 사학연금도 문제다. 공무원연금보다 제도 도입이 15년 늦어서 아직 흑자를 유지하고 있을 뿐이다. 학교법인이 사용자로서 연금재정의 책임을 다할 능력도 부족해 보이고, 사학연금 재정에 국민세금을 투입할 명분이 있을지도 의문이다.

1988년에 도입된 국민연금도 결국 공무원연금 등 특수직역 연금과 비슷한 흐름을 보일 것으로 보인다. 내는 보험료보다 받는 연금이 많은 불균형 제도이고, 재정방식은 부분적립이기 때문이다. 2018년 국민연금공단의 재정계산에 따르면, 2030년경부터 연금 지출이 보험료 수입을 초과하고 그 이후부터 연금기금으로 연금 부족분을 충당하다가 2057년경 기금이 없어진다. 기금 소진 후의 부과방식 보험료는 2060년 26.8%이다. 결국 미래 세대는 현행 보험료 9%의 3배를 감당해야 한다. 내 연금은 그대로인데 얼굴도 모르는 선배 세대의 연금 지급을 위해 지금보다 보험료를 3배나 내야 한다면 가만히 있을지 의문이다. 그렇다면 부족액을 정부가 보전하면 될 것 아니냐고 생각할 수도 있다.

그런데 국민연금까지 세금으로 메워나가는 것이 정당한가? 국가가 그렇게 할 수 있는 능력이라도 있는 걸까? 적자보전 방식은 정상적인 연금제도가 아니다.

공적연금, 이대로 갈 수 없다

이제 연금기금은 어느 정도로 구실을 하는지 살펴보자. 공무원연금은 부분적립방식으로 출발했지만 제도가 성숙되면서 부과방식으로 전환되어 기금이 갖는 의미는 크지 않다. 현재 약 10조 원이 조금 넘는 연금기금은 1년치 연금지급액에도 미치지 못한다. 기금운용 수익의 일부를 연금재원으로 사용한다지만 그 금액은 미미하다. 단기위험에 대비하는 준비금의 기능을 수행할 따름이다. 군인연금도 마찬가지다. 사학연금도 현재는 기금을 제법 보유하고 있지만 가까운 장래에 부과방식으로 전환될 것이다. 국민연금은 2019년 말 현재 736조 원의 기금을 보유하고 있고, 2041년 1,700조 원까지 성장할 전망이다. 하지만 결국 연금 수지 적자에 충당되다가 2057년경에 소진될 전망이다.

결국 우리나라의 4대 공적연금은 이미 부과방식으로 전환되었거나 앞으로 전환될 운명을 안고 있다. 부과방식 연금에서는 연금기금에 기대를 걸 수 없다. 간혹 기금을 잘 운용하면 연금재정을 건실하게 꾸려갈 수 있다는 꿈 같은 주장을 펴는 사람도 있지만 그것은 아니다. 꼬리가 몸통을 움직일 수 없다. 그렇다고 적립기금이 없는 제도는 부실한 제도인가? 그런 것은 아니다. 부과방식 연금은 약간의 지불준비금만 있어도 굴러가기 때문이다. 기금이 재정건전성의 척도가 아니다. 현 세대와 미래 세대의 부담능력이 제도의 지속 가능성을 가늠해주는 지표가 된다.

불길한 연금재정 이야기는 그만하자. 어떻게 해야 할까? 우리나라의 4대 공적연금은 이대로 갈 수 없다. 보험료를 일부 내고 그 외의 적자는 모두 세금으로 충당하는 방식의 제도가 정상적인 제도일 수 없다. 후세대가 부담 가능한 수준으로 수급부담 구조를 바꿔야 한다. 그리고 공적연금에 국가 책임을 강화하더라도 무조건 적자보전이 아니라 현행 연금제도에서 조세방식의 연금을 분리하는 등 구조와 틀을 바꾸는 것을 검토해야 한다.

연금정책은 현재와 미래를 한 시폭에 놓고 결정해야 한다.
장래를 고려하지 않으면 제도의 지속 가능성을 확보할 수 없다.

내일도 모르는데 미래를 믿으라고

"개혁 분위기만 잡는 거 아냐"

아주 먼 옛날, 금과 은으로 장식된 값비싼 외투를 훔친 도둑이 있었다. 진가를 모르는 도둑은 그 외투를 시장 상인에게 은화 백 닢에 팔고 휘파람을 불며 돌아왔다. 친구가 겨우 그 값에 팔았느냐고 했다. 도둑은 "백보다 더 큰 숫자도 있어?"라고 태연하게 대꾸했다. '무지한 도둑'이라는 동화다.

내가 연금제도를 담당하던 시절의 일이다. 해마다 공무원 연금수혜를 늘여가던 1980년대 초반 무렵이었다. 10여 년 후 연금재정이 적자나고 그 이후 기금이 곧 고갈될 것이라는 장기전망을 보고했지만, 정책결정자들은 "아직까지 연금기금이 계속 쌓이고만 있잖아"라고 태연하게 말하면서 추계결과를 믿지 않았다. 앞을 내다보지 않았기 때문에 미래에 대한 걱정도 없었다. 연금수혜 확대에만 신경을 쏟았다. 그런데 지금 공무원연금의 재정 상황은 어떤가?

지금도 연금재정 장기전망을 비판하는 사람들이 많다.

"1, 2년 앞도 예측하기 힘든데 장기전망을 어떻게 믿어. 괜히 맞지도 않는 것을 가지고 연금개혁 분위기 잡는 거 아냐?"

이런저런 애꿎은 소리가 많다. 하지만 연금재정 장기전망은 꼭해야 한다.

불안하다고 미래를 버리지 마라

공적연금의 재정전망 기간은 보통 70년 이상이다. 왜 전망기간을 이렇게 길게 해야 할까? 이유는 연금제도에 가입해서 연금수급을 마칠 때까지의 기간이 그 정도이기 때문이다. 연금제도는 장래의 어느 시점에 가서 재정이 어렵다고 연금액이나 보험료를 소급해서 조정할 수 없다. 그래서 연금정책 결정은 과거와 현재와 미래를 한 시폭에 놓고 해야 한다. 장래를 고려하지 않고 제도를 운영해서는 제도의 지속 가능성을 확보할 수 없다. 시작부터 끝까지 전체 제도 가입기간의 연금수지 흐름을 파악해야 제도를 온전하게 운영할 수 있다. 그래서 미래를 내다보는 장기전망이 필요하다.

연도별로 보험료 수입, 연금 지출 및 각종 재정지표를 추산해내는 것이 연금재정 장기추계다. 가입과 탈퇴가 끊임없이 일어나는 수많은 제도가입자들을 대상으로 추계해야 하니 계산 과정은 복잡하다. 또한 경제 및 인구 변화 등을 감안해 수지흐름을 추적해야 한다. 정교하게 구조화된 계산시스템이 필요하다.

재정추계를 위한 계산시스템은 계산모형, 계산가정, 계산결과, 계산지표라는 네 가지 추계모듈로 구성된다.

'계산모형'은 가입자와 수급자 등 인원추계, 소득추계, 수입 및 지출추계 등을 위한 전체 과정을 합리적으로 나타낸 추계설계도다. '계산가정'은 계산모형에 적용할 가정변수들을 산출하는 과정이다. 주요 가정으로 가입, 소득, 연금 개시 및 소멸 등 가입자의 변동에 관한 가정과 임금상승률, 물가변동률, 이자율 등 경제변수들이 있다. '계산결과'는 계산모형에 계산가정을 대입해 얻은 결과물로, 연도별 보험료 수입과 연금 지출 및 기금 규모 등이 이에 속한다. '계산지표'는 다양한 계산 결과를 좀 더 객관적으로 볼 수 있도록 상호 비교 진단하는 지표다.

재정을 전망해야 전략적 대응이 가능

연금재정 전망이 중요하지만 재정추계의 결과값을 과신하거나 과장하는 것은 피해야 한다. 예를 들어 수년 전에 정부가 국민연금기금 고갈을 2060년으로 추계했는데, 어느 통계학자가 사망률 등을 달리 적용했더니 고갈연도가 몇 년 앞당겨졌다. 이때부터 공식추계가 틀리느니, 정부가 의도적으로 결과를 조작했느니 하는 논쟁이 벌어졌다. 하지만 이런 소모적인 논쟁은 장기추계의 속성을 몰라서 그렇다. 먼 미래를 추정하다 보면 많은 가정이 들어간다. 가정이 바뀌면 결과는 다르게 나온다. 정확한 수치를 내는 것이 아니고 짐작하여 계산하는 것이 추계다.

추계 값의 절대금액을 지나치게 믿거나 사용하는 것도 피해야 한다. 예를 들어 지난 2015년 공무원연금 개혁 결과 정부의 재정 부담이 향후 70년간 497조 원이 절감된다는 식의 발표는 곤란하다. 사실 이 금액은 할인율을 조금만 조정해도 300조 원이 되거나 700조 원이 된다. 그래서 추계결과 절대수치보다는 추계지표 변화흐름으로 제도 개선 효과를 판단하고 알리는 것이 옳다. 예를 들어 공무원 인건비에 대비해서 연금지출이나 정부 보전액이 몇 퍼센트인지 나타내는 지출률과 보전율의 변화추이가 정책효과 판단에 훨씬 유용하다.

연금재정 추계에 사용된 가정들은 몇 년이 지나면 수정되어야 한다. 내부와 외부의 환경이 바뀌기 때문이다. 그래서 새로운 가정을 기초로 장기전망을 다시 한다. 이것을 재정 재계산제도라고 한다. 국민연금과 공무원연금은 5년마다 재정계산을 다시 한다. 재정 재계산제도는 재정전망을 다시 점검하는 데에 의의가 있다. 아울러 이를 근거로 연금제도의 문제점을 진단하고 처방도 내릴 수 있다. 이런 재정 재계산의 중요성 때문에 계산은 투명하게 진행되어야 한다. 가정변수를 인위적으로 조작해 왜곡된 정보를 생산해서는 안 된다.

연금재정 장기전망은 연금제도의 움직임을 가장 높은 차원에서 개괄적으로 파악하는 일이다. 이것이 있어야 전략적인 대응이 가능하다. 바람직한 연금제도를 꾸려가기 위한 기본적인 도구가 재정추계다. 연금제도는 지금 이 순간만 문제없다고 괜찮은 것이 아니다. '아직 오지도 않은 미래에 대한 불안으로 현재가 흔들려서는 안 된다'는 말은 연금제도에 적용되지 않는다.

연금기금 운용은 수익성보다는 안전성이 우선이다.
고유목적 외의 사업이나 정치적 목적으로 쓰여서도 안 된다.

쌓일수록 고민이 커지는 연금기금

수익성이 먼저일까, 안정성이 먼저일까

연금제도는 많든 적든 연금기금을 조성해서 운영하고 있다. 하지만 연금기금의 규모와 역할은 재정방식에 따라 크게 다르다.

적립방식에서 연금기금은 급여지급을 위한 책임준비금이다. 적립기금과 그 운용수익금으로 연금을 지급하기 때문에 기금운용이 매우 중요하다. 부분적립방식은 적립방식보다 기금 의존도가 낮다. 보험료가 연금지출의 주된 수입원이 되고, 기금운용수익금은 보조 수단이 되기 때문이다. 부과방식에서 기금 역할은 위험준비금 내지는 유동성 확보다. 기금은 연금을 지급할 때의 단기위험에만 대처하면 된다.

적립방식과 부과방식의 적정 기금규모는 비교적 명확하다. 적립방식은 100%의 책임준비금을 가지고 있어야 하고, 부과방식은 단기위험에 대처할 수 있는 정도면 된다. 그렇다면 부분적립방식은 기금을 어느 정도 가지고 있어야 할까? 부분적립방식은 제도 초기에 기금을 적립했다가 성숙기에 부과방식으로 이행되는 경우가 많다. 하지만 일정 수준의 기금을 유지하면서 그 운용수익으로 후세대의 보험료 부담을 경감시킬 수 있다면 바람직하다.

이제 연금기금의 운용 원칙에 대해 알아보자. 기금운용에서 가장 중요한 것은 수익성일까, 아니면 안전성일까? 기금을 잘 운용해서 수익이 좋아지면 제도가 건실해진다. 하지만 수익이 높은 곳은 위험도 함께 높다. 수익성만 좇다가 기금에 손실이 커지면 노후보장에 문제가 생긴다. 그래서 연금기금 운용은 안전성이 가장 중요하다. 이런 점에서 공적연금기금들의 자산 포트폴리오는 대체로 수익률은 낮지만 안전한 채권투자가 제일 많다.

그 다음이 주식인데, 주식의 경우에도 액티브 투자보다는 지수를 따라가는 안정적인 투자가 많은 비중을 차지한다. 근래에는 대체투자도 점점 비중을 높여가고 있지만 지나치게 확대하는 것은 곤란하다. 대체투자의 위험성도 주식 못지않게 높기 때문이다.

연금기금은 국가경제와 금융시장에 미치는 파급효과가 크기 때문에 공공성도 고려되어야 한다. 그러나 연금기금은 어디까지나 가입자들의 재산이므로 가입자의 이익을 우선해야 한다. 만약 국가가 연금기금 운용에 개입한다면 결국 연금제도의 재정책임을 국가가 떠맡게 될 수도 있다. 그러므로 국가는 연금기금들이 기금의 조성 목적에 맞게 잘 운용되고 있는지 감독하는 수준에 머물러야 한다.

이슈화된 복지투자와 스튜어드십 코드

다음은 연금기금의 가입자 복지부문 투자에 대해 생각해보자. 기본적으로 연금기금은 연금지급을 위한 준비금이므로 고유목적 외 사용은 바람직하지 않다.

공무원연금기금은 정부재정이 취약하던 개발 시기에 공무원의 보완적 처우개선을 위해 복지사업을 시작했다. 주로 공무원을 위한 주택지원, 융자 및 복지시설사업을 해왔다. 연금재정이 악화된 1990년대 이후에는 이런 순수 복지사업은 중단되고, 수익성이 동시에 확보되는 복지사업만 유지되고 있다.

국민연금기금도 제한적이기는 하지만 기금을 연금수급자에게 낮은 금리로 빌려주고, 그들을 위한 복지시설을 운영하는 데에 사용한다. 최근에는 보육, 임대주택 등 공공부문 사업에 국채 및 공채 매입 등 간접투자를 하는 것도 논의되었다. 하지만 수익성이 확보되지 않는 순수 복지투자는 장기적으로 연금재정을 어렵게 하는 요인이 되므로 다시 생각해봐야 한다. 먼 훗날의 도움보다 당장 필요한 곳에 여유자금을 빌려주면 좋지 않느냐 할 수도 있지만 그렇지 않다. 복지가 필요하다면 다른 복지재원을 마련해서 하는 것이 옳다.

한편, 연금기금의 운용과 관련해서 근래에 주목받고 있는 것이 '스튜어드십 코드'라는 의결권 행사다. 의결권 행사란 투자한 주식에 대해 주주로서 기업의 의사결정에 참여하는 것을 말한다. 의결권 행사의 대원칙은 장기적인 주주가치 증대다. 그런데 의결권 행사가 미래의 기대이익에 어떤 영향을 미칠지 평가하기란 만만치 않다.

스튜어드십 코드는 글로벌 금융위기 직후인 2010년, 영국에서 기업 배당의 확대와 지배구조를 개선해 주주의 이익을 극대화하기 위해 처음으로 도입되었다. 우리나라도 2018년 7월 국민연금기금이 스튜어드십 코드라는 수탁자 책임원칙을 도입했다. 그러나 공적연금기금이 선도적으로 이 제도를 도입해야 할 절박한 이유가 있었는지는 의문이다. 기업의 경영권에 적극 개입하는 전략적 투자자로서의 역할이 국민연금의 기금수익률에 얼마나 긍정적인 영향력을 행사할 수 있을지도 의문이다.

국민연금기금은 해당 기업의 지분 5% 이상을 보유하거나 연금기금 총액의 1% 이상을 투자한 기업, 그리고 사회적인 물의를 일으킨 기업을 중점관리 기업으로 선정해서 주주권을 행사한다. 이 경우 경영 사안이 아닌 사회문제로 기업에 주주권을 행사할 때는 조심해야 한다. 자칫 정치적으로 이용되면 '국민연금 가입자의 집사'가 아닌 '정권의 집사' 노릇이 될 수 있기 때문이다.

원칙적으로 연금기금은 기업경영에 관심을 가지지 않는 재무적 투자자다. 의결권 행사가 자칫 잘못하면 거대 연금기금의 대기업 길들이기를 위한 경영간섭에 악용될 소지도 있다. 이것이 지나치면 연금사회주의 우려가 현실이 될 수 있다.

지금 쌓여 있는 연금기금은 현세대 우리 것이 아니라 우리의 연금 비용을 부담하는 후세대의 것이다. 함부로 탐내거나 다른 목적으로 이용해서는 안 된다.

연금충당부채란 지급의무가 발생한 연금액이지만
언제까지 얼마를 갚아야 할 확정된 빚은 아니다.

연금충당부채, 어떻게 볼 것인가

발표할 때마다 논란 이는 충당부채

매년 정부가 국가결산을 발표할 때마다 공무원연금과 군인연금의 충당부채가 크게 이슈거리가 된다. 국민들은 이 험상궂은 하마가 나라를 거덜낼지도 모른다고 불안해한다. 그도 그럴 것이 이것이 나라 빚의 절반을 넘게 차지하고, 매년 눈덩이처럼 불어나기 때문이다. 2018회계연도 국가결산에 따르면 공무원연금과 군인연금의 충당부채가 940조 원으로 전체 국가부채 1,700조 원의 절반을 넘는다. 공무원연금이 754조 원, 군인연금이 186조 원이다. 지난 2015년 660조 원, 2016년 753조 원, 2017년 846조 원으로 증가했고 2018년에는 940조 원으로 전년보다 94조 원(11%) 증가했다.

연금충당부채를 국가부채로 인식한 것은 정부가 회계기준을 현금주의에서 발생주의로 전환한 2011년부터다. 발생주의란 현금의 수입, 지출과 상관없이 원인발생 시점에서 손익거래로 인식하는 회계처리 방식이다. 따라서 연금제도에서 발생주의를 적용한다는 것은 과거 재직기간에 대한 연금지급 의무가 이미 발생한 것으로 인식하는 것이다. 국가부채로 인식하는 대상은 국가가 사용자로서 직접적인 연금지급 의무가 있는 공무원연금과 군인연금의 충당부채다. 국민연금과 사학연금은 국가가 법률로서 제도를 운영할 따름이지 사용자로서 연금지급 의무가 있는 것은 아니기 때문에 제외하고 있다.

연금충당부채란 쉽게 말해 지급의무가 발생한 연금액이다. 평가시점 현재의 연금수급자들에게 앞으로 지급해야 할 연금액과 현재 재직자에게 장래에 지급해야 할 연금액 중 지금까지 재직한 기간에 해당되는 금액을 더한 금액이다.

연금충당부채, 생소해서 오해도 많아

연금충당부채 평가방식에는 PBO(예측급여채무), ABO(누적급여채무), VBO(확정급여채무) 등이 있으며, 평가방식에 따라 금액이 크게 차이가 난다. 현재 공무원연금과 군인연금의 평가방식은 PBO다. 충당부채를 계산할 때는 계산모형에 여러 변수를 대입해서 장래 연금액을 추정한 후 현재가치로 할인하는 절차를 거친다. 그래서 연금충당부채는 어디까지나 추정금액이지 확정금액이 아니다.

원래 연금충당부채 평가는 사전에 기금을 적립한 후 그 기금으로 연금을 지급하는 적립방식에서나 필요하다. 충당부채만큼 적립기금이 쌓여 있으면 책임준비율이 100%로서 재정이 건전한 상태이고, 부족하면 미적립채무가 존재하는 것이다. 공무원연금이나 군인연금처럼 그때그때 보험료를 거둬 연금을 지급하는 부과방식에서는 원칙적으로 부채 개념이 존재할 수 없다. 그래서 부과방식에서 충당부채 평가는 지급의무가 있는 연금액이 얼마나 되는지 파악하는 정도의 의미밖에 없다.

연금충당부채는 다소 생소한 개념이어서 오해도 있고 의문도 많다. 몇 가지 사항을 확인해보자.

우선, 연금충당부채가 나라 빚의 절반을 차지한다는 위협적인 인식은 옳은 것인가? 연금충당부채란 언제까지 얼마를 갚아야 할 확정된 빚이 아니라 미래세대가 부담해야 할 책무로 이해해야 한다. 확정부채인 국채 등과 동일하게 나라 빚으로 인식하는 것은 무리다. 더구나 연금충당부채를 모두 국가부채로 인식하는 것은 분명한 오류다. 연금충당부채 중에서 공무원과 군인이 부담해야 할 몫과 지방자치단체가 부담해야 할 몫은 빼야 옳다. 이것도 저것도 모두 나라 빚이라는 두루뭉술한 처리는 회계원칙에 맞지 않는다. 연금충당부채에 대한 과도한 비난의 원인도 상당 부분 여기에 있다.

지급해야 할 연금만 계산하고 앞으로 거둬들일 보험료는 고려하지 않아서 충당부채가 과다계상된다는 주장도 많다. 하지만 이것은 잘못된 지적이다. 장래에 거둬들일 보험료 수입으로 연금을 지급하는 것은 맞지만 미래 보험료는 이미 발생한 과거 재직기간에 대한 충당부채와는 관계가 없다. 미래 보험료를 반영하려면 미래 재직기간에 추가되는 연금지출도 반영해야 한다.

충당부채가 해마다 크게 변동되어 평가를 신뢰하기 어렵다는 지적도 많다. 충당부채의 순증가 요인은 재직자의 근무기간이 1년 늘어난 것과 지난해 평가금액의 이자비용이 전부다. 그런데 실제로는 미래 연금액을 현재가치로 재평가할 때 사용하는 할인율을 금리변화를 반영해서 매년 조정 적용함에 따라 평가금액이 크게 변동한다. 60~70년에 걸쳐 장기평가하다 보니 미세한 할인율 변동에도 충당부채가 크게 달라지는 것이다.

연금을 개혁했는데도 충당부채는 별로 줄지 않는다는 의혹도 많다. 이것은 일반적으로 연금개혁은 소급개혁이 아니라 향후 지급분에 대한 개혁이기 때문이다. 보험료 인상도 개혁 후부터 적용하고 연금지급률 인하도 향후 재직기간부터 적용하기 때문에 과거 재직기간에 대한 충당부채에는 변화가 없다. 개혁의 효과는 서서히 나타난다. 다만, 연금 동결이나 연금정지 강화 등의 조치는 기존 연금수급자의 연금액을 변경시키므로 즉시 충당부채를 감소시킨다.

공무원연금과 군인연금의 충당부채를 평가해 국가결산에서 부채로 인식하는 현행 방식은 문제가 많다. 굳이 국가회계의 부채로 인식하려면 공무원연금과 군인연금의 재정방식을 적립방식으로 전환하고 부채에 대한 상환계획도 수립해야 옳다. 대책 없이 빚으로만 계상해놓으니 이런저런 오해만 불러일으키는 것 아닐까.

공적연금은 대체로 보험료와 연금급여 간의 연계성이 부족하다.
연금지출이 본격화되기 전에 제도를 개혁해야 한다.

내는 돈보다 많은 연금, 언제까지 가능할까

다음 세대가 떠안는 연금 혜택 비용

우리가 상식적으로 알고 있는 연금은 납부한 보험료에 이자를 붙여 되돌려 받는 확정기여방식(DC)의 연금이다. 하지만 오늘날 보편적으로 시행되고 있는 공적연금은 확정급여방식(DB)이다. 확정급여방식은 소득과 가입 기간을 기초로 연금액을 결정한 후 보험료는 사후적으로 책정된다. 그래서 보험료와 연금급여 간에 연계성이 부족한 경우가 많다. 대개 보험료가 연금급여보다 낮게 책정된다.

예를 들어보자. 내가 낸 돈을 되돌려 받는 것이 연금이라면 공무원연금이나 군인연금은 적자가 나지 않아야 한다. 국민연금 기금이 장래에 고갈된다는 소리도 없어야 한다. 왜 적자가 나고 기금고갈이 예상되는가? 그것은 보험료보다 연금급여가 많게 책정되어 있기 때문이다. 기금운용을 잘못해서 적자가 난다고 하는 사람들도 있지만 그럴 가능성은 별로 없다.

그렇다면 국가에서 운영하는 공적연금은 왜 적자가 발생할 것을 알면서도 수지불균형의 제도를 도입한 걸까? 가장 큰 이유는 장래의 재정 문제보다는 연금제도를 조속히 정착시키기 위한 정책적인 필요 때문이다. 쉽게 말해 '줘야 할 만큼 주고 형편 닿는 대로 거둔 것'이다. 좋게 생각하면 '당장의 현실 문제를 해결하고 차차 다듬어 가자'는 것이고, 나쁘게 생각하면 '내일 일까지 걱정할 필요가 없다'는 것이다. 이 경우 연금혜택 비용은 다음 세대와 다음 정부가 떠안는다.

어떻게 바로잡아야 할까

이처럼 불균형 구조로 태동된 연금제도는 경제성장 둔화와 인구 고령화가 겹치면서 연금재정이 더욱 악화된다. 이것이 세계 각국의 보편적인 현상이고, 그래서 대부분의 국가에서 연금개혁을 추진했거나 진행하고 있다. 칠레와 같은 일부 국가들은 공적연금의 민영화를 통해 확정급여에서 확정기여로 전환하기도 했다. 꼬리표가 없는 돈의 흐름과 같은 확정급여방식은 미래 세대의 부담을 가중시킬 수밖에 없다는 생각에서다. 그렇다면 확정기여로 전환하는 것이 대안인가?

이러한 고민에 명확한 해법이 제시되기는 어렵다. 공적연금을 완전히 확정기여방식으로 전환하거나 그와 유사한 명목확정기여방식(NDC)으로 전환하는 것은 신중해야 한다. 칠레를 비롯해 공적연금 민영화를 택한 남미 주요 국가들은 저조한 기금수익률과 높은 관리운영비 등으로 제도 전환의 취지가 퇴색되었고, 명목확정기여방식을 택한 스웨덴이나 폴란드, 이탈리아는 아직 제도 전환의 성공 또는 실패를 평가하기 이르다. 참고로 확정기여는 본인 계정에 실제로 적립된 보험료를 기초로 연금을 지급하는 방식이고, 명목확정기여는 보험료는 타인의 연금재원으로 쓰이고 대신 가상계좌를 만들어 이를 기초로 연금을 산정해서 지급하는 방식이다.

그렇다면 보험료와 연금급여 간의 연계성을 높이는 방안으로 어떤 것이 바람직할까? 결국 확정급여형을 유지하면서 보험료와 연금급여가 균형을 찾을 수 있도록 제도를 지속적으로 개선해나가는 것이 좋지 않을까. 그런데 연금재정 균형을 위해 연금개혁을 할 때 보험료 인상이 우선일까, 연금급여 인하가 우선일까?

부과방식 연금제도에서 보험료와 연금급여의 수준은 현역 세대와 연금수급자 세대 간의 협상에 의해 결정된다. 현재의 연금수급자들과 중령 및 고령의 현역 세대들은 연금 인하보다는 보험료 인상을 선호한다. 젊은 현역 세대들은 당장의 보험료 인상보다 먼 미래의 연금 인하를 선호한다.

정부의 정책결정자들은 어느 쪽을 선호할까? 이들은 보험료 인상을 우선 선택할 가능성이 높다. 미래의 재정개선보다는 당장의 개선 효과에 더 관심이 있기 때문이다. 보험료 인상 효과는 즉시 나타나고, 연금급여 인하 효과는 더디게 나타난다.

연금급여 인하 효과가 천천히 나타나는 이유는 이렇다. 예를 들어 연금지급률을 인하할 경우 기존 연금수급자들에게 적용할 수 없고, 현 제도 가입자들에게도 향후 가입기간에 대해서만 적용할 수 있기 때문이다. 입법을 하는 정치가들도 현역 세대와 연금수급자 세대의 힘이 비슷할 경우에는 보험료 인상을 선호하고 연금급여 인하는 등한시할 수 있다. 미래의 효과보다는 현재의 효과에 더 가치를 두는 시간선호 경향 때문이다.

그런데 연금제도의 지속 가능성을 높이려면 보험료 인상보다는 연금급여 인하가 우선 고려되어야 한다. 연금급여는 기득권 침해금지 등을 이유로 소급해서 조정할 수 없다. 그래서 정작 재정 문제가 심각해졌을 때는 손을 쓸 수가 없다. 따라서 현재 정책결정자는 미래 정책결정자의 입장을 고려해서 정책을 결정해야 한다. 현재와 미래를 한 시폭에 놓고 정책을 결정해야 제도의 지속 가능성이 확보된다.

당장은 누구에게도 부담을 주는 것이 아니니 연금 제공 약속만큼 손쉬운 것이 어디 있으랴. 그러나 미래 부담을 생각해야 한다. 현재 재정이 흑자라고 미래가 괜찮은 것이 아니다. 보험료와 연금급여의 균형은 장기적이어야 한다. 씨를 뿌리는 것과 곡식을 거두는 것 사이의 인과관계가 무너지면 결국 연금제도는 붕괴된다.

민관 간의 연금 형평성은 차별인가, 아니면 차이인가?
세대 간의 연금 형평성은 이대로 두어도 괜찮은가?

같은 국민인데 왜 혜택이 다르지

공무원이 연금을 더 받는 이유

"왜, 싫은데? 법에 따라 받는 건데."
"싫다고 하지 않았어. 좋아하지 않는다고 했지."

공무원연금수급자와 국민연금을 받는 친구가 오랜만에 저녁 식사를 하면서 불편한 말이 오갔다. 받는 연금도 다르지만, '사람의 생각은 그 사람이 걸어온 인생의 결론'이라는 말이 있듯이 살아온 인생이 저마다 달라 공감하기가 쉽지 않다.

민관 간의 연금 형평성, 차별인가 차이인가? 공무원과 민간 회사원 간에는 퇴직소득에 차이가 난다. 연금은 공무원이 회사원보다 많고, 퇴직금은 그 반대다. 두 개를 합친 총 퇴직소득은 공무원이 많다. 국민연금이 도입된 해인 1988년에 임용되어 30년 재직하고 퇴직한 평균수명의 사람을 가정해서 비교해보자. 공무원은 공무원연금 7.1, 퇴직수당 0.7로서 총 퇴직소득은 7.8이다. 회사원은 국민연금 2.5, 퇴직금 2로서 총 퇴직소득은 4.5 정도다. 결국 7.8 대 4.5 정도로 공무원이 회사원보다 총 퇴직소득이 많다. 굳이 금액을 알고 싶다면 단위를 억 원으로 생각하면 된다.

그런데 공무원이 회사원보다 내는 보험료가 많다. 공무원은 기준소득의 9%이고, 회사원은 4.5%다. 최근 임용된 사람의 수익비는 공무원연금이나 국민연금 모두 1.5배 정도로서 비슷하다. 수익비란 납부한 보험료 대비 받는 연금액이 몇 배인가를 가리키는 지표다. 공무원은 민간보다 더 내고 더 받지만, 낸 돈 대비 받는 연금의 비율은 비슷한 것이다.

우리는 막연히 '공(公)'자 들어가는 것에 부정적인 감정이 많다. 그래서 공무원도 싫고, 그들이 연금을 더 받는 것도 싫다. 그러나 공무원도 월급쟁이지만 민간 회사원과는 여러 면에서 다르다. 재직 중 영리행위와 겸직이 금지되고, 파면되거나 형벌을 받아 퇴직한 경우에는 연금이 반 토막 난다. 서로 다른 것을 달리 취급하는 것이다. 차별이 아닌 차이일 수 있다. 서로 다른 제도를 적용받게 된 것이 문제라면 문제다. 결국 민관 간의 연금 형평성은 공무원의 역할과 위상에 관한 사회적인 합의의 문제가 아닐까. 하지만 당장 어쩔 수는 없지만 장기적으로는 제도의 일원화가 바람직할 것 같다.

연금 문제가 세대 간의 불화를 키워

세대 간의 연금 형평성은 괜찮은가? 후배 연금수급자가 직장에 입문했을 때 상사로 모셨던 한 선배님은 그 후배보다 10년 일찍 연금을 받기 시작했다. 재직기간과 직급이 비슷했는데 연금이 훨씬 많다.

"왜 선배님은 저보다 보험료는 적게 냈는데 연금은 더 많아요?"

후배가 불평한다. 그러자 선배님은 이렇게 말씀하셨다.

"입장 바꿔 생각해봐. 우리 때는 봉급이 더 작았잖아. 네가 지금 나라면 그런 생각 들겠니?"

자신의 입장을 배제한 체 무엇을 평가하기란 어려운 일이다.

공무원연금은 지난 몇 차례의 제도개혁으로 보험료는 인상하고 연금은 줄였다. 연금재정 안정화를 위한 조치였다. 그래서 후세대로 갈수록 많이 내고 적게 받는 구조가 되었다. 그 결과 재정건전성은 높아졌지만 세대 간의 형평성은 오히려 훼손되었다. 똑같이 30년 재직한 경우에도 1996년에 임용된 공무원의 수익비는 2.4배, 2006년 임용된 공무원은 1.7배, 2016년 임용된 공무원은 1.5배로 낮아진다. 그 이유는 기득권 보장 때문에 바뀐 제도가 소급해서 적용되지 않고 법 개정 이후부터 적용되어서다. 국민연금의 경우에도 1996년 신규 가입자는 2배, 2006년 신규 가입자는 1.6배, 2016년 신규 가입자는 1.5배가 된다. 역시 연금지급률 인하로 재정건전성은 높아졌지만 후세대로 갈수록 연금이 불리해졌다.

이것을 어떻게 해석해야 할지 대략난감하다. 세대 상조는 금이 가는데 재정건전성은 높아진다고? 세대 상조를 기반으로 운영되는 연금제도에서 너무나 이율배반적이지 않은가. 후세대에 불리한 연금개혁을 계속하면서 후세대에게 내 연금을 약속하라는 꼴이 되었다.

연금제도는 세대 간의 묵시적인 계약에 의해 운영된다. 우리가 부모 세대를 부양했으니 자식 세대는 당연히 우리를 부양할 것이라는 강한 믿음이 연금제도를 이어가게 한다. 앞뒤 세대가 한자리에 모여 계약서를 작성한 것이 아니다. 약속의 틀은 세대 간의 연대의식과 세대 상조를 기초로 유지된다. 이런 구조 속에서 선세대가 기득권 보장을 이유로 지나치게 욕심을 부린다면 세대 간의 형평성이 훼손되어 제도의 지속 가능성은 낮아진다. 혹시 공적연금을 세상 풍파를 겪으면서 자식을 키운 당연한 대가로 생각하는가? 우리 세대의 노력으로 다음 세대가 더 잘 살기 때문에 그래도 괜찮다고 생각하는가? 하지만 이런 주장은 설득력이 떨어진다.

형평성도 문제지만 현 세대의 저부담 고급여는 언제까지 유지 가능할지도 생각해봐야 한다. 수익비가 1을 넘는 저부담과 고급여를 어떻게 생각하는가? '신발이 맞으면 발을 잊는다'는 말이 있듯이 지금 우리에게 좋다고 잊고 있을 수는 없다. 연금이 본격적으로 지급되기 시작하면 적정부담, 적정급여로 전환해야 한다. 그렇게 하지 못하면 결국 폰지게임이 되어 연금제도는 붕괴될 수밖에 없다.

존 롤스는 "무지의 장막 속에서의 결정이라야 정의"라고 했다. 자신의 입장을 배제한 채 무엇이 공정한지를 평가해야 한다는 것이다. 그런데 우리는 어떤 식으로든 이 세상에 발을 붙여야 하므로 '무연고적 자아'를 생각할 수 없다. 그래서 자신의 베일을 쓰고 세상을 인식한다. 그러나 연금제도의 지속 가능성을 생각한다면 자신의 입장을 배제하거나 입장 바꿔 생각해보는 것이 필요하다.

연금을 받을 권리는 급여청구권이므로 일반 재산권과 다르다.
불가피한 경우에는 조정될 수 있는 재산권이다.

약속된 연금을 변경할 수 있을까

연금수급권은 재산권인가

"이건 우리에게 이미 확보된 권리야! 재산권이라고. 그러니까 건드리지 마!"

과연 그럴까? 연금수급권의 재산권적 성격에 대해 살펴보자.

연금을 받을 권리는 국가의 사회보장 노력에 의해 형성되는 급여청구권이라는 점에서 일반적인 재산권과 다르다. 재산권적 성격이 있지만 부동산이나 채권처럼 자유의사에 따라 관리하고 사용하며 처분할 수 있는 재산권과 구별된다. 아직 퇴직하지 않았거나, 퇴직했지만 연금을 받을 나이가 되지 않았을 때는 연금을 받을 사유가 충족되었을 경우를 조건으로 하는 기대권적 성격에 머물러 있다는 특징도 있다.

그래서 연금수급권은 사적재산권으로 보호받을 수 있지만, 정책적으로 조정이 가능한 특수한 성격의 재산권이다. 국가의 재정능력이나 기금상태, 국민 전체의 소득 및 생활 수준 등 기타 여러 가지 사회경제적 여건이나 정책적 고려사항을 종합해 합리적인 수준에서 폭넓은 형성재량으로 조정될 수 있는 것이다.

연금수급권에 대한 권리보호

헌법은 연금수급권을 어느 정도까지 보호할까? 연금수급권을 변경할 때 가장 걸림돌로 작용하는 것은 헌법상의 신뢰보호 원칙과 소급입법금지 원칙이다.

신뢰보호 원칙에 대해 알아보자. 연금지급 약속을 파기하는 것은 신뢰보호 원칙에 어긋날 수 있다. 그러나 이것은 제도 변경으로 침해받은 이익의 보호가치, 신뢰가 손상된 정도와 새 입법을 통해 실현하고자 하는 공익 목적을 종합적으로 비교해 판단할 문제다.

2000년 공무원연금 개혁은 연금재정 안정화를 위해 몇 가지 연금지출 억제조치를 취했다. 그중에서 연금액 인상 기준을 공무원보수변동률에서 전국소비자물가변동률에 연동하는 것으로 바꾼 것이 있었다. 이 사항은 연금 개혁 당시 이미 연금을 받고 있는 사람에게도 적용되었고, 연금수급자들은 이것이 신뢰보호 원칙에 위배된다며 헌법소원을 제기했다. 통상적으로 물가인상률이 보수인상률보다 낮아 그만큼 연금이 적게 인상되어 신뢰이익이 침해를 받았다는 것이다. 그런데 헌법재판소는 연금연동방식 변경으로 인한 연금수급자의 신뢰가치 손상 정도에 비해 새 입법을 통해 연금제도를 건실하게 유지하려는 공익이 더 중요하다고 합헌 결정을 내렸다.

소급입법금지 원칙은 어떤가? 장차 받을 연금을 산정할 때 기초가 되는 보수월액이나 연금지급률을 변경하는 것은 부진정 소급입법에 해당되어 변경이 가능하다. 또한 앞으로 받을 연금의 연동방식을 조정하는 것도 법 개정 이후의 법률관계만을 규율하므로 소급입법에 의한 재산권 박탈금지의 원칙에 위배되지 않는다. 이것이 2000년 공무원연금 개혁 내용에 대한 헌법재판소의 결정이다.

결국 앞으로 받을 연금을 변경하는 것은 아직 완성되지 않은 진행 중의 법률관계를 규율 대상으로 하는 부진정 소급입법에 해당되어 소급입법금지 원칙에 위배되지 않는다. 그러나 이미 종료된 과거의 법률관계에 새로운 법률을 소급 적용하는 진정 소급입법에 해당되는 것은 소급입법 금지 원칙에 위배된다. 그래서 연금지급률이나 연금산식을 개정할 경우 법 개정 전의 재직기간은 종전 제도를 그대로 적용하고, 법 개정 이후의 재직기간에 대해서만 개정된 제도를 적용한다.

연금 약속은 우리가 만들어가는 것

이제 정책적 측면에서 이미 약속한 연금을 조정하는 문제를 생각해보자. 많든 적든 월급쟁이들은 계획적으로 소비한다. 월급날이면 얼마가 내 통장으로 들어올 것을 알기 때문이다. 연금소득도 마찬가지다. 퇴직하면 연금을 얼마나 받을 수 있는지 미리 알아야 한다. 그래서 공적연금은 대체로 확정급여방식을 채택하고 있다. 확정급여방식은 연금 수준을 미리 정하고 나중에 보험료를 조정해나가는 방식이다.

하지만 확정급여라 하더라도 보험료 인상만으로 제도운영이 어려운 경우에는 어쩔 수 없이 연금수급권을 조정할 수밖에 없다. 적게 내고 많이 받는 구조로 제도를 운영하다가 제도의 성숙과 함께 지출이 늘어나면 결국 더 내고 덜 받는 쪽으로 개혁할 수밖에 없다. 세대 간 부양 방식으로 운영되는 부과방식 연금에서 후세대가 너무 힘이 들어 받들고 있는 손을 빼버린다면 제도가 지속될 수 없기 때문이다. 약속된 연금이지만 불가피한 경우에는 조정될 수밖에 없는 것이 현실이다.

결국 연금 약속은 바뀔 수 있지만 최대한 지켜져야 한다. 후세대에게 "답은 이미 정해져 있어. 너희들은 따르기만 하면 돼"라는 명령이 통할 리 없다. 돈 내는 후배 세대들과 한 약속이 아니기 때문에 그들에게 무조건 약속 지키라고 하는 것은 이치에 맞지 않는다. 또한 사회보장연금은 부담 형편에 따라 조정될 수 있어야 지속 가능하다. 기득권 보장도 중요하지만 그것을 감당할 수 있는가 하는 현실적인 문제가 더 중요하다. 연금수급권의 불가침성만 강조된다면 연금제도 자체의 부실과 중단을 가져올 수 있다.

하지만 연금 약속이 쉽게 무너진다면 누가 제도에 가입하려고 할까? 그래서 연금수급권을 조정하더라도 현재 행하고 있는, 또는 가까운 장래에 예정되어 있는 생활 및 소비 패턴의 급격한 변동을 초래하지 않도록 일정기간에 걸쳐 단계적으로 이행시킬 필요도 있다.

지금까지 기존 제도의 틀을 유지하는 모수개혁을 해왔다.
이제 장기적인 비전으로 틀을 바꾸는 구조개혁이 필요하다.

엉켜진 매듭을 어떻게 풀 것인가

고르디우스의 매듭

연금 문제를 어떻게 풀어야 할까? 알렉산더대왕이 고르디우스의 매듭을 칼로 두 동강 냈듯이 단번에 해결해야 할까, 실타래를 풀듯이 하나하나 풀어나가야 할까?

온 나라를 들썩이던 연금개혁이 끝나면 '연금 구조개혁 실패, 이번에도 모수개혁에 그쳐'라는 뉴스를 자주 볼 수 있다. 연금개혁 소리만 들어도 골치가 아픈데 '구조개혁'은 뭐고, '모수개혁'은 또 뭘까?

일반적으로 기존제도의 틀을 바꾸는 것이 구조개혁이고, 기존의 틀을 유지하면서 보험료나 연금지급률 등 재정에 영향을 미치는 변수들을 바꾸는 것이 모수개혁이다. 예를 들어 과거 몇 차례의 공무원연금 개혁 과정에서 심도 있게 논의되었으나 채택되지 못한 다층개혁 방안이 구조개혁에 해당한다. 1층의 공무원연금은 국민연금과 통합하거나 국민연금과 같은 수준으로 하향

조정하고, 2층의 퇴직수당은 민간 퇴직금과 같은 수준으로 상향 조정하며, 3층에 공직의 특수성을 반영한 저축계정을 신설하는 식으로 재구조화하는 방안이다.

많은 사람들이 구조개혁을 원하는데도 실제 연금 개혁에서는 더 내고 덜 받는 모수개혁이 매번 채택된다. 그 이유는 제도의 구조를 바꿀 때 발생되는 이해관계의 조정이 어렵기 때문으로 보인다.

구조개혁에는 현실적 장애가 많아

연금 이야기만 나오면 공무원연금을 폐지하고 국민연금과 통합해야 한다고 주장하는 사람들이 있다. 하지만 공무원연금과 국민연금을 통합해서 일원화하는 구조개혁은 현실적인 장애가 많다. 우선 보험료나 연금수준이 크게 다른 제도를 일시에 통합하는 데에 따른 거부감이다. 그리고 이미 오랫동안 서로 다르게 운영해왔기 때문에 제도 전환에 대한 부담이 크다. 이것을 '잠금효과'라고 한다. 그리고 각 제도의 재정상태가 다른 것도 통합의 장애 요인이다. 어느 국민연금 가입자가 공무원연금의 재정 문제를 떠안으면서 통합을 바라겠는가.

우리 사회는 합리적인 차이가 들어설 자리가 많지 않다. '사촌이 땅을 사면 배 아프다'는 식의 결과적인 평등만 난무한다. 같은 것은 같게, 다른 것은 다르게 취급하는 것이 진정한 평등인데 말이다.

한편, 연금제도를 개혁할 때 가장 큰 걸림돌은 기득권 보장

요구다. 그렇다면 신제도와 구제도를 분리해서 연금개혁을 하는 구조개혁 방법은 어떨까? 기존 가입자에게는 종전 제도의 틀을 유지하는 모수개혁을 하고, 앞으로 제도에 들어올 신규 기입자부터 수지상등의 원칙이 적용되는 완전히 새로운 틀의 제도를 적용한다.

이 전략은 당장의 정책적 수용성은 매우 높다. 왜냐하면 기존 제도 가입자의 기득권 침해 논란을 잠재울 수 있고, 신제도 가입자는 정책결정 당시에는 아직 제도 가입자가 아니어서 목소리를 낼 수 없기 때문이다. 그러나 제도가 개혁된 후 일정기간이 지나면 문제가 달라진다. 같은 신분인데도 제도 가입 시기에 따라 수혜 불균형이 지나치다고 신제도 가입자들이 목소리를 높일 것이 분명하기 때문이다.

더구나 신제도와 구제도의 재정을 통합해서 부과방식으로 운영할 경우에는 신제도 가입자의 반발은 더욱 거세질 것이다. 내가 낸 보험료가 내 연금재원으로 적립되지 않고 선배 세대의 연금을 지급하는 데에 쓰인다면 연금을 차별받는 것도 서러운데 내 돈까지 빼앗아가니 누가 가만히 있겠는가.

그렇다면 신제도와 구제도의 연금재정을 분리해서 운영하면 어떨까? 이 경우 신제도는 초기 연금지출이 적어 기금이 쌓여가므로 문제가 없다. 그러나 구제도의 재정이 문제다. 이미 연금수급자는 많고 연금재원은 세대 간 부양을 통해 조달되고 있다. 선배 세대의 연금은 현직자들이 내는 보험료로 어찌어찌 지급한다고 해도 현직자들이 퇴직해서 연금을 받을 때는 신제도와 구제도의 재정 분리로 신규 유입 보험료가 없기 때문이다. 그래서 과거의 재정 불균형 고리를 끊는 데에 들어가는 제도 전환 비용을 국가나 다른 누군가가 부담해야 하는 문제에 봉착한다.

모수개혁과 구조개혁 사이에서

공적연금을 통합하거나 신제도와 구제도를 분리하는 구조개혁이 어렵다면 모수개혁은 어떤가? 물론 모수개혁을 강하게 한다면 구조개혁보다 더 재정건전성을 확보할 수 있다. 그러나 지금까지 많은 복지축소 정책이 그래왔듯이 과격한 개혁은 어렵다. 구조개혁과 모수개혁의 실질적인 차이는 재정부담의 시기적 차이다. 대체로 구조개혁은 과거부터 이어지는 연금재정 불균형의 꼬리를 자르기 때문에 개혁 초기부담이 크게 늘어나지만 장기적으로는 재원부담이 안정화된다. 반면에 모수개혁은 당장의 부담 증가는 크지 않지만 지속적으로 늘어나는 재원부담을 감당하기에는 한계가 있다.

그렇다면 연금 문제를 어떻게 풀어야 할까? 당장 어렵더라도 장기적으로 지속 가능한 방법을 선택해야 하지 않을까. 공적연금의 일원화를 내다보면서 장기적인 비전을 가지고 틀을 바꿔나가야 한다.

연금제도의 태생적 한계, 복지정책의 속성,
연금제도의 정치가 연금운영을 어렵게 한다.

연금제도 운영이 어려운 몇 가지 이유

제도의 태생적 한계

타임머신을 타고 30년 후로 가본다. TV에서는 '연금개혁'이 핫 이슈다. 사람들은 생각에 잠겼다.

'연금제도는 예전이나 지금이나 여전히 어렵네.'

우리는 과거에 설계한 연금제도가 근시안적이었다는 것을 증명하면서 이 시대를 산다. 그러면서 우리도 똑같은 오류를 범하고 다음 세대는 또 우리의 잘못을 밝힐 것이다. 도대체 문제점을 알면서도 왜 쉽게 해결하지 못하는 것일까?

연금제도는 부담과 혜택 간의 연계성이 부족하다. 공적연금은 뿌린 대로 거두는 것이 아니다. 현직에서 내는 보험료는 퇴직 후에 연금을 받는 것을 묵시적으로 약속받기 위한 행위이지 낸만큼 연금으로 돌려받는 것은 아니다. 이런 제도적 속성 때문에 누구나 내는 돈보다 많은 연금을 받기를 원한다. 성인군자가 아니기에 각자의 입장에서 욕심을 부린다. 당장 누구에게 부담을 주는 것이 아니면 비용은 전가하고 연금을 부풀린다. 당연히 갈등이 생기고, 쉽게 합의에 도달하지 못한다.

초장기성 보험이라는 연금제도의 특성도 연금제도의 운영을 어렵게 한다. '빙산의 일각'이라는 말이 있다. 수면 위에 보이는 빙산은 전체의 10% 정도이고 나머지는 물속에 있다. 거대한 빙산이 서서히 녹고 있더라도 물 밑을 세밀하게 관찰하지 않으면 알 수 없다. 연금제도도 마찬가지다. 미온적인 변화가 지속되면 결국 건잡을 수 없는 위기를 초래하지만 앞으로 닥쳐올 심각한 위기는 눈앞에 잘 보이지 않는다. 연금제도는 왜 손쓰기 어려울 때가 되어서야 문제가 가시화될까? 연금제도는 초기에는 연금 지출이 적지만 제도가 성숙되면서 연금수급자가 증가하면 연금 지출도 급격히 늘어난다. 그런데 사람들은 초기비용이 적게 드는 것만 보고 적정한 보험료 징수는 뒤로한 채 연금 혜택을 부풀리기 쉽다. 문제가 표출되기 시작하면 이미 성인병 체질로 바뀌어 치유가 어렵다. 기존 연금수급자의 기득권 주장 때문에 제도를 소급해서 개혁하는 것도 한계가 있다. 미리 대책을 세워야 하지만 대부분의 경우 그렇게 하지 못하고 문제가 나타났을 때 허둥댄다.

복지정책의 속성, 연금제도의 정치

모든 복지정책이 그렇듯이 연금도 마찬가지다. 혜택을 늘리기는 쉬워도 줄이기는 어렵다. 한번 맛들이면 줄이기 어려운 연금 중독. 연금을 받는 데에 집중하고, 추호의 의심도 없이 내 연금으로 확신하고, 문제가 생겨도 의도적으로 눈감고, 남들이 지적해도 한사코 인정하지 않는다. 인간은 균형 있게 생각하기 어렵다. 자신의 생각에 위배되는 주장을 접하면 필사적으로 흠을 잡으려고만 한다. 인간은 숫자 팩트에도 둔감하다. 스탈린은 "한 사람의 죽음은 비극이지만, 백만 명의 죽음은 통계"라고 했다. 연금 지출이 점점 늘어나면서 감각이 무뎌지고, 후세대 부담 증가쯤은 쉽게 잊는다. 여우는 같은 덫에 두 번 걸리지 않는다는데, 우리는 실수를 무한반복하고 있다. 타조는 모래 속에 머리만 처박으면 위험이 사라진 줄 안다는데, 우리가 그 꼴이다. 달착지근한 연금 유혹, 이것이 문제다.

이해관계자들의 합리적인 무관심도 무시할 수 없다. 내가 나서더라도 연금 개혁에 미칠 영향은 미미하고, 굳이 내가 나서지 않더라도 개혁이 성공하면 그 효과는 같이 나눌 수 있다. 한마디로 무임승차가 가능하다. 집단 구성원들의 공통된 이해관계를 스스로 해결하지 못하는 집단행동의 딜레마 현상과 마찬가지다. 이런 비겁한 침묵 때문에 이익은 드러내고 비용은 감추는 정책이 채택되기도 한다. 적정한 비용 부담은 뒤로한 채 당장 이익이 되는 연금을 인상하는 과거의 많은 정책결정이 그랬다. 지금도 선거 때만 되면 나타나는 복지 포퓰리즘은 비겁한 침묵을 등에 업고 활개를 친다. 스포트라이트를 받는 부분만 부각되는 조명효과 때문에 연금수혜만 보이고 비용은 잘 보이지 않는다. 결국 회복탄력성이 낮은 연금제도는 점점 치유가 어려운 상황이 된다.

정책결정자들의 벼랑 끝 전술도 연금제도의 운영을 어렵게 한다. 연금 문제를 해결하는 것은 고양이 목에 방울 달기와 같다. 누가 이 어려운 문제를 해결하느냐가 관건이다. 골치 아픈 것은 다음 사람에게 미룬다. 이렇게 폭탄 돌리기를 계속하는 것이 정책결정자들의 속성이다. 그래서 자신이 일하는 동안에는 연금이 정책의제로 채택되는 것을 가능한 막는다. 정책결정자들만 연금 문제를 회피하는 것은 아니다. 어느 정권이든 인기 없고 표 떨어지는 일은 절대로 하지 않는다. 그러다 벼랑 끝에 다다라서야 마지못해 한다. 이것을 '벼랑 끝 전술'이라 한다. 간혹 벼랑 끝이 아니더라도 제도를 개혁하는 경우가 있다. 가령 공무원연금을 개혁하면 일반 국민들이 좋아하듯이 표 계산에서 유리할 때다. 하지만 이런 경우는 매우 드물다.

인간은 파리보다 약한 면도 있지만 강철보다 강한 면도 있다. 연금개혁이 이래저래 어렵지만 그것을 해낼 수 있는 것이 인간이다. 연금제도의 장래를 내다보면서 필요한 연금개혁은 꼭 해야 한다. 해야만 하는 것을 하지 않은 것은 죄가 될 만한 나쁜 짓이다.

연금제도에서 형평성, 적정성, 재정 안정성을 확보해야 한다.
이것이 연금제도의 지속 가능성을 높일 수 있는 핵심 정책과제다.

연금제도의 앞날을 생각하며

"왜 우리가 책임져야 하죠?"

"약속했잖아. 죽을 때까지 연금 주겠다고. 그러니 지키겠지."

말은 이렇게 하지만 실은 걱정이 크다.

30~40년 후에는 공무원연금이든 국민연금이든 부양률이 100%를 넘어설 것이다. 현직자 1명이 연금수급자 1명을 부양해야 하는 힘겨운 시대가 온다. 그때가 되면 "기금도 적립해두지 않고 왜 우리한테 의지하려고 하세요?"라고 젊은이들은 항변하고, 어르신들은 "배신하지 말고 내 연금 줘"라고 외칠 것이다. 세대전쟁이 일어날지도 모른다.

현재의 연금제도, 이대로 지속 가능한가?

현행 연금제도가 이대로 지속될 것이라고 믿는 사람은 별로 없을 것이다. 그렇다면 어떻게 해야 할까? 연금제도에서 형평성, 적정성, 재정안정성을 확보해야 한다. 이것이 연금제도의 지속 가능성을 높일 수 있는 핵심 정책과제다.

사실 연금 갈등의 속사정을 들여다보면 세대 내, 세대 간의 형평성 문제다. 같은 세대끼리 누구는 더 받고 누구는 덜 받는다면, 세대 간에도 선배 세대는 많이 받는데 후배 세대는 적게 받는다면 제도에 대한 거부감이 커질 수밖에 없다. 적정성은 연금제도 운영의 기본 요소다. 노후를 살아가는 데에 적정한 수준의 연금이어야 제도 존립의 의미가 있기 때문이다. 연금이 너무 적어 용돈이 되어서도 안 되고, 부담이 버거울 정도로 많아져도 안 된다.

그리고 재정안정성이 위협받는 제도는 오래 갈 수 없다. 그래서 적게 내고 많이 받는 시스템이 지금 별 문제 없이 작동되고 있다고 안심해서는 안 된다. 장래를 내다보고 안전하게 연금제도를 운영해야 한다.

형평성, 적정성, 재정안정성

우리나라의 연금제도 운영에서 뜨거운 감자는 역시 민관 간의 형평성 문제다. 어느 편도 결코 두루뭉술하게 넘어가려 하지 않는다. 국민연금과 공무원연금은 제도의 역사와 성격이 다르기 때문에 서로 다른 구조를 가지고 있다. 장기적으로는 공적연금의 일원화를 내다봐야 하지만, 당장 두 제도의 통합은 현실적인 장애물이 많다. 서로 다른 것을 인정하면서 전체적인 균형을 맞춰나가는 것이 좋을 것이다.

세대 간의 형평성 문제는 더 내고 덜 받는 연금개혁 때문에 후세대로 갈수록 불리한 연금제도가 적용된다. 기왕에 받고 있는 연금을 깎을 수 없기 때문에 연금 인상을 억제하는 것이 형평성을 진작하는 유일한 방법이다. '지는 게 이기는 것'이라고 했다. 문제를 극복하는 방법은 서로에게 협조적인 선택을 하는 것이다.

연금의 적정성과 재정안정성 문제는 한쪽을 만족시키면 다른 한쪽이 훼손되는 딜레마 관계에 있다. 그래서 서로간의 균형을 도모하는 것이 중요하다. 연금재정 안정화를 위한 가장 손쉬운 방법은 보험료는 올리고 연금은 깎는 것이다. 지금까지 공무원연금이나 국민연금 개혁이 모두 이 전략을 채택했다.

공무원연금은 공무원이 기준소득의 9%를 보험료로 내고, 정부가 9%의 보험료와 부족분을 보전하고 있다. 개인 부담을 두 자릿수로 올리는 것은 현실적으로 버겁기 때문에 보험료 인상은 거의 한계에 다다랐다. 그렇다고 정부가 무한책임을 지는 것도 문제다. 연금지급률도 재직기간 1년에 1.7%까지 내려왔다. 30년을 재직해봐야 연금이 봉급의 51%밖에 되지 않아 연금지급률 인하도 크게 기대하기 어렵다.

국민연금은 연금지급률이 가입연수 1년당 1%까지 인하되기 때문에 30년을 가입하면 연금이 현직 기준소득의 30%이고, 40년을 가입해도 40%에 불과하다. 그래서 더 이상의 연금지급률 인하는 어렵다.

보험료는 개인이 기준소득의 4.5%를 내고 사용자도 4.5%를 낸다. 약간의 인상 여력은 있지만 크게 기대하기 어렵다. 자영업자는 혼자 9%를 다 내야 하기 때문이다. 이제 더 내고 덜 받는 방식의 연금개혁은 한계에 달했다.

일하는 노년에서 길을 찾아야

그렇다면 무슨 수로 연금제도의 지속 가능성을 확보할 수 있을까? 일하는 노년에서 답을 찾을 수 있다. 일하는 기간을 늘리고 연금을 받는 기간을 줄여야 한다. 노년이 일하는 사회를 만드는 것이 답이다.

사실 연금재정 악화를 초래하는 주범은 수명연장이다. 그래서 오래 사는 만큼 연금을 받는 연령도 늦춰야 한다. 지금 세대는 대략 현역기간 30년과 은퇴기간 30년이다. 30년 일하고 30년 연금을 받는 체제는 지속 가능할 수 없다. 45년 일하고 15년 동안 연금을 받는 체제는 어떤가? 이 정도는 되어야 숨통이 트일 것 같지 않은가.

이제 UN을 비롯한 국제기구들은 80세는 넘어야 노년으로 분류한다. 최근 우리나라의 전체 인구 대비 65세 이상 인구가 14%를 넘어 고령사회로 진입했다고 야단들인데, 이것은 옛날 기준이다. 수명이 연장되는 만큼 건강수명도 늘어났기 때문에 은퇴를 늦추고 일하는 기간을 늘려야 한다. 왜 저출산 문제에 그렇게 매달리는가. 일할 사람이 필요하다면 건강한 노년이 넘쳐나지 않는가.

저출산은 맞지만 고령화는 착각이다. 연금을 받는 연령을 65세로 묶어야 할 이유가 없다. 나이와 상관없이 건강한 사람은 누구나 일하는 사회를 만들어야 장수시대에 연금 문제도 해결할 수 있다.

EPILOGUE

인간의 수명이 확확 늘어나고 있다.
고령화로 인한 거대한 인구 변화가 세상을 바꾸고 있다.
목적 없이 이리저리 돌아다니는 노년층이 늘어나고 노후파산,
노후난민, 고독사가 횡행하여 인간의 존엄을 위협하고 있다.
고령화 위기가 현실로 다가오고 있는 것을 온몸으로 느낀다.
사람들은 온통 잿빛으로 물들어갈 고령사회를 두려워하고 있다.

이 말은 사람들에게 관심을 끌려고 하는 영화나 소설의 스토리가 아니다. 자칫 잘못하면 우리들의 가까운 미래가 이렇게 될 수 있다. 고령화의 그늘, 어떻게 벗어날 수 있을까?

사실 고령화의 문제는 고령화 자체의 문제라기보다 대부분 '변화와 적응'의 시차 때문에 발생한다. 수명은 빠르게 늘어나는데 개인의식과 사회제도는 더디게 따라가고 있다. 일종의 문화지체 현상이다. 수명연장에 맞추어 빠르고 현명하게 대처해나간다면 고령화 문제는 대부분 해결될 수 있다.

가장 먼저 해야 할 것은 노년에 관한 기존 생각을 바꾸는 것이다. 60평생 시대의 관점과 생각으로 100세 인생을 성공적으로 살아갈 수 없다. 요즘 60, 70대는 노년기가 아닌 성장기다. 일해야 할 사람을 노인 취급하기 때문에 고령화 문제가 발생하는 것이다. 우리가 세상을 이해하고 행동을 취하는 방법에 영향을 미치는 뿌리 깊은 가정이나 마음속의 생각을 정신모델이라고 한다. 우리는 이 정신모델의 존재나 그것이 우리의 행동에 미치는 영향을 자주 잊어버린다. 이것의 중요성을 인식하고 함께 생각한 후 '관점과 마음의 전환'을 이루어내야 한다.

노년에 관한 관점과 마음이 바뀐다면 고령화 문제의 답은 자연스럽게 나온다. 개인적으로는 지루한 인생이 아닌 기대되는 인생으로 만들 수 있다. 사회적으로는 고령친화적 제도와 환경 조성, 고령화 비용 줄이기 등 해결해야 할 과제가 많지만 이런 것들도 잘 해결될 수 있다.

수명의 연장과 사회제도의 결합으로 예전에 없던 은퇴기가 새로 생겨났다. 길어진 은퇴기가 노년의 삶을 송두리째 바꿔 놓고 있다. 진정한 은퇴의 의미는 무엇일까? 은퇴는 인생 끝? 아니 두 번째 인생의 시작이다. 노인인 듯 노인 아닌 신중년, 청춘 반 늙음 반의 그들은 어떻게 아름다운 인생 후반기를 보내야 할까?

"고생한 당신, 푹 쉬어라!"

사람들은 보통 젊었을 때 열심히 일하고 나이 들어서는 여유로운 삶을 바란다. 그런데 마냥 놀고 쉬는 노년의 삶을 생각해본적 있는가? 계속해서 일만 해야 하는 젊은 시절만큼이나 힘들 수 있다.

'인생은 한 번뿐'을 뜻하는 '욜로(You Only Live Once)'의 철학이 시니어 계층에도 전파되어 '노노족'이란 신조어가 생겨났다. 아니라는 뜻의 노(No)와 늙을 노(老)를 합성해 만들어진 단어인데, '늙지 않는 노인' 또는 '늙었지만 젊게 사는 노인'이라는 뜻을 담고 있다. 수명이 길어진데다 젊음을 유지하고 경제적인 여유까지 갖춘 노인들이 늘어나면서 확산되고 있는 사회문화적 현상이다.

돌이켜보면 이 시대 노년들은 젊었을 때 일의 노예였다. 먹고 살기 위해 일하지 않을 수 없었고, 일하지 않는 것은 나태로 여겨지던 분위기 탓에 일에 빠져 살았다. 일중독에 걸려 일만 하다가 쓰러지기도 했다. 내가 하는 일을 왜 해야 하는지 알 수가 없을 때도 있었고, 내가 해야겠다고 생각하는 일은 하지 못하고 도리어 하지 말아야 된다고 생각하는 일을 한 적도 있었다.

하지만 나이 들어 은퇴한 후에는 일에 쫓겨 살지 않아도 된다. 무의미한 일이나 옳지 않는 일은 더 이상 하지 않아도 된다. 자신의 삶을 즐기면서 여유롭게 지내도 된다. 노년기에 자신의 삶을 즐기는 것에 죄책감을 느낄 이유가 없다. 비생산적인 것도 아니고 시간을 낭비하는 것도 아니다. 노년기의 여유로움은 그 자체가 아름다운 삶의 한 과정이다. 재미있고 의미 있게 잘 놀아보자.

나이 들었지만 젊게 살면서 자신의 행복을 중시하고 여유롭게 노는 것은 어찌 보면 지극히 자연스럽다. 그런데 노년기에 접어들어서도 삶의 속도를 늦출 줄 모르는 사람들이 많다. 한가한 시간을 갖는 것을 배겨내지 못하거나 쉬는 것에 죄책감을 느끼는 것이다. 그래서 열심히만 하려 들고 여유를 갖지 못한다.

그들은 젊은이 못지않은 왕성한 활동력을 자랑하면서 운동, 여행, 공부, 영화, 취미생활 등 쉴 틈 없이 움직이지만 그것을 하면서 지쳐간다. 은퇴 후 자원봉사라는 덫에 걸려 희생되는 사람도 많다. 종교단체나 지역사회의 봉사를 위해 은퇴 전보다 더 많은 일에 관여하기도 한다. 결코 자원봉사가 나쁜 것은 아니지만, 중독된 사람처럼 여기저기 뛰다 보면 직장생활에 얽매여 살던 때와 같이 지쳐버리고 만다.

노년기에는 활동을 절제하면서 쉬어가는 것이 필요하다. 쉰다는 것은 창조적인 휴식이다. 휴식이 있어야 다시 힘을 내어 새롭게 일을 할 수 있다. 휴식은 빈둥거림이 아니다. 자신과 대화를 나누며 자신의 내면을 만나는 소중한 시간이다. 우리의 생명을 무작정 바쁜 일로 학대해서는 안 된다.

그런데 먹고 살만한 노년이라 하여 '욜로'만이 최선일까? 놀고 쉬는 것만으로 지내는 것은 인생을 그냥 흘려보내는 것이다. '하마터면 열심히 살 뻔 했다'는 이상한 소리를 해대는 세상이기도 하지만, 한 번뿐인 인생이니 오히려 더 의미 있게 살아야 하지 않겠는가.

나이 들었다고 인생의 소명이 끝나는 것이 아니다. 우리 인생은 아침과 점심때만 해야 할 일이 있는 것이 아니고 저녁때도 여전히 해야 할 일이 있다. 그래서 인생의 어느 시기에도 놀고 쉬는 것만으로 지낼 수는 없다. 탈무드에 "휴일이 인간에게 주어진 것이지, 인간이 휴일을 위해 있는 것이 아니다"는 말이 있다.

우리는 인생이 끝날 때까지 자기 자신을 일궈내야 하는 예술가다. 진정으로 하고 싶은 일, 마음을 채울 수 있는 일, 세상에 가치를 보태는 일을 하면서 노년을 살아야 한다. 나이 들었지만 가치 있는, 오래되었지만 멋이 있는 '빈티지(Vintage) 인생'을 살아보자.

요즘 젊은 현역들에게 일과 삶의 균형(Work-life Balance)을 뜻하는 '워라밸'이 중요하듯이 은퇴한 노년들에게는 '놀고 쉬고 일하는' 것의 균형이 필요하다. '놀멍 쉬멍 걸으멍', 제주의 '올레길'은 놀면서 쉬면서 걷는다. 이제 노년기의 각본을 다시 써야 한다. 노년기는 놀고 쉬는 여생이 아니다. 인생의 노년에 '놀고 쉬고 일하고, GO쟁이'가 되어보자. 바쁜 와중에 한가함을 누려야 진정한 여유다.

마지막으로 연금 이야기를 조금 할까 한다. 인생은 생각보다 길다. 재수 없으면 100세, 아니 120세를 산다지 않는가. 은퇴 후 노년기에도 일을 해야 하지만, 현역 때와 같이 제대로 된 경제적 소득이 따라오는 것이 아니다. 그래서 노년기를 살아갈 경제대책이 필요하다. 현대사회에서 연금만한 노후 소득보장책은 없다. 그런데 사람들은 연금제도에 대해서 매우 부정적이다.

월급에서 강제로 떼 가는 보험료는 아까울 뿐이고 매달 나오는 연금에 크게 만족하는 사람도 별로 없다. 젊은 사람들은 연금제도는 밑 빠진 독에 물 붓기고, 결국 돈만 내고 연금은 받을 수 없을 것이라고 걱정한다.

왜 이렇게 불만이고, 불신에 가득 차 있을까? 공적연금은 내는 보험료와 받는 연금 간의 연계성이 부족하다. 낸 돈을 그대로 돌려받는 적금이 아니라 보험제도다. 더군다나 세대 간 부양을 기초로 하는 초장기성 보험제도다. 그래서 각자 자기의 현재 입장에서 유리한 연금제도를 생각한다. 적게 내고 많이 받으면 좋은 것이니까.

정치가 연금제도를 탄생시켰지만, 그 정치가 연금제도를 어렵게 하고 있다. 당장 표가 생기는 사람에게 유리하게 정책결정을 해버려서 후세대에게 불리하게 적용된다. 공적연금은 과거와 현재와 미래를 한 시폭에 놓고 정책결정을 해야 하지만 그것이 어렵다. 국민들의 공적연금에 대한 이해가 필요하다. 그래야 제도가 바르게 굴러간다.

이 책의 발간과 관련해서 몇 가지 밝힌다. 노년기에 접어들고 있는 나의 개인적인 고민과 고령화되고 있는 우리 사회의 과제를 긴밀하게 연결시키면서 각각의 주제를 탐색하려 했다. 내 좁은 생각으로 개인과 국가사회가 안고 있는 고령화 문제를 시원하게 해결할 수는 없지만, 길을 찾는 사람들의 생각에 조금은 보탬이 될 수 있을 것이라는 기대를 해본다.

가급적 구체적인 정보가 있고, 생생한 현장성이 있으며, 감정적으로 설득력이 있게 꾸며보려고 했지만 어설픈 나의 생각을 이야기하는 것에 머물렀음을 인정하지 않을 수 없다. 참고로 은퇴와 연금 부분은 나의 기존 저서인 《은퇴 후에도 나는 더 일하고 싶다》와 《인생은 생각보다 길고 연금은 생각보다 쓸모 있다》의 내용 일부를 논점 중심으로 다시 정리해서 포함시켰음을 밝힌다.

100세 인생시대! 물리적인 생존이 아닌 존엄으로서의 삶을 살아갈 수 있도록 현명하게 대처해나가자. 장수 보너스(Bonus)를 장수 오너스(Onus: 무거운 짐)로 만들지 말자. 이 시대 우리들에게 소중하게 주어진 노년기 30년을 그냥 흘려보내서는 안 된다. 제3기 인생혁명! 내 이야기는 이것으로 마무리한다. 독자 여러분의 행복하고 가치 있는 제3기 인생을 기원한다.